中华人民共和国城市房地产管理法解读与适用

邵兴全 傅勇 施春风◎主编

ZHONG HUA REN MIN GONG HE GUO
CHENG SHI FANG DI CHAN GUAN LI FA
JIE DU YU SHI YONG

中国法制出版社
CHINA LEGAL PUBLISHING HOUSE

统稿人

邵兴全　傅　勇　施春风

撰稿人分工

第1~7、25~31条	邵兴全
第8~24条	邹学庚　陈樱娥
第32~36、57~59条	裴　任
第37~46条	张　严
第47~56条	陈　俊
第60~73条	赵怡琳

目　　录

第一章　总　　则

本章共七条，规定了以下七个方面的内容：(1) 本法的立法目的（第一条）；(2) 本法的调整对象和适用范围（第二条）；(3) 国有土地使用制度（第三条）；(4) 房地产开发的重要原则（第四条）；(5) 房地产权利人的权利和义务（第五条）；(6) 征收国有土地上单位和个人房屋（第六条）；(7) 房地产管理体制（第七条）。

第一条　为了加强对城市房地产的管理，维护房地产市场秩序，保障房地产权利人的合法权益，促进房地产业的健康发展，制定本法。

条文主旨

本条是关于本法立法目的的规定。

立法背景

党的十一届三中全会以来，我国城市房地产业取得了巨大的发展，已经成为推动我国城镇化进程的支柱性产业。

房地产业的发展，不仅可以为城市发展提供基本物质基础和前提，而且有利于改善城市居民生活条件。同时，房地产业对国民经济发展具有重要的拉动作用，成为经济发展中新的增长点，对于拉动钢铁、建材、家电、家居用品等产业发展具有举足轻重的作用，对于稳定金融秩序和促进投融资发展也至关重要。改革开放以来，特别是我国进行城镇国有土地有偿使用制度改革和城镇居民住房制度改革以来，城市房地产业发展迅速，但同时也出现了一些问题，按照原建设部副部长叶如棠在八届全国人大常委会第七次会议上所作的“关于《中华人民共和国城市房地产管理法(草案)》的说明”，这些问题包括“土地批租热、建开发区热，造成建设用地供应总量失控，国家土地资源流失；房地产开发投资结构不合理，房地产开发企业过多、过滥；房地产市场机制不健全，交易不规范，交易价格混乱，炒地皮、炒房产现象严重，造成国有土地收益流失”等。为了解决这些问题，需要把城市房地产管理纳入法制的轨道，通过法律的规范、引导、推动和保障作用，切实加强对城市房地产的管理，以促进房地产业的健康发展。

条文解读

一、房地产立法的第一项目的是加强对城市房地产的管理

房地产业是指从事房地产开发经营、管理和服务的产

业，它是经济发展的基础性、先导性产业，是国民经济的支柱产业之一。我国从1988年起，开始实行城市国有土地有偿、有限期的使用制度。城市房地产这一生产要素的价值，不仅仅表现在其自身具有巨大的价值量，更重要的是，房地产要素的优化组合和合理配置，有利于国民经济产业结构的调整，从而促进整个社会经济的发展。因此，制定城市房地产管理法的首要目的就是加强对城市房地产的管理，一方面要保障国家的土地收益不流失，另一方面还要把房地产生产要素纳入社会主义市场经济的轨道，建立起符合市场经济规律的房地产产权制度、房地产市场运行制度和房地产管理制度，充分发挥城市房地产作为支柱产业的巨大作用。

二、房地产立法的第二项目的是维护房地产市场秩序

房地产市场，包括土地使用权出让、房地产开发、房地产转让、房屋买卖与租赁、房地产抵押、房地产中介服务等多类经济活动。从总的情况看，我国房地产市场仍处于发育阶段，市场功能还不健全，市场机制还不完善，交易行为还不规范，市场管理还很薄弱。比如，在房地产交易市场，存在抬价炒卖房地产等情形，造成税收与国有土地收益流失以及消费者利益受损等问题；在房地产开发领域，存在房地产开发企业过多、过滥等情形，一些不具备房地产开发条件的主体涉足房地产开发业务，造成土地闲置以及“烂尾楼”、房屋质量不合格等问题。为解决这些问题，本法在以下几个重要环节对房地产市场行为进行规范：

一是国家依法实行国有土地有偿、有限期使用制度，即国家以国有土地所有者身份将土地使用权在一定年限内出让给土地使用者，由土地使用者向国家支付土地使用权出让金，同时对划拨使用国有土地的范围作了严格的限制，即只有国家机关用地、军事用地、城市基础设施用地和公益事业用地等，才可以依法批准划拨使用。二是国家垄断城镇国有土地使用权出让的一级市场，城市规划区内的集体所有的土地，经依法征收转为国有土地后，该幅国有土地的使用权方可有偿出让，以避免土地资源的流失。三是土地使用权出让必须符合土地利用总体规划、城市规划和年度建设用地计划。土地使用权的出让方式一般可以采取拍卖、招标或者双方协议的方式。对商业、旅游、娱乐和豪华住宅用地，有条件的，必须采取拍卖、招标方式；没有条件，不能采取拍卖、招标方式的，可以采取双方协议的方式，但土地使用权出让金不得低于按照国家规定所确定的最低价。四是房地产开发必须严格执行城市规划，按照经济效益、社会效益、环境效益相统一的原则，实行全面规划、合理布局、综合开发、配套建设。五是房地产开发必须按照土地使用权出让合同约定的土地用途、动工开发期限开发土地。违反出让合同约定，造成土地闲置的，将依法作出处理，收取土地闲置费直至无偿收回土地使用权。六是为制止炒地皮现象，规定以出让方式取得土地使用权的，只有达到法定投资开发进度的，才能转让。七是明确规定了设立房地产开发企业应当具备的条件。此外，还对房地产价格评估制度、房地产成交价格申报制度以及房地产交易的中介服务机构等问题作了规定。这些规定都将对维护房地产市场秩序起到重要的作用。

三、房地产立法的第三项目的是保障房地产权利人的合法权益

城市房地产不仅是一种重要的生产要素，也是城市居民生活的必需品。房地产是不动产，在货币供应充足、投资渠道有限的情况下，房地产具有明显的保值增值功能。城市的规模不可能无限扩大，城市的土地供应也是有限的，所以房地产是人们最重视、最珍惜的一种财产形式，是人们购产置业的重要投资对象。房地产权利属于民事权利，这里讲的房地产权利包括房地产物权（国有土地使用权、房屋所有权），房地产他项物权（房地产抵押权）和房地产债权（房屋租赁权）等，房地产权利人包括国家（作为特殊民事主体）、企事业单位、公民个人和外商投资者。本法为完善房地产法律制度，更好地保障房地产权利人的合法权益，作了以下一些重要规定：

一是规定房地产权利人应当遵守法律和行政法规，依法纳税；房地产权利人的合法权益受法律保护，任何单位和个人不得侵犯。二是国家对土地使用者依法取得的土地使用权，在出让合同约定的使用年限届满前不收回；在特殊情况下，根据社会公共利益的需要，可以依照法律程序提前收回，并根据土地使用者使用土地的实际年限和开发土地的实际情况给予相应的补偿。三是土地使用权出让合同约定的使用年限届满，土地使用者需要继续使用土地的，可以提出续期的申请，除根据社会公共利益需要收回该幅土地的外，将予以批准。经依法重新签订土地使用权出让合同，支付土地使用权续期出让金后，土地使用权及土地上的房屋等建筑物的原有权属不变。四是依法取得的土地使用权，可以依照本法和有关法律、行政法规的规定，作价入股，合资、合作开发经营房地产。五是明确规定房地产转让、抵押时，房屋的所有权和该房屋占用范围内的土地使用权同时转让、抵押。转让共有房地产，必须经其他共有人的书面同意。权属有争议的房地产不得转让。房地产转让应当签订书面转让合同。六是明确规定依法取得的房屋所有权连同该房屋占用范围内的土地使用权和以出让方式取得的土地使用权，可以设定抵押权。七是规定房屋租赁由出租人和承租人签订书面租赁合同，约定租赁期限、租赁用途、租赁价格、修缮责任以及双方的其他权利和义务，并向房产管理部门登记备案。八是为了更好地保障商品房预购人的合法权益，规定了商品房预售应当具备的条件，即已交付全部土地使用权出让金，取得土地使用权证书；持有建设工程规划许可证；按提供预售的商品房计算，投入开发建设的资金达到工程建设总投资的25%以上，并已经确定施工进度和竣工交付日期；向县级以上人民政府房产管理部门办理预售登记，取得商品房预售许可证。九是规定国家实行土地使用权和房屋所有权登记发证制度。房地产转让、抵押，当事人都应当依照本法的规定办理权属登记，未依法登记领取权属证书的房地产不得转让、抵押。依法登记领取了房地产权属证书的房地产权利人的合法权益受法律保护。这些规定与民法总则、物权法等法律的规定相配合，使我国法律对房地产权利人合法权益的保障进一步完善和充实。

四、房地产立法的第四项目的是促进房地产业的健康发展

房地产业是从事房地产开发、经营、管理和服务的行业，它包括房地产开发生产、流通、消费过程的各项经营与管理业务。随着我国经济的不断发展，房地产业已经成为一个独立的行业，对于促进国民经济发展和增加财政收入发挥了重要作用。房地产业又是产业链很长的产业，带动了建筑、建材、轻工、化工等 50 多个相关产业的发展，并促进了旅游业、商业、金融业、服务业等第三产业的发展。房地产业的发展，增加了财政收入，推动了城市基础设施建设，为我国提高城镇化程度、城乡融合的实现提供了基础和前提条件。2018 年中国房地产累计投资 120263. 51 亿元，其中高档公寓、别墅 4419 亿元，办公楼 14177 亿元，建筑工程 67318 亿元，房地产设备器具购置 1524. 58

亿元，房地产新增固定资产投资 37017 亿元。房地产土地购置面积累计 29141 万平方米，土地成交额 16102 亿元。商品房销售额 149972.71 亿元，其中现房销售 22198.91 亿元，期房销售 127773.8 亿元。改革开放四十多年来，各地城市面貌发生了翻天覆地的变化，这与我国房地产业的发展有着直接的关系。房地产业的发展，为城市居民生活的改善创造了条件。住房问题是一个社会问题，我国政府历来对人民的住房问题非常重视。据估计，从 1978 年至 2017 年，中国城镇住宅存量从不到 14 亿平方米增至 267 亿平方米，城镇人均住房建筑面积从 8.1 平方米增至 32.8 平方米，城镇住房套均面积从约 45 平方米增至 89 平方米，城镇住房套数从约 3100 万套增至 3.03 亿套。中国城镇居民约 70% 居住在自有住房，约 20% 租房，其他 10% 为借住、住单位宿舍等。此外，房地产业的发展，促进了对外开放。一方面，房地产业是一个对外商很有吸引力的投资领域；另一方面，要扩大对外开放、引进外资搞工业和高科技项目，很重要的就是要改善投资环境，房地产业可以为之提供必要的生产经营和生活居住场所。

实践证明，房地产业的发展，不仅可以为城市经济发展提供基本物质基础和前提，而且有利于逐步改善城市居民的居住条件。加速城市建设和经济的发展，有利于为国家开辟一条重要财源，有利于进一步扩大对外开放。总之，房地产业是当今世界上一项具有较高效益的产业，许多比较发达的国家和地区，都把它当作重要的经济支柱，由政府出面，大力扶持，优先发展。在我国，房地产业已经成为我国经济发展的重要支柱产业，为促进其健康发展，客观上要求用法律加以规范、引导、推动和保障。

第二条 在中华人民共和国城市规划区国有土地（以下简称国有土地）范围内取得房地产开发用地的土地使用权，从事房地产开发、房地产交易，实施房地产管理，应当遵守本法。

本法所称房屋，是指土地上的房屋等建筑物及构筑物。

本法所称房地产开发，是指在依据本法取得国有土地使用权的土地上进行基础设施、房屋建设的行为。

本法所称房地产交易，包括房地产转让、房地产抵押和房屋租赁。

条文主旨

本条是关于本法适用范围和调整对象的规定。

立法背景

任何一部法律都有特定的调整对象和适用范围。所谓适用范围，也称法律的效力范围，是指法律在什么地域、在什么时间以及对什么人发生效力。本法也不例外。首先，需要明确其适用范围；其次，为正确理解相关概念的含义、避免分歧，对本法的一些关键术语也需要明确界定。

条文解读

一、关于本法的适用范围

本条第一款规定："在中华人民共和国城市规划区国有土地（以下简称国有土地）范围内取得房地产开发用地的土地使用权，从事房地产开发、房地产交易，实施房地产管理，应当遵守本法。"据此，对本法的适用范围，可以从以下几个方面进行理解：

1. 关于"城市规划区"。这里所称的城市规划区，与城乡规划法中所称的城市规划区是相同的。根据《中华人民共和国城乡规划法》的规定，规划区是指城市、镇和村庄的建成区以及因城乡建设和发展需要，必须实行规划控制的区域。规划区的具体范围由有关人民政府在组织编制的城市总体规划、镇总体规划、乡规划和村庄规划中，根据城乡经济社会发展水平和统筹城乡发展的需要划定。因此，"城市规划区"包括两个部分的区域：一是城市的建成区，如城市的市区；二是城市总体规划中划定的区域。

2. 关于"国有土地"。所谓国有土地，是指所有权属于国家即全民所有的土地。我国实行土地的社会主义公有制，即土地分别属于全民所有和劳动群众集体所有。全民所有的土地，即国有土地，包括以下三个方面：

（1）城市市区的土地。我国宪法第十条第一款规定："城市的土地属于国家所有。"土地管理法第九条第一款进一步明确规定："城市市区的土地属于国家所有。"因此，城市市区的土地，属于国有土地。

（2）法律规定属于国家所有的农村和城市郊区的土地。我国宪法第十条第二款和土地管理法第九条第二款中都规定，农村和城市郊区的土地，除由法律规定属于国家所有的以外，属于集体所有。这表明，在农村和城市郊区的土地中，有一部分是"由法律规定属于国家所有的"，即国有土地。

（3）国家依法征收的土地。我国宪法第十条第三款规定："国家为了公共利益的需要，可以依照法律规定对土地实行征收或者征用并给予补偿。"土地管理法第二条第四款规定："国家为了公共利益的需要，可以依法对土地实行征收或者征用并给予补偿。"物权法第四十二条第一款中也规定："为了公共利益的需要，依照法律规定的权限和程序可以征收集体所有的土地……"根据上述规定，集体所有的土地，经国家征收以后，所有权属于国家，即转为国有土地。

如前所述，国有土地是由三个方面的土地组成的，但从所在区域来讲，国有土地又可以分为两类：一是位于城市规划区范围之内的国有土地；二是位于城市规划区范围之外的国有土地。根据本条第一款的规定，本法适用于城市规划区内的国有土地范围内取得房地产开发用地的土地使用权所进行的房地产开发等活动，至于城市规划区以外的国有土地范围内取得房地产开发用地的土地使用权所进行的房地产开发等活动应当如何规范，本法第七十二条规定："在城市规划区外的国有土地范围内取得房地产开发用地的土地使用权，从事房地产开发、交易活动以及实施房地产管理，参照本法执行。"

3. 关于城市规划区内的"集体土地"。如前所述，"城市规划区"包括两个部分的区域：一是城市的建成区，如城市的市区；二是城市总体规划中划定的区域。城市建成区的土地，如城市市区的土地，属于国家所有。而在城市总体规划中划定区域内的土地，则不一定属于国家所有，有的属于农村集体所有。也就是说，在城市规划区范围内，存在集体所有的土地，这样就产生了在城市规划区内的集体土地从事房地产开发、房地产交易以及房地产管理等活动是否适用本法的问题。按照本条第一款中关于"城市规划区国有土地"的规定，本法只适用于在城市规划区国有土地上从事房地产开发、房地产交易以及房地产管理等活动，所以城市规划区内的集体土地，不适用本法。本法第九条规定："城市规划区内的集体所有的土地，经依法征收转为国有土地后，该幅国有土地的使用权方可有偿出让，但法律另有规定的除外。"即除土地管理法关于集体经营性建设用地入市等的规定外，在城市规划区内的集体土地，不能直接进行房地产开发、房地产交易活动，而必须经过依法征收转为国有土地以后，再通过国有土地使用权出让，方可进行房地产开发、房地产交易等活动。

4. 关于“房地产”。房地产是本法中的一个重要概念。在国外法律中，房地产一般称为不动产。它是相对于动产而言的，最根本的特点，是其位置不能移动。在我国，至今还没有对房地产进行完整、严密的定义。但是从本法的具体内容可以看出，房地产是一个复杂、综合的概念，至少具有以下三层含义：

（1）房地产是地产与房产的有机结合，房地产既包括地产又包括房产，是两者的有机结合，经常融为一体。地产与房产存在密不可分的关系，地产是房产的依托和基础，房产是地产的目标和用途。正因为房产与地产具有同一性，本法将房地产作为一个整体来加以规范。

（2）房地产是实体财产与财产权利的有机结合。房地产无疑是一种具有很大价值的财产，它既包含了房地产可见的、有形的实体，又包含了寓于房地产实体中的各种经济关系及由此而形成的各种权利，如占有、使用、出售、出租、抵押等权利。因此，本法中所讲的城市房地产，可以说是城市规划区范围内的国有土地使用权和该土地上的房屋等建筑物的所有权的一种统称。

（3）房地产作为一个统一体，其中地产是主要的，起着主导作用，是房地产的核心。从房产和地产的物质形态看，土地可以独立存在，形成独立的物体，而且是永久的。可是房屋不能独立存在，不能没有依托，没有土地房屋就不能存在。因此，存在着尚未形成房产的地产，但没有脱离地产的房产，不存在独立意义上的房产。从房地产的价值构成看，房地产价值分为地价和房价（房屋建造成本及适当的利润）两部分。由于土地的永久性和房屋会不断损耗，随着时间的推移，地价永续而房价有限，因此地价是房地产价值的主体。

5. 实施房地产管理，应遵守本法。制定城市房地产管理法的主要目的，是解决房地产业发展中存在的房地产开发和交易行为不规范的问题。本法虽然对反映房地产归属的静态物权关系作了一些规定，如出让土地使用权、房地产抵押权等，但本法着重规定的是对城市房地产的管理，具体包括：第一，房地产开发用地的管理，如土地使用权出让的批准权限、组织实施、进行程序等，以及土地使用权划拨的范围。第二，房地产开发企业的管理，如设立房地产开发企业的法定条件及设立登记和备案。第三，房地产交易价格的管理，如基准地价、标定地价和各类房屋的重置价格的定期确定及公布，房地产价格评估制度和房地产成交价格申报制度。第四，商品房预售的管理，如商品房预售的法定条件及商品房预售的许可和登记备案。第五，房屋租赁的管理，如房屋租赁合同的登记备案。第六，房地产中介服务机构的管理，如设立房地产中介服务机构的法定条件及设立登记，房地产价格评估人员资格认证制度。第七，房地产权属登记管理，如国家实行土地使用权和房屋所有权登记发证制度。

二、关于房屋、房地产开发以及房地产交易的含义

1. 关于“房屋”的含义。本条第二款规定：“本法所称房屋，是指土地上的房屋等建筑物及构筑物。”按照这一规定，房屋包括建筑物与构筑物两类。

所谓建筑物，是指人们为了满足社会生产、生活的需要，利用一定的物质技术条件，按照一定的规则建造的人工物体。最典型的建筑物，就是指房屋，即具有基础、墙、顶、门、窗，能够遮风避雨，供人们在其中居住、工作、学习、娱乐、储藏物品或者进行其他活动的人工物体。所谓构筑物，是指不具备、不包含或者不提供人们在其中直接进行生产或者生活功能的人工物体，如烟囱、围墙、水塔、水池、桥梁、堤坝、隧道等。

2. 关于“房地产开发”的含义。本条第三款规定：“本法所称房地产开发，是指在依据本法取得国有土地使用权的土地上进行基础设施、房屋建设的行为。”根据这一规定，“房地产开发”须同时具备以下两个条件：一是“在依据本法取得国有土地使用权的土地上进行”的行为。即在城市规划的范围内，以出让的方式取得国有土地使用权，并在该幅国有土地上进行相关建设的行为。二是进行“基础设施、房屋建设”的行为。所谓基础设施，是指包括道路、自来水、污水排放、天然气、电力、通信、地铁、轨道交通等在内的设施。基础设施在城市建设中具有基础性、先导性的作用。基础设施建设具有挖填土方量大、施工层次分明、地下隐蔽工程多、配套性要求高等特点。本款规定的“房屋建设”，是指本条第二款规定的“房屋等建筑物及构筑物”的建设。

3. 关于“房地产交易”的含义。本条第四款规定：“本法所称房地产交易，包括房地产转让、房地产抵押和房屋租赁。”根据这一规定，房地产交易包括房地产转让、房地产抵押以及房屋租赁三种行为。

（1）“房地产转让”。所谓房地产转让，按照本法第三十七条的规定，是指房地产权利人通过买卖、赠与或者其他合法方式将其房地产转移给他人的行为。房地产转让，应当签订书面转让合同，合同中应当载明土地使用权取得的方式；房地产转让时，土地使用权出让合同载明的权利、义务随之转移。房地产转让时，应当向县级以上地方人民政府房产管理部门申请房产变更登记，并凭变更后的房屋所有权证书向同级人民政府土地管理部门申请土地使用权变更登记，经同级人民政府土地管理部门核实，由同级人民政府更换或者更改土地使用权证书。此外，我国宪法和土地管理法都规定，任何单位和个人不得侵占、买卖或者以其他形式非法转让土地；土地的使用权可以依照法律的规定转让。因此，房地产转让中涉及的地产转让，实际上是土地使用权的依法转让，而不是土地的买卖或者赠与。

（2）“房地产抵押”。所谓房地产抵押，按照本法第四十七条的规定，是指抵押人以其合法的房地产以不转移占有的方式向抵押权人提供债务履行担保的行为。债务人不履行债务时，抵押权人有权依法以抵押的房地产拍卖所得的价款优先受偿。依法取得的房屋所有权连同该房屋占用范围内的土地使用权，可以设定抵押权；以出让方式取得的土地使用权，可以设定抵押权。房地产抵押，抵押人和抵押权人应当签订书面抵押合同，并应当凭土地使用权证书、房屋所有权证书，向县级以上地方人民政府规定的部门办理抵押登记。因处分抵押房地产而取得土地使用权和房屋所有权的，应当依法办理过户登记。

（3）“房屋租赁”。所谓房屋租赁，按照本法第五十三条的规定，是指房屋所有权人作为出租人将其房屋出租给承租人使用，由承租人向出租人支付租金的行为。房屋租赁，出租人和承租人应当签订书面租赁合同，约定租赁期限、租赁用途、租赁价格、修缮责任以及双方的其他权利和义务，并向房产管理部门登记备案。住宅用房的租赁，应当执行国家和房屋所在城市人民政府规定的租赁政策。租用房屋从事生产、经营活动的，由租赁双方协商议定租金和其他租赁条款。以营利为目的，房屋所有权人将以划拨方式取得使用权的国有土地上建成的房屋出租的，应当按照国务院规定将租金中所含土地收益上缴国家。

相关规定

《中华人民共和国宪法》第10条；《中华人民共和国物权法》第47条；《中华人民共和国土地管理法》第2、9、10条；《中华人民共和国城乡规划法》第2、3条。

第三条　国家依法实行国有土地有偿、有限期使用制度。但是，国家在本法规定的范围内划拨国有土地使用权的除外。

条文主旨

本条是关于国有土地使用制度的规定。

立法背景

土地制度是指人们在一定的社会条件下，因开发和利用土地而产生的对土地的所有以及占有、使用、收益和处分诸方面关系的总称。土地制度包括土地所有制和土地使用制度两方面的内容。土地所有制是人们在一定的社会制度下拥有土地的形式，是国家土地制度的核心。在土地所有制上，根据1982年宪法和1988年4月七届全国人大一次会议通过的“宪法修正案”，我国实行社会主义土地公有制，即采取土地国家（全民）所有制和集体所有制。城市的土地都属于国家所有；农村和城市郊区的土地，除由法律规定属于国家所有的外，属于集体所有。土地使用制度是指在一定的土地所有制条件下产生的土地使用关系，是土地所有制的实现方式。新中国成立初期，我国城市国有土地使用权基本上是依靠国家以行政手段划拨，即由城市政府将城市土地无偿划拨给企、事业单位使用。在这种土地使用制度下，决定土地配置和利用方式的是国民经济计划、城市规划和统收统支的体制，它与计划经济的运行机制是相适应的。改革开放以来，我国商品经济有了很大的发展，这种无视经济效益、违背价值规律的土地使用制度，导致土地资源配置效益差，利用效率低下，土地收益大量流失。国有土地使用制度改革开始于1982年，首先在深圳、广州、抚顺等城市试点。1988年4月，七届全国人大一次会议将宪法第十条第四款“任何组织或者个人不得侵占、买卖、出租或者以其他形式非法转让土地”的规定修改为：“任何组织或者个人不得侵占、买卖或者以其他形式非法转让土地。土地的使用权可以依照法律的规定转让。”同年12月，土地管理法也作了相应修改。

条文解读

一、关于国有土地有偿、有限期使用制度

国有土地有偿、有限期使用制度是指将原来国家划拨土地使用权改为土地使用权出让。所谓土地使用权出让，是指国家将国有土地使用权在一定年限内出让给土地使用

者，由土地使用者向国家支付土地使用权出让金。具体包括以下法律规定：

1. 土地使用权出让，必须符合土地利用总体规划、城市规划和年度建设用地计划。

2. 土地使用权出让，由市、县人民政府有计划、有步骤地进行，出让的每幅地块、用途、年限和其他条件，由市、县人民政府土地管理部门会同城市规划、建设、房产管理部门共同拟定方案，按照国务院规定，报经有批准权的人民政府批准后，由市、县人民政府土地管理部门实施。

3. 土地使用权出让，可以采取拍卖、招标或者双方协议的方式。商业、旅游、娱乐和豪华住宅用地，有条件的，必须采取拍卖、招标方式；没有条件，不能采取拍卖、招标方式的，可以采取双方协议的方式。采取双方协议方式出让土地使用权的出让金不得低于按国家规定所确定的最低价。

4. 土地使用权出让最高年限由国务院规定。按照国务院制定颁布的《中华人民共和国城镇国有土地使用权出让和转让暂行条例》（国务院令第55号）的规定，土地使用权出让的最高年限是：居住用地七十年；工业用地五十年；教育、科技、文化、卫生、体育用地五十年；商业、旅游、娱乐用地四十年；综合或者其他用地五十年。

5. 土地使用权出让，应当签订书面出让合同。土地使用权出让合同由市、县人民政府土地管理部门与土地使用者签订。

6. 土地使用者需要改变土地使用权出让合同约定的土地用途的，必须取得出让方和市、县人民政府城市规划行政主管部门的同意，签订土地使用权出让合同变更协议或者重新签订土地使用权出让合同，相应调整土地使用权出让金。

7. 国家对土地使用者依法取得的土地使用权，在出让合同约定的使用年限届满前不收回；在特殊情况下，根据社会公共利益的需要，可以依照法律程序提前收回，并根据土地使用者使用土地的实际年限和开发土地的实际情况给予相应的补偿。

8. 土地使用权出让合同约定的使用年限届满，土地使用者需要继续使用土地的，应当至迟于届满前一年申请续期，除根据社会公共利益需要收回该幅土地的外，应当予以批准。经批准准予续期的，应当重新签订土地使用权出让合同，依照规定支付土地使用权出让金。土地使用权出让合同约定的使用年限届满，土地使用者未申请续期或者虽申请续期但未获批准的，土地使用权由国家无偿收回。

9. 土地使用权出让金全部上缴财政，列入预算，用于城市基础设施建设和土地开发。

10. 以出让方式取得土地使用权的，完成法定投资开发额度后，可以转让该房地产。以出让方式取得的土地使用权，可以设定抵押权。

11. 以出让方式取得土地使用权的，转让房地产后，其土地使用权的使用年限为原土地使用权出让合同约定的使用年限减去原土地使用者已经使用年限后的剩余年限。

二、关于划拨国有土地使用权

划拨国有土地使用权是指县级以上人民政府依法批准，在土地使用者缴纳补偿、安置等费用后将该幅土地交付其使用，或者将国有土地使用权无偿交付给土地使用者使用。对于建设用地，新中国成立后，我国长期采用这种划拨国有土地使用权的方式。随着国有土地使用制度改革的不断深化，出让国有土地使用权已占据主要地位，因此本法明确将国有土地有偿、有限期使用规定为国有土地的基本使用制度。但是，从我国的实际情况出发，划拨国有土地使用权还不可能完全取消，国家建设用地还不能都采取土地使用权出让的方式。因此，本法将划拨国有土地使用权作为国有土地有偿、有限期使用制度的一种例外和补充作了规定，特别是在法律中规定了划拨国有土地使用权的范围。以后，除了本法规定范围内的特殊用地还可以继续采用划拨方式供应之外，其余建设用地供应一律采取有偿、有限期的土地使用权出让方式。

三、关于划拨国有土地使用权的范围

根据本法规定，下列建设用地的土地使用权，确属必需的，可以由县级以上人民政府依法批准划拨：（一）国家机关用地和军事用地；（二）城市基础设施用地和公益事业用地；（三）国家重点扶持的能源、交通、水利等项目用地；（四）法律、行政法规规定的其他用地。在本法规定的范围内以划拨方式取得国有土地使用权的，除法律、行政法规另有规定外，没有使用期限的限制，土地使用者可以长期使用。但是，以划拨方式取得土地使用权的，如果需要转让房地产，应当按照国务院规定，报有批准权的人民政府审批。有批准权的人民政府准予转让的，要由受让方办理土地使用权出让手续，并依照国家有关规定缴纳土地使用权出让金。在转让房地产报批时，如果有批准权的人民政府按照国务院规定可以不办理土地使用权出让手续的，转让方应当按照国务院规定将转让房地产所获收益中的土地收益上缴国家或者作其他处理。房屋所有权人以营利为目的，将以划拨方式取得使用权的国有土地上建成的房屋出租的，也必须将租金中所含的土地收益上缴国家。

相关规定

《中华人民共和国土地管理法》第2条；《中华人民共和国城镇国有土地使用权出让和转让暂行条例》（国务院令第55号）第2、12、13、44、45、47条。

第四条　国家根据社会、经济发展水平，扶持发展居民住宅建设，逐步改善居民的居住条件。

条文主旨

本条是关于国家扶持发展居民住宅建设的规定。

立法背景

居民住宅问题是城市重大的社会问题。保障城市居民的住宅权利，逐步改善居民的居住条件，对于促进城市经济发展，维护社会安定，具有不可估量的作用。在我国，党和政府一直十分关心城市居民的住房问题，先后从经济适用房建设、税收优惠、住房贷款等方面给予居民购房极大的扶持与优惠。制定城市房地产管理法，为进一步制定优惠措施、鼓励和扶持房地产开发企业建设居民住宅提供了法律依据。

条文解读

根据本条的规定，国家根据社会、经济发展水平，扶持发展居民住宅建设，逐步改善居民的居住条件。具体来讲，国家扶持发展居民住宅建设，改善居民居住条件，主要采取以下几个方面的政策措施：

1. 税收优惠措施。就是国家通过采取税收优惠等政策措施，鼓励和支持房地产开发企业开发建设居民住宅。对此，本法第二十九条也作了明确的规定，即“国家采取税收等方面的优惠措施鼓励和扶持房地产开发企业开发建设居民住宅”。同时，通过采取减免交易税等措施，鼓励和支持城镇居民购买商品房等改善居住条件。

2. 金融支持措施。就是通过采取抵押贷款、发债融资、上市融资、信贷等政策措施，鼓励和支持房地产开发企业开发建设居民住宅。同时，通过房屋抵押贷款等措施，鼓励和支持城镇居民购买商品房等改善居住条件。

3. 用地等扶持措施。2007 年 8 月 7 日《国务院关于解决城市中低收入家庭住房困难的若干意见》（国发〔2007〕24 号）中明确提出，落实解决城市低收入家庭住房困难的经济政策和建房用地，“一是廉租住房和经济适用住房建设、棚户区改造、旧住宅区整治一律免收城市基础设施配套费等各种行政事业性收费和政府性基金。二是廉租住房和经济适用住房建设用地实行行政划拨方式供应。三是对廉租住房和经济适用住房建设用地，各地要切实保证供应。要根据住房建设规划，在土地供应计划中予以优先安排，并在申报年度用地指标时单独列出。四是社会各界向政府捐赠廉租住房房源的，执行公益性捐赠税收扣除的有关政策。五是社会机构投资廉租住房或经济适用住房建设、棚户区改造、旧住宅区整治的，可同时给予相关的政策支持”。2007 年 12 月 1 日，建设部等七部委联合出台《经济适用住房管理办法》（建住房〔2007〕258 号），该办法明确指出“经济适用住房制度是解决城市低收入家庭住房困难政策体系的组成部分”。“经济适用住房，是指政府提供政策优惠，限定套型面积和销售价格，按照合理标准建设，面向城市低收入住房困难家庭供应，具有保障性质的政策性住房。”同年，又出台《廉租住房保障办法》（建设部令第162号），对廉租住房保障方式、保障资金及房屋来源、申请与核准等作了全面的规定。2016年5月，国务院出台《关于加快培育和发展住房租赁市场的若干意见》（国办发〔2016〕39号），提出到2020年基本形成供应主体多元、经营服务规范、租赁关系稳定的住房租赁市场体系，至此，我国的住房制度进入从“实物分房”到“商品化”再到“租售并举”的新阶段。

相关规定

《国务院关于解决城市中低收入家庭住房困难的若干意见》（国发〔2007〕24号）；《国务院办公厅关于保障性安居工程建设和管理的指导意见》（国办发〔2011〕45号）；《国务院办公厅关于加快培育和发展住房租赁市场的若干意见》（国办发〔2016〕39号）；《经济适用住房管理办法》（建住房〔2007〕258号）；《廉租住房保障办法》（建设部令第162号）。

第五条 房地产权利人应当遵守法律和行政法规，依法纳税。房地产权利人的合法权益受法律保护，任何单位和个人不得侵犯。

条文主旨

本条是关于房地产权利人权利和义务的规定。

立法背景

所谓房地产权利人，是指对房地产享有依法占有、使用、收益和处分权利的主体。房地产权利是一种比较特殊的权利。一方面，该权利与普通民事权利一样，包含占有、使用、收益和处分的权利；另一方面，房屋等建筑物是建造在土地之上的，而城市土地属于国家所有，房屋与土地又不可分离。所以，房地产具有与其他普通财产不同的权利属性。国家保护房地产权利人的合法权益和房地产权利人必须守法，是维护房地产市场秩序，建立完善的房地产市场体系的重要条件。在房地产市场中，房地产权利人的合法权益能否得到有效保护，直接影响到房地产开发、房地产交易等活动能否正常、有序、健康进行。同时，房地产权利人能否遵守法律和行政法规，不但影响国家对房地产活动的监督管理，而且也影响房地产市场的规范、有序运行。因此，有必要对房地产权利人的权利保护与义务承担作出相应的规定。

条文解读

一、关于房地产权利人遵守法律和行政法规

其一，这里的“法律”，是指全国人大及其常委会制定的规范性文件。房地产权利人应当遵守的法律除了本法以外，主要包括《中华人民共和国土地管理法》《中华人民共和国城乡规划法》等法律。其二，这里的“行政法规”是指国务院为领导和管理国家各项行政工作，根据宪法和法律，按照立法法规定的程序制定的政治、经济、教育、科技、文化、外事等各类法规的总称。房地产权利人应当遵守的行政法规主要包括《中华人民共和国城镇国有土地使用权出让和转让暂行条例》《中华人民共和国土地管理法实施条例》《国有土地上房屋征收与补偿条例》《不动产登记暂行条例》等。房地产权利人在进行房地产开发、房地产经营、房地产交易及房地产权属登记的过程中，要遵守上述法律和行政法规的规定，否则法律对其权利不予以保护，国家对违法者还将给予法律制裁。

二、关于房地产权利人应当依法纳税

依法纳税，是公民的一项基本义务。我国宪法第五十六条明确规定：“中华人民共和国公民有依照法律纳税的义务。”本条所规定的房地产权利人应当依法纳税，是指依法缴纳土地使用税、房产税以及土地增值税等税种。目前，我国法律、行政法规要求房地产权利人履行的纳税义务，主要包括：（1）在城市、县城、建制镇、工矿区范围内使用土地的单位和个人，为城镇土地使用税的纳税人，应当缴纳土地使用税。（2）房地产权利人领取房屋所有权证书、土地使用权证书，应当缴纳印花税。（3）转让国有土地使用权、地上的建筑物及其附着物并取得收入的单位和个人，为土地增值税的纳税义务人，应当缴纳土地增值税。（4）个人租赁房屋、转让房地产的，应当缴纳个人所得税。（5）在城市、县城、建制镇和工矿区范围内，房产所有人应当缴纳房产税。（6）在转移土地、房屋权属时，受让的单位和个人为契税的纳税人，应当缴纳契税。

三、关于房地产权利人的权利保护

根据本条的规定，“房地产权利人的合法权益受法律保护，任何单位和个人不得侵犯”。房地产权利人作为市场主体和权利主体，其民事权利受法律保护。我国民法总则第三条明确规定：“民事主体的人身权利、财产权利以及其他合法权益受法律保护，任何组织或者个人不得侵犯。”本法作为专门规范城市房地产开发、交易以及管理等活动的法律，对房地产权利人享有的权利，作了一系列的规定。例如，按照本法第十七条的规定，土地使用者按照出让合同约定支付土地使用权出让金的，市、县人民政府土地管理部门必须按照出让合同约定，提供出让的土地；如果市、县人民政府土地管理部门未按照出让合同约定提供出让的土地的，“土地使用者有权解除合同，由土地管理部门返还土地使用权出让金，土地使用者并可以请求违约赔偿”。又如，第四十七条中规定，在房地产抵押的情况下，“债务人不履行债务时，抵押权人有权依法以抵押的房地产拍卖所得的价款优先受偿”等。对于房地产权利人的合法权益，任何组织或者个人不得侵犯。否则，房地产权利人可以按照侵权责任法的规定，让侵权人承担相应的侵权责任。承担侵权责任的方式主要有停止侵害、排除妨害、消除危险、返还财产、恢复原状、赔偿损失等。以上承担侵权责任的方式，可以单独适用，也可以合并适用。此外，房地产权利人还受到物权法的保护，保护方式包括物权请求权以及占有请求权等。

相关规定

《中华人民共和国城镇土地使用税暂行条例》（国务院令第709号）；《中华人民共和国土地增值税暂行条例》（国务院令第588号）；《中华人民共和国房产税暂行条例》（国务院令第588号）；《中华人民共和国契税暂行条例》（国务院令第709号）；《中华人民共和国印花税暂行条例》（国务院令第588号）；《财政部 国家税务总局关于房产税城镇土地使用税有关政策的通知》（财税〔2006〕186号）。

第六条 为了公共利益的需要，国家可以征收国有土地上单位和个人的房屋，并依法给予拆迁补偿，维护被征收人的合法权益；征收个人住宅的，还应当保障被征收人的居住条件。具体办法由国务院规定。

条文主旨

本条是关于征收国有土地上单位和个人房屋的规定。

立法背景

本条是2007年8月30日十届全国人大常委会第二十九次会议通过的《全国人民代表大会常务委员会关于修改〈中华人民共和国城市房地产管理法〉的决定》增加的规定。

“征收”与“征用”，是两个不同的法律概念。但在很长的一段时期内，我国的法律一直使用“征用”的概念。例如，1982年12月4日第五届全国人民代表大会第五次会议通过的宪法，其第十条第三款规定：“国家为了公共利益的需要，可以依照法律规定对土地实行征用。”又如，1986年6月25日第六届全国人民代表大会常务委员会第十六次会议通过的土地管理法中，也使用“征用”的概念，该法第二条第三款规定：“国家为了公共利益的需要，可以依法对集体所有的土地实行征用。”2004年宪法修改时，为了完善土地征用制度和对私有财产的保护，对“征收”与“征用”作了区分。2004 年 3 月 14 日第十届全国人民代表大会第二次会议通过的《中华人民共和国宪法修正案》第二十条规定：“宪法第十条第三款‘国家为了公共利益的需要，可以依照法律规定对土地实行征用。’修改为：‘国家为了公共利益的需要，可以依照法律规定对土地实行征收或者征用并给予补偿。’”

为了加强城市房屋拆迁管理，保障城市建设顺利进行，保护拆迁当事人的合法权益。1991 年 3 月 22 日，国务院公布《城市房屋拆迁管理条例》（国务院令第 78 号），对在城市规划区内国有土地上因城市建设需要拆迁房屋及其附属物作了规定。此后，国务院对《城市房屋拆迁管理条例》进行了修订，并于 2001 年 6 月 13 日公布了新的《城市房屋拆迁管理条例》（国务院令第 305 号）。2007 年 3 月 16 日，第十届全国人民代表大会第五次会议通过了物权法，该法第四十二条第一款明确规定：“为了公共利益的需要，依照法律规定的权限和程序可以征收集体所有的土地和单位、个人的房屋及其他不动产。”按照这一规定，为了公共利益的需要，征收城镇国有土地上单位、个人的房屋应当由“法律”规定，即全国人大及其常委会制定的“法律”，才可以对征收国有土地上单位、个人的房屋作出规定。而国务院制定的《城市房屋拆迁管理条例》与物权法的规定不一致，自物权法 2007 年 10 月 1 日起施行时，就须停止执行，这将使城市房屋拆迁处于无法可依的状态。为了解决这一问题，经过认真研究，依据《中华人民共和国立法法》第九条的规定，在有关征收法律出台前，通过修改《中华人民共和国城市房地产管理法》，授权国务院就征收国有土地上单位、个人房屋与拆迁补偿先制定行政法规。为此，国务院向全国人大常委会提出了《中华人民共和国城市房地产管理法修正案（草案)》。

2007 年 8 月 24 日，时任建设部部长汪光焘同志受国务院委托，在第十届全国人民代表大会常务委员会第二十九次会议上作了《关于〈中华人民共和国城市房地产管理法修正案（草案)〉的说明》，建议在城市房地产管理法第一章总则中增加一条，作为第六条："为了公共利益的需要，国家可以征收国有土地上单位和个人的房屋，并依法给予拆迁补偿，维护被征收人的合法权益；征收个人住宅的，还应当保障被征收人的居住条件。具体办法由国务院规定。" 2007 年 8 月 25 日上午，第十届全国人民代表大会常务委员会第二十九次会议对城市房地产管理法修正案（草案）进行了分组审议，审议中常委会组成人员普遍认为，依照即将施行的物权法的规定，征收单位和个人的房屋等财产的权限和程序，应由法律规定。在有关法律出台前，通过修改城市房地产管理法，授权国务院就征收城市国有土地上单位和个人的房屋制定具体办法，有利于规范征收行为，保护被征收人的合法权益，保障城市建设依法有序进行；国务院提请审议的修正案草案是可行的，赞成提请常委会表决通过。全国人大法律委员会于8月26日召开会议，根据常委会组成人员的审议意见，对修正案草案进行了审议，并向全国人大常委会提交了“关于《中华人民共和国城市房地产管理法修正案（草案）》审议结果的报告”。全国人大法律委员会认为，国务院提请审议的修正案草案是可行的，符合物权法和立法法的有关规定。同时，全国人大法律委员会根据修正案草案提出了《全国人民代表大会常务委员会关于修改〈中华人民共和国城市房地产管理法〉的决定（草案）》，建议常委会会议审议通过。此外，有的常委会委员还对城市房地产管理法提出了一些其他修改意见和建议，全国人大法律委员会经过研究后认为：考虑到这次修改，主要是为解决物权法施行后，城市建设中急需解决的房屋征收拆迁的法律依据问题；对有的常委会委员提出的其他修改意见，建议有关部门认真研究，抓紧对城市房地产管理法作进一步修改，按照立法程序适时提请全国人大常委会审议。

2007年8月30日，第十届全国人民代表大会常务委员会第二十九次会议通过了《全国人民代表大会常务委员会关于修改〈中华人民共和国城市房地产管理法〉的决定》，对《中华人民共和国城市房地产管理法》作如下修改：“在第一章‘总则’中增加一条，作为第六条：‘为了公共利益的需要，国家可以征收国有土地上单位和个人的房屋，并依法给予拆迁补偿，维护被征收人的合法权益；征收个人住宅的，还应当保障被征收人的居住条件。具体办法由国务院规定。'" 2011 年 1 月 21 日，国务院公布了《国有土地上房屋征收与补偿条例》（国务院令第 590 号）。

条文解读

一、关于征收国有土地上单位和个人房屋应当遵循的原则

根据本条的规定，对国有土地上单位和个人房屋实施征收，应当遵循以下三个原则：

1. 公共利益需要的原则。即只有出于公共利益的需要，方可对国有土地上单位和个人的房屋实施征收，这既是征收这一行为的前提条件，也是征收国有土地上单位和个人房屋必须遵循的一个原则。所谓公共利益，通常是指全体社会成员的共同利益或者社会的整体利益，《国有土地上房屋征收与补偿条例》（国务院令第 590 号）第八条明确规定："为了保障国家安全、促进国民经济和社会发展等公共利益的需要，有下列情形之一，确需征收房屋的，由市、县级人民政府作出房屋征收决定：（一）国防和外交的需要；（二）由政府组织实施的能源、交通、水利等基础设施建设的需要；（三）由政府组织实施的科技、教育、文化、卫生、体育、环境和资源保护、防灾减灾、文物保护、社会福利、市政公用等公共事业的需要；（四）由政府组织实

施的保障性安居工程建设的需要；（五）由政府依照城乡规划法有关规定组织实施的对危房集中、基础设施落后等地段进行旧城区改建的需要；（六）法律、行政法规规定的其他公共利益的需要。”

2. 依照法定权限和程序的原则。物权法第四十二条第一款规定：“为了公共利益的需要，依照法律规定的权限和程序可以征收集体所有的土地和单位、个人的房屋及其他不动产。”公共利益的实现，通常需要以减损私人利益作为成本，或者要以限制或者剥夺某些公民权利作为代价。征收是国家从被征收人手中直接取得财产所有权，导致财产所有权归属的改变。因此，为了防止征收行为的滥用，平衡公共利益需要与保护私有财产权之间的关系，征收必须严格依照法律规定的权限和程序进行，以切实保护私有财产权不受无端侵害。《国有土地上房屋征收与补偿条例》对此作了详细规定。

3. 依法给予补偿的原则。为了公共利益的需要，依照法律规定的权限和程序可以征收单位、个人的房屋及其他不动产；征收单位、个人的房屋及其他不动产，应当依法给予拆迁补偿，维护被征收人的合法权益；任何单位和个人不得贪污、挪用、私分、截留、拖欠征收补偿费等费用。因征收而产生的补偿，涉及四个方面的问题：一是补偿的性质。补偿不同于民事赔偿。补偿是对被征收人所遭受的财产损失的弥补；民事赔偿是因侵害他人民事权利而依法承担的民事责任。征收是依照法定权限和程序进行的合法行为，因而不存在民事责任问题。二是补偿的方式。征收的对象为土地及房屋等不动产，补偿的方式包括金钱补偿、相应的财产补偿以及其他形式的补偿。三是补偿的标准。从国外的规定来看，补偿的标准有“合理补偿”“适当补偿”“充分补偿”“有效补偿”“相应补偿”等。按照国务院《国有土地上房屋征收与补偿条例》(国务院令第590号)的规定，给予“公平补偿”。四是补偿的时间。因征收而产生的补偿，应当及时进行，补偿延误将给被征收人造成损失。至于补偿的具体时间究竟是“事前补”“事中补”还是“事后补”，需要根据不同情况确定。按照《国有土地上房屋征收与补偿条例》(国务院令第590号)的规定，实施房屋征收应当“先补偿、后搬迁”。

二、关于征收国有土地上单位和个人房屋的具体要求

根据本条的规定，为了公共利益的需要，国家可以征收国有土地上单位和个人的房屋，并依法给予拆迁补偿，维护被征收人的合法权益；征收个人住宅的，还应当保障被征收人的居住条件。按照《国有土地上房屋征收与补偿条例》(国务院令第590号)的规定，为了公共利益的需要，征收国有土地上单位和个人的房屋，应当重点关注以下问题：

(一) 征收程序有哪些规定

《国有土地上房屋征收与补偿条例》(国务院令第590号)规定征收补偿方案应征求公众意见；因旧城区改建需要

征收房屋，多数被征收人认为征收补偿方案不符合本条例规定的，应当组织听证会并修改方案；政府作出房屋征收决定前，应当进行社会稳定风险评估；房屋征收决定涉及被征收人数量较多的，应当经政府常务会议讨论决定；被征收房屋的调查结果和分户补偿情况应当公布；被征收人对征收决定和补偿决定不服的，可以依法申请行政复议或者提起行政诉讼；审计机关应当加强审计。

（二）征收补偿有哪些标准

根据《国有土地上房屋征收与补偿条例》（国务院令第590号）第三章“补偿”的规定，作出房屋征收决定的市、县级人民政府对被征收人给予的补偿包括：(1) 被征收房屋价值的补偿；(2) 因征收房屋造成的搬迁、临时安置的补偿；(3) 因征收房屋造成的停产停业损失的补偿。市、县级人民政府应当制定补助和奖励办法，对被征收人给予补助和奖励。对被征收房屋价值的补偿，不得低于房屋征收决定公告之日被征收房屋类似房地产的市场价格。被征收房屋的价值，由具有相应资质的房地产价格评估机构按照房屋征收评估办法评估确定；对评估确定的被征收房屋价值有异议的，可以向房地产价格评估机构申请复核评估，对复核结果有异议的，可以向房地产价格评估专家委员会申请鉴定。

（三）建设单位是否可以参与拆迁活动

《国有土地上房屋征收与补偿条例》（国务院令第590号）改变了以前由建设单位拆迁的做法，规定政府是征收补偿主体，由房屋征收部门组织实施房屋征收与补偿工作。房屋征收部门可以委托房屋征收实施单位承担房屋征收与补偿的具体工作，但房屋征收实施单位不得以营利为目的。房屋征收部门对房屋征收实施单位实施房屋征收与补偿的行为负责监督，并对其行为后果承担法律责任。禁止建设单位参与搬迁活动，任何单位和个人都不得采取暴力、威胁或者中断供水、供热、供气、供电和道路通行等非法方式迫使被征收人搬迁。

相关规定

《中华人民共和国物权法》第42条；《国有土地上房屋征收与补偿条例》（国务院令第590号）。

第七条 **国务院建设行政主管部门、土地管理部门依照国务院规定的职权划分，各司其职，密切配合，管理全国房地产工作。**

县级以上地方人民政府房产管理、土地管理部门的机构设置及其职权由省、自治区、直辖市人民政府确定。

条文主旨

本条是关于房地产管理体制的规定。

立法背景

如何规定房地产管理体制，是房地产立法中争议最大、争议时间最长的问题。房地产本身具有房地合一的特点，按照现行体制实行房、地分管是不顺的，应当逐步实行房地产统管。这是各方的共同认识。但是如何统管，认识很不一致。经过多次研究与协调，结合我国实际，在现行体制下，难以规定哪一部门是房地产的主管部门，只能在不同的环节，明确各自的职责。同时，为了给改革留下空间，探索房地产统一管理的模式，本法规定“县级以上地方人民政府房产管理、土地管理部门的机构设置及其职权由省、自治区、直辖市人民政府确定”。

条文解读

一、关于全国房地产工作的管理

本条第一款规定，国务院建设行政主管部门、土地管理部门依照国务院规定的职权划分，各司其职，密切配合，管理全国房地产工作。按照这一规定，全国房地产工作的管理，涉及国务院两个部门。所谓“国务院建设行政主管部门”，是指国务院负责管理建设工作的行政主管部门，即住房和城乡建设部。按照国务院批准的住房和城乡建设部“三定方案”的规定，住房和城乡建设部承担规范住房和城乡建设管理秩序的责任和规范房地产市场秩序、监督管理房地产市场的责任。所谓“国务院土地管理部门”，是指国务院负责管理土地工作的行政主管部门，即自然资源部。根据国务院批准的自然资源部“三定方案”的规定，自然资源部承担的主要职责包括：履行全民所有土地、矿产、森林、草原、湿地、水、海洋等自然资源资产所有者职责和所有国土空间用途管制职责；负责自然资源统一确权登记工作；负责建立空间规划体系并监督实施等。这两个部门应当依照国务院规定的职权划分，各司其职，密切配合，共同做好管理全国房地产的工作。

二、关于地方房地产工作的管理

本条第二款规定，县级以上地方人民政府房产管理、土地管理部门的机构设置及其职权由省、自治区、直辖市人民政府确定。其中，县级以上地方人民政府房产管理、土地管理部门，是指地方各级住房和城乡建设局、自然资源和规划局。我国的地方各级房产管理、土地管理部门的设置及其职责不尽相同，如有些地方分别设立了房产管理部门和土地管理部门并分别负责本地区的房产管理工作和土地管理工作；有的地方则设立一个统一的房地产管理机构，由其统一负责本地区的房产管理和土地管理工作等。因此，为了适应不同的实际情况，同时也为以后的改革留有余地，本条规定地方房地产工作的管理，由省、自治区、直辖市人民政府确定的县级以上地方人民政府房产管理、土地管理部门负责。也就是说，地方房地产工作的管理部门及其职权，本条授权省级人民政府确定。省级人民政府既可以确定县级以上地方人民政府的一个部门负责房产管理、土地管理的工作，也可以确定县级以上地方人民政府的两个部门分别负责房产管理、土地管理的工作，并对其职权划分作出明确规定。省级人民政府确定的县级以上地方人民政府负责房产管理、土地管理工作的部门，也就是管理本地方房地产工作的职能部门，应当切实履行职责，负责本法在本行政区域内的执行和监督检查，认真做好本辖区房地产管理工作。

三、关于不动产登记的整合

本法第六十条规定："国家实行土地使用权和房屋所有权登记发证制度。"土地使用权的登记发证，属于土地管理工作范畴；房屋所有权登记发证，属于房产管理工作范畴。按照2007年制定的物权法第十条第二款中的规定，"国家对不动产实行统一登记制度"。所谓"不动产登记"，是指不动产登记机构依法将不动产权利归属和其他法定事项记载于不动产登记簿的行为。按照物权法第十条第二款中的规定，不动产"统一登记的范围、登记机构和登记办法，由法律、行政法规规定"。2014年11月24日国务院发布的《不动产登记暂行条例》（国务院令第656号，2019年经国务院令第710号修正）第六条规定，国务院国土资源主管部门负责指导、监督全国不动产登记工作。县级以上地方人民政府应当确定一个部门为本行政区域的不动产登记机构，负责不动产登记工作，并接受上级人民政府不动产登记主管部门的指导、监督。

相关规定

《不动产登记暂行条例》（国务院令第656号，2019年经国务院令第710号修正）；《国家土地管理局关于贯彻〈城市房地产管理法〉若干问题的批复》（国土批〔1995〕13号）。

第二章　房地产开发用地

第一节　土地使用权出让

本节共十五条，规定了以下八个方面的内容：一是土地使用权出让的定义（第八条）；二是土地使用权出让应遵守的基本规则（第九条、第十条、第十一条）；三是土地使用权的出让程序（第十二条）；四是土地使用权的出让方式（第十三条）；五是土地使用权出让的最高年限（第十四条）；六是土地使用权出让合同（第十五条、第十六条、第十七条、第十八条）；七是土地使用权出让金（第十九条）；八是土地使用权的提前收回、终止和续期（第二十条、第二十一条、第二十二条）。

第八条　**土地使用权出让，是指国家将国有土地使用权（以下简称土地使用权）在一定年限内出让给土地使用者，由土地使用者向国家支付土地使用权出让金的行为。**

条文主旨

本条是关于土地使用权出让定义的规定。

立法背景

本条从土地使用权出让双方基本权利义务的角度对土地使用权出让的内涵进行定义，旨在明确土地使用权出让中国家和土地使用者基本的权利和义务，保护国家和土地使用者的合法权益。

条文解读

一、土地使用权出让的定义

根据本条的规定，土地使用权出让是指国家将国有土地使用权（以下简称土地使用权）在一定年限内出让给土地使用者，由土地使用者向国家支付土地使用权出让金的行为。对于本条的理解，特别需要注意以下几个方面：

1. 土地使用权出让是国家作为国有土地所有权人依法处分国有土地的一种方式。在这个过程中，国家将国有土地所有权中的使用权部分在一定期限内转让给土地使用者，土地使用者依照法律规定和合同约定，支付相应的对价并取得土地使用权。在我国，土地使用权属于法定物权，土地使用权人在土地使用权存续期间，在其设定的权利范围内，依法对国家所有的土地享有占有、使用、收益的权利，对土地使用权享有转让、抵押等处分的民事权利，任何人不得非法干预。

2. 本条所称的土地使用权仅指国有建设用地使用权。在我国，土地使用权按照土地性质分，可以分为国有土地使用权和集体土地使用权。前者是指国有土地的使用人依照法律和约定利用土地并取得收益的权利，主要包括建设用地使用权和农用地使用权，国有建设土地使用权按照取得方式分，主要分为划拨国有土地使用权和出让国有土地使用权。后者是指集体土地的使用人依照法律和约定利用土地并取得收益的权利，集体土地使用权按照用途分，可分为承包经营权（经营权）、宅基地使用权和建设用地使用权等。

3. 国有土地使用权出让金是指国家向土地使用者依照法律和约定收取的费用，也称“国有土地使用权出让收入”。《国务院办公厅关于规范国有土地使用权出让收支管理的通知》（国办发〔2006〕100 号）明确指出：“国有土地使用权出让收入（以下简称土地出让收入）是政府以出让等方式配置国有土地使用权取得的全部土地价款，包括受让人支付的征地和拆迁补偿费用、土地前期开发费用和土地出让收益等。土地价款的具体范围包括：以招标、拍卖、挂牌和协议方式出让国有土地使用权所确定的总成交价款；转让划拨国有土地使用权或依法利用原划拨土地进行经营性建设应当补缴的土地价款；变现处置抵押划拨国有土地使用权应当补缴的土地价款；转让房改房、经济适用住房按照规定应当补缴的土地价款；改变出让国有土地使用权的土地用途、容积率等土地使用条件应当补缴的土地价款，以及其他和国有土地使用权出让或变更有关的收入等。按照土地出让合同规定依法向受让人收取的定金、保证金和预付款，在土地出让合同生效后可以抵作土地价款。”

二、土地使用权出让的基本特征

1. 土地使用权出让以土地所有权与土地使用权的分离为基础，土地使用权出让并不影响国家作为土地所有者的地位。国有土地所有权是对国有土地享有全面的占有、使用、收益和处分的权利，国有土地使用权仅是指按照法律规定和约定对国有土地在一定期限内享有的占有、使用、收益和处分的权利。国有土地使用权出让是国家作为国有土地所有权人对国有土地的一种处分方式，这种处分就是将目标国有土地按照法律规定和约定交付给土地使用权人使用，土地使用权人对目标国有土地的使用权来源于国有土地所有权人的赋权。为了更好地保障土地使用权人利用土地，排除他人的不当干涉，我国物权法第十二章专门对建设用地使用权作了规定。土地使用权人有权对目标土地实施占有，排除他人的妨害；有权对目标土地按照法律规定和约定进行开发；有权保留基于目标土地利用而产生的收益；有权对土地使用权实施抵押、转让等处分行为。

2. 土地使用权出让是有年限的。土地使用权的出让年限是按照法律规定和合同约定共同确定的。最高出让年限由法律规定，实际的出让年限可以由双方当事人根据具体的情况约定确定，但不得超过法定的最高年限。国务院1990年5月19日颁布实施的《中华人民共和国城镇国有土地使用权出让和转让暂行条例》（国务院令第55号）第十二条规定："土地使用权出让最高年限按下列用途确定：（一）居住用地七十年；（二）工业用地五十年；（三）教育、科技、文化、卫生、体育用地五十年；（四）商业、旅游、娱乐用地四十年；（五）综合或者其他用地五十年。"该条区分不同用途的土地，明确限定了相应的出让年限。对土地使用权出让限定最高年限，是为了保护国家作为国有土地所有权人的身份和地位。如若土地使用权出让不设年限，那么永久的土地使用权将会在事实上架空土地所有权。规定土地使用权出让的最高期限，在合同约定的土地使用年限届满后，除土地使用权人申请续期并经依法批准续期的外，土地使用权由国家无偿收回，这很好地保护了国家作为国有土地所有权人的身份和地位。

3. 土地使用权出让是有偿的。受让方取得一定期限内的土地使用权是以向出让方支付土地出让金为对价。出让金的本质是土地所有者不使用土地，而将土地出租给使用者而取得的经济利益，表现为一定期间内的地租。一般在土地出让合同签订后的法定期限内，受让方需要向出让方一次性或分期支付约定的土地出让金。

4. 土地使用者享有权利的效力不及于地下之物。也就是说，土地使用者对地下的资源、埋藏物和市政公用设施等，不因其享有土地的使用权而对其享有权利。

相关规定

《中华人民共和国土地管理法》第 44 ~ 48 条；《中华人民共和国城镇国有土地使用权出让和转让暂行条例》（国务院令第 55 号）；《国务院办公厅关于规范国有土地使用权出让收支管理的通知》（国办发〔2006〕100 号）。

第九条 **城市规划区内的集体所有的土地，经依法征收转为国有土地后，该幅国有土地的使用权方可有偿出让，但法律另有规定的除外。**

条文主旨

本条是关于城市规划区内集体所有土地使用权出让的规定。

立法背景

2019 年 8 月 26 日，全国人民代表大会常务委员会对土地管理法进行了修改，允许集体经营性建设用地入市，为与新修改的土地管理法相衔接，本条增加了“但法律另有规定的除外”的表述。

条文解读

土地公有制是我国的基本国策。土地是人生存和发展最为基础的物质条件，我国是人口大国，土地资源的安排和利用既要注重效益，又要注重结构，必须进行科学规划。具体而言，我国土地可以分为国家所有土地和农村集体所有土地两种。国家对国有土地的利用实施严格的规划，国有土地使用权可以依法进行出让。对于农村集体土地，过去，本法和土地管理法禁止农村集体所有土地使用权进入市场。随着社会经济的演进和发展，2019 年我国修改了这两部法律，有条件地允许集体经营性建设用地使用权出让、出租等，丰富了地产市场中的土地供给，促进地产定价回归理性，更好地维护了广大农民的利益。理解本条需要注重以下几个方面：

一、城市规划区内集体所有土地经征收后出让

一般来说，纳入城市规划区的土地主要是国有土地，但也包括部分集体土地，除法律另有规定外，集体所有的土地在未经依法征收为国有土地之前，不得出让。“依法征收”是指根据《中华人民共和国土地管理法》的规定征收集体所有的土地，具体而言：

1. 国家为了公共利益的需要，可以对集体所有的土地进行征收。《中华人民共和国土地管理法》第四十五条规定：“为了公共利益的需要，有下列情形之一，确需征收农民集体所有的土地的，可以依法实施征收：（一）军事和外交需要用地的；（二）由政府组织实施的能源、交通、水利、通信、邮政等基础设施建设需要用地的；（三）由政府组织实施的科技、教育、文化、卫生、体育、生态环境和资源保护、防灾减灾、文物保护、社区综合服务、社会福利、市政公用、优抚安置、英烈保护等公共事业需要用地的；（四）由政府组织实施的扶贫搬迁、保障性安居工程建设需要用地的；（五）在土地利用总体规划确定的城镇建设用地范围内，经省级以上人民政府批准由县级以上地方人民政府组织实施的成片开发建设需要用地的；（六）法律规定为公共利益需要可以征收农民集体所有的土地的其他情形。前款规定的建设活动，应当符合国民经济和社会发展规划、土地利用总体规划、城乡规划和专项规划；第（四）项、第（五）项规定的建设活动，还应当纳入国民经济和社会发展年度计划；第（五）项规定的成片开发并应当符合国务院自然资源主管部门规定的标准。”

2. 征收集体所有的土地必须依照法定的程序进行。《中华人民共和国土地管理法》第四十七条规定：“国家征收土地的，依照法定程序批准后，由县级以上地方人民政府予以公告并组织实施。县级以上地方人民政府拟申请征收土地的，应当开展拟征收土地现状调查和社会稳定风险评估，并将征收范围、土地现状、征收目的、补偿标准、安置方式和社会保障等在拟征收土地所在的乡（镇）和村、村民小组范围内公告至少三十日，听取被征地的农村集体经济组织及其成员、村民委员会和其他利害关系人的意见。多数被征地的农村集体经济组织成员认为征地补偿安置方案不符合法律、法规规定的，县级以上地方人民政府应当组织召开听证会，并根据法律、法规的规定和听证会情况修改方案。拟征收土地的所有权人、使用权人应当在公告规定期限内，持不动产权属证明材料办理补偿登记。县级以上地方人民政府应当组织有关部门测算并落实有关费用，保证足额到位，与拟征收土地的所有权人、使用权人就补偿、安置等签订协议；个别确实难以达成协议的，应当在申请征收土地时如实说明。相关前期工作完成后，县级以上地方人民政府方可申请征收土地。”

3. 征收集体所有的土地，应当进行公平、合理的补偿。《中华人民共和国土地管理法》第四十八条规定：“征收土地应当给予公平、合理的补偿，保障被征地农民原有生活水平不降低、长远生计有保障。征收土地应当依法及时足额支付土地补偿费、安置补助费以及农村村民住宅、其他地上附着物和青苗等的补偿费用，并安排被征地农民的社会保障费用。征收农用地的土地补偿费、安置补助费标准由省、自治区、直辖市通过制定公布区片综合地价确定。制定区片综合地价应当综合考虑土地原用途、土地资源条件、土地产值、土地区位、土地供求关系、人口以及经济社会发展水平等因素，并至少每三年调整或者重新公布一次。征收农用地以外的其他土地、地上附着物和青苗等的补偿标准，由省、自治区、直辖市制定。对其中的农村村民住宅，应当按照先补偿后搬迁、居住条件有改善的原则，尊重农村村民意愿，采取重新安排宅基地建房、提供安置房或者货币补偿等方式给予公平、合理的补偿，并对因征收造成的搬迁、临时安置等费用予以补偿，保障农村村民居住的权利和合法的住房财产权益。县级以上地方人民政府应当将被征地农民纳入相应的养老等社会保障体系。被征地农民的社会保障费用主要用于符合条件的被征地农民的养老保险等社会保险缴费补贴。被征地农民社会保障费用的筹集、管理和使用办法，由省、自治区、直辖市制定。”

二、本条所称的“但法律另有规定的除外”

2019 年 8 月 26 日，习近平主席签署了第三十二号主席令，公布《全国人民代表大会常务委员会关于修改〈中华人民共和国土地管理法〉、〈中华人民共和国城市房地产管理法〉的决定》，该决定在本条增加了“但法律另有规定的除外”的表述，目的是与《中华人民共和国土地管理法》修改做好衔接，扫清集体经营性建设用地入市的法律障碍。目前，但书中的“法律”仅指《中华人民共和国土地管理法》第六十三条。也就是说，土地利用总体规划、城乡规划确定为工业、商业等经营性用途，并经依法登记的集体经营性建设用地，土地所有权人可以通过出让、出租等方式交由单位或者个人使用。上述集体经营性建设用地的出让不受本法第九条的限制。除此之外，本条但书亦为未来新的法律创设土地使用权出让的例外开了“口子”，使得土地使用权出让法律制度更具灵活性，更能适应社会和市场的需求。

相关规定

《中华人民共和国土地管理法》第10、43~60条；《中华人民共和国土地管理法实施条例》（国务院令第653号）第19~30条；《中华人民共和国城镇国有土地使用权出让和转让暂行条例》（国务院令第55号）第2条；《报国务院批准的建设用地审查办法》（国函〔1999〕131号）；《国务院关于深化改革严格土地管理的决定》（国发〔2004〕28号）；《关于完善征地补偿安置制度的指导意见》（国土资发〔2004〕238号）。

第十条　土地使用权出让，必须符合土地利用总体规划、城市规划和年度建设用地计划。

条文主旨

本条是关于土地使用权出让宏观管理的规定。

立法背景

我国是人口大国，土地是稀缺资源，对土地的利用必须进行科学、审慎的规划和安排，基于上述原因，本条规定土地使用权的出让必须符合土地利用总体规划、城市规划和年度建设用地计划。

条文解读

土地是最为重要、最根本的生产资料，而我国又是人口大国，因此对土地的利用必须科学审慎，不能影响国民经济和社会发展的大局。为了科学有效地利用土地资源，国家要求编制土地利用总体规划、城市规划和年度建设用地规划。国有土地使用权出让直接涉及土地利用总体规划、城市规划和年度建设用地计划的实施和落实。因此，本条规定，国有土地使用权出让必须符合土地利用总体规划、城市规划和年度建设用地计划。理解本条需要注意以下几个方面：

一、土地使用权出让须符合土地利用总体规划

土地利用总体规划是各级人民政府对辖区内土地的利用进行的长期性、战略性的总体部署和安排，它要根据各地国民经济和社会发展的需要，确定土地利用的目标、结构和布局，确定各行、各业、各部门用地的分配和利用，要统筹协调好各类用地之间的矛盾。根据《中华人民共和国土地管理法》相关规定，国家编制土地利用总体规划，规定土地用途，使用土地的单位和个人必须严格按照土地利用总体规划确定的用途使用土地。

土地利用总体规划由各级人民政府依据辖区内国民经济和社会发展规划、国土整治和资源环境保护的要求、土地供给能力以及各项建设对土地的需求，按照如下的原则进行编制：（1）落实国土空间开发保护要求，严格土地用途管制；（2）严格保护永久基本农田，严格控制非农业建设占用农用地；（3）提高土地节约集约利用水平；（4）统筹安排城乡生产、生活、生态用地，满足乡村产业和基础设施用地合理需求，促进城乡融合发展；（5）保护和改善生态环境，保障土地的可持续利用；（6）占用耕地与开发复垦耕地数量平衡、质量相当。

我国土地利用总体规划按照行政层级的不同，分为以下几类：

1. 全国土地利用总体规划，由国务院土地行政主管部门会同国务院有关部门编制，报国务院批准。

2. 省、自治区、直辖市的土地利用总体规划，由省、自治区、直辖市人民政府组织本级土地行政主管部门和其他有关部门编制，报国务院批准。

3. 省、自治区人民政府所在地的市、人口在100万以上的城市以及国务院指定的城市的土地利用总体规划，由各该市人民政府组织本级土地行政主管部门和其他有关部门编制，经省、自治区人民政府审查同意后，报国务院批准。

4. 其他市、县土地利用总体规划，由有关人民政府组织本级土地行政主管部门和其他有关部门编制，逐级上报省、自治区、直辖市人民政府批准。

5. 乡（镇）土地利用总体规划，由乡（镇）人民政府编制，逐级上报省、自治区、直辖市人民政府或者省、自治区、直辖市人民政府授权的设区的市、自治州人民政府批准。

土地利用总体规划应将土地划分为农用地、建设用地和未利用地。县级和乡（镇）土地利用总体规划应当根据需要，划定基本农田保护区、土地开垦区、建设用地区和禁止开垦区等；其中，乡（镇）土地利用总体规划还应当根据土地使用条件，确定每一块土地的用途。土地利用总体规划的期限一般为十五年。

二、土地使用权出让须同时符合城市规划

城市规划，是指为了实现一定时期内城市的经济和社会发展目标，确定城市性质、规模和发展方向，合理利用城市土地，协调城市空间布局和各项建设所作的综合部署和具体安排。根据《中华人民共和国城乡规划法》的相关规定，城市规划可以分为总体规划和详细规划，其中，详细规划可以分为控制性详细规划和修建性详细规划。

按照行政层级的不同，我国城市规划分为以下几类：

1. 全国城镇体系规划，由国务院城乡规划主管部门会同国务院有关部门组织编制，用于指导省域城镇体系规划、城市总体规划的编制。

2. 省域城镇体系规划，由省、自治区人民政府组织编

制，报国务院审批，其内容包括：城镇空间布局和规模控制，重大基础设施的布局，为保护生态环境、资源等需要严格控制的区域。

3. 城市总体规划，由城市人民政府组织编制。城市总体规划的内容应当包括：城市、镇的发展布局，功能分区，用地布局，综合交通体系，禁止、限制和适宜建设的地域范围，各类专项规划等。规划区范围、规划区内建设用地规模、基础设施和公共服务设施用地、水源地和水系、基本农田和绿化用地、环境保护、自然与历史文化遗产保护以及防灾减灾等内容，应当作为城市总体规划、镇总体规划的强制性内容。直辖市的城市总体规划由直辖市人民政府报国务院审批。省、自治区人民政府所在地的城市以及国务院确定的城市的总体规划，由省、自治区人民政府审查同意后，报国务院审批。其他城市的总体规划，由城市人民政府报省、自治区人民政府审批。县人民政府组织编制县人民政府所在地镇的总体规划，报上一级人民政府审批。其他镇的总体规划由镇人民政府组织编制，报上一级人民政府审批。城市总体规划的期限一般为二十年。

三、土地使用权出让还须符合年度建设用地规划

年度建设用地规划，是指人民政府根据国民经济和社会发展计划、国家产业政策、土地利用总体规划以及建设用地和土地利用的实际状况编制的用地计划，是土地资源宏观管理的重要措施，也是审批建设用地的重要依据。《中华人民共和国土地管理法》第二十三条规定："各级人民政府应当加强土地利用计划管理，实行建设用地总量控制。土地利用年度计划，根据国民经济和社会发展计划、国家产业政策、土地利用总体规划以及建设用地和土地利用的实际状况编制。土地利用年度计划应当对本法第六十三条规定的集体经营性建设用地作出合理安排。土地利用年度计划的编制审批程序与土地利用总体规划的编制审批程序相同，一经审批下达，必须严格执行。"

年度用地计划由各级人民政府根据国民经济和社会发展计划、国家产业政策、土地利用总体规划以及建设用地和土地利用的实际状况编制。编制年度用地计划的目的，就是要保证土地利用总体规划所确定的建设用地总量在实际执行中不能被超过，进而能够防止对农用地的不当占用，加强对耕地的保护。因此，编制年度用地计划，必须考虑当地建设用地和土地利用的实际情况。根据《中华人民共和国土地管理法实施条例》（国务院令第653号）、《土地利用年度计划管理办法》（国土资源部令第66号）的相关规定，年度用地计划应当包括如下内容：（1）新增建设用地计划指标，包括新增建设用地总量和新增建设占用农用地及耕地指标；（2）土地整治补充耕地计划指标；（3）耕地保有量计划指标；（4）城乡建设用地增减挂钩指标和工矿废弃地复垦利用指标。此外，各地可以根据实际需要，在上述分类的基础上增设控制指标。

相关规定

《中华人民共和国土地管理法》第15～30条；《中华人民共和国城乡规划法》第38～39条；《中华人民共和国土地管理法实施条例》（国务院令第653号）第8～15条；《中华人民共和国城镇国有土地使用权出让和转让暂行条例》（国务院令第55号）第10条；《土地利用年度计划管理办法》（国土资源部令第66号）。

第十一条　县级以上地方人民政府出让土地使用权用于房地产开发的，须根据省级以上人民政府下达的控制指标拟订年度出让土地使用权总面积方案，按照国务院规定，报国务院或者省级人民政府批准。

条文主旨

本条是关于出让土地使用权用于房地产开发用地总量控制的规定。

立法背景

在本法立法之初，我国许多地方出现“开发区热”和“房地产热”，并由此引发了一系列问题，其中，土地供应总量失控是其中重要问题之一。为妥善应对该问题，本条规定，对房地产开发用地实行总量控制。

条文解读

一、本条规范县级以上人民政府出让土地使用权

根据本法第十二条、《中华人民共和国城镇国有土地使用权出让和转让暂行条例》（国务院令第55号）的相关规定，土地使用权出让，由市、县人民政府有计划、有步骤地进行。出让的每幅地块、用途、年限和其他条件，由市、县人民政府土地管理部门会同城市规划、建设、房产管理部门共同拟定方案，按照国务院规定，报经有批准权的人民政府批准后，由市、县人民政府土地管理部门实施。也就是说，在我国，国有土地使用权出让的实施主体是市、县人民政府，有权对国有土地使用权进行出让的行政机关最低层级是市、县人民政府。

二、房地产开发用地依照本法第二条第三款确定

根据本法第二条第三款之规定，房地产开发用地是指在依据本法取得国有土地使用权的土地上进行基础设施、房屋建设的用地。其中，基础设施用地，是指为社会生产和居民生活提供公共服务的物质工程设施的用地，是用于保证国家或地区社会经济活动正常进行的公共服务系统的用地，通常包括交通、邮电、供水、供电、供暖、园林绿化、环境保护等市政公用工程设施和公共生活服务设施的用地。房屋建设用地，是指住宅、工业、仓库、商场、医疗、科研、办公等建设用地。

三、房地产开发用地控制指标的制定

房地产开发用地控制指标，是指省级以上人民政府根据国民经济和社会发展需要以及房地产业发展对土地的需求，在保证土地供需平衡基础上提出的房地产开发用地计划控制指标。根据自然资源部 2019 年 7 月 24 日修正的《节约集约利用土地规定》（国土资源部令第 61 号）第十五条的规定，我国实行建设项目用地标准控制制度，自然资源部会同有关部门制定工程建设项目用地控制指标、工业项目建设用地控制指标、房地产开发用地宗地规模和容积率等建设项目用地控制标准。地方自然资源主管部门可以根据本地实际，制定和实施更加节约集约的地方性建设项目用地控制标准。房地产开发用地控制指标是上述控制标准中的一项，一般可分为长期、中短期和年度的房地产开发用地计划控制指标。根据《土地利用年度计划管理办法》（国土资源部令第 66 号）的相关规定，房地产开发用地控制指标包括两个层次：

1. 国家级控制指标。国土资源部会同国家发展改革委根据未来三年全国新增建设用地计划指标控制总规模，结合省、自治区、直辖市和国务院有关部门提出的计划指标建议，编制全国土地利用年度计划草案，纳入国民经济和社会发展计划草案，报国务院批准，提交全国人民代表大会审议确定后，下达各地执行。全国土地利用年度计划下达到省、自治区、直辖市以及计划单列市、新疆生产建设

兵团。国家级控制指标对省、自治区、直辖市人民政府拟定房地产开发用地总量控制指标起统领性作用。

2. 省级控制指标。省级以下国土资源主管部门应当将上级下达的土地利用年度计划指标予以分解，经同级人民政府同意后下达。省、自治区、直辖市国土资源主管部门应当将分解下达的土地利用年度计划报国土资源部。省、自治区、直辖市国土资源主管部门应当根据省级重点建设项目安排、建设项目用地预审和市县建设用地需求，合理确定预留省级的土地利用年度计划指标和下达市县的土地利用计划指标，并保障农村居民申请宅基地的合理用地需求。市县的土地利用年度计划指标应当一次性全部下达。土地利用年度计划一经批准下达，必须严格执行。若土地利用年度计划确定的指标未能被严格执行，则要视情况相应扣减下一年度的指标。同时，为了鼓励地方政府节约用地，上述办法规定，节余的新增建设用地计划指标，经国土资源部（现自然资源部）审核同意后，允许在三年内结转使用。

四、年度出让土地使用权总面积方案的制定

年度出让土地使用权总面积方案，是指市、县人民政府根据省、自治区、直辖市人民政府下达的房地产开发用地控制指标，结合当地的房地产开发对土地需求的实际情况，分年度拟定的出让土地使用权总面积方案。年度出让土地使用权总面积方案一般包括：出让项目的名称、建设规模、投资金额、土地用途、地块数量、总面积等。

五、年度出让土地使用权总面积方案的批准

本条规定，年度出让土地使用权总面积方案须报国务院或省、自治区、直辖市人民政府批准。通常情况下，省、自治区、直辖市人民政府拟定的年度出让土地使用权总面积方案，应当报国务院批准；市、县人民政府拟定的年度出让土地使用权总面积方案，应当报省、自治区、直辖市人民政府批准。下级人民政府的年度出让土地使用权总面积方案是依据上级人民政府所下达的房地产开发用地控制指标并结合当地的房地产开发对土地需求的实际情况而制定的，为了加强上级人民政府对下级人民政府贯彻执行土地利用年度计划的监督，严格控制出让土地使用权的总面积，本条规定，由上级人民政府对下级人民政府制定的年度出让土地使用权总面积方案进行批准。

从本条可以看出，我国对房地产开发用地实施极为严格的总量控制，由国家设定房地产开发用地的总控制指标，通过省级人民政府，层层下达至市、县级人民政府。地方人民政府拟定年度出让土地使用权总面积方案后，还需报上级人民政府批准后方可实施，体现出很强的行政管理色彩，这是符合我国国情的。在市场经济条件下，作为最为重要、最为稀缺的生产资料之一的土地资源，本应采用市场的方式进行配置，发挥出土地资源最大的效益，然而，我国是人口大国，人多地少，土地资源十分宝贵，要使有限的土地资源在国民经济各个方面被合理地配置和使用，从社会长远发展的角度对各类用地矛盾进行平衡和协调，仅仅依赖市场机制是难以实现的，必须通过政府对市场的必要行政干预才能实现。为此，我国投入了大量行政资源对土地资源的配置进行干预和优化，为的就是能够更加科学、更加合理地配置土地资源，发挥土地资源利用的长期效益，维护国家和人民的根本利益。这既符合我国国情，也与国际惯例相契合。

相关规定

《中华人民共和国土地管理法》第23～24条；《中华人民共和国城镇国有土地使用权出让和转让暂行条例》（国务院令第55号）第9～10条；《土地利用年度计划管理办法》（国土资源部令第66号）；《节约集约利用土地规定》（国土资源部令第61号）。

第十二条 土地使用权出让，由市、县人民政府有计划、有步骤地进行。出让的每幅地块、用途、年限和其他条件，由市、县人民政府土地管理部门会同城市规划、建设、房产管理部门共同拟定方案，按照国务院规定，报经有批准权的人民政府批准后，由市、县人民政府土地管理部门实施。

直辖市的县人民政府及其有关部门行使前款规定的权限，由直辖市人民政府规定。

条文主旨

本条是关于土地使用权出让方案的拟定、批准与实施程序的规定。

立法背景

土地使用权出让涉及多方利益，必须有计划、有步骤地出让。在土地使用权出让中，负责土地使用权出让的单位不仅要对每幅拟出让地块的位置、用途、年限和其他条件予以明确，还要协调好各部门之间的关系。本条规定，由市、县人民政府制定土地使用权出让的计划和步骤，市、县人民政府土地管理部门负责具体实施，目的在于规范土地使用权出让行为。

条文解读

根据本条规定，土地使用权出让，只能由市、县人民政府有计划、有步骤地进行，出让土地的用途、年限等具体的条件，由市、县人民政府土地管理部门会同城市规划、建设、房产管理部门拟定具体方案，并按照国务院的规定，报经有批准权的人民政府批准后，由市、县人民政府土地管理部门实施。理解本条，需着重注意以下几点：

一、土地使用权出让只能由市、县人民政府进行

本条特别规定，土地使用权出让只能由市、县人民政府进行，无论是市、县人民政府的下级市辖区、乡或镇人民政府，还是市、县人民政府的上级省级人民政府或者国务院，都不能作为土地使用权出让的主体。此处的市人民政府，是指经国家批准设立的直辖市、设区的市和不设区的市、县级市。此处的县人民政府，是指经国家批准设立的县、民族自治县。

《最高人民法院关于审理涉及国有土地使用权合同纠纷案件适用法律问题的解释》（法释〔2005〕5号）进一步明确了土地使用权出让的主体只能是市、县人民政府，具体的土地使用权出让合同，由市、县人民政府的土地管理部门与土地使用者签订。同时，关于开发区管委会能否作为土地使用权出让的主体，上述解释第二条明确规定："开发区管理委员会作为出让方与受让方订立的土地使用权出让合同，应当认定无效。本解释实施前，开发区管理委员会作为出让方与受让方订立的土地使用权出让合同，起诉前经市、县人民政府土地管理部门追认的，可以认定合同有效。"

二、土地使用权出让须由市、县人民政府有计划、有步骤地进行

我国是人口大国，人多地少，土地资源稀缺。因此，土地使用权的出让必须按一定的计划和步骤进行。具体而言：本条中的"有计划"，是指市、县人民政府应当按照省级以上人民政府下达的土地利用总体规划及相应的控制指标的要求，结合经批准的城市规划和根据当地实际情况编制的年度建设用地计划，对国有土地使用权进行出让。本条中的“有步骤”，是指市、县人民政府应当按照经批准的年度出让土地使用权总面积方案，结合具体的建设项目，有条理地开展。根据《城市国有土地使用权出让转让规划管理办法》（建设部令第22号）第四条之规定，城市国有土地使用权出让的投放量应当与城市土地资源、经济社会发展和市场需求相适应。土地使用权出让、转让应当与建设项目相结合。城市规划行政主管部门和有关部门要根据城市规划实施的步骤和要求，编制城市国有土地使用权出让规划和计划，包括地块数量、用地面积、地块位置、出让步骤等，保证城市国有土地使用权的出让有规划、有步骤、有计划地进行。

三、出让地块的地理位置、用途、年限和其他条件，由市、县人民政府土地管理部门会同城市规划、建设、房产管理部门共同拟定方案

在城市规划范围内进行土地使用权出让，不仅涉及土地管理部门的行政管理范围，还会涉及规划部门、建设部门、房产管理部门等多个部门的行政管理范围。具言之，土地使用权出让可能会涉及城市规划、建设项目选址定点、建筑和房屋管理，如新区开发、旧区改造，新建、扩建、改建建筑物、构筑物以及房屋拆迁等多方面的问题。为了使土地使用权出让工作得以顺利进行，土地管理部门需要与有关部门密切地协调和配合。当然，在土地使用权出让中，最为核心的部门无疑是土地管理部门，它代表人民政府具体地管理土地使用权出让工作。为此，本条规定，由市、县人民政府土地管理部门牵头，会同城市规划、建设、房产管理部门共同拟定土地使用权出让方案，以合理、高效地协调各部门之间的工作。

土地使用权出让的具体方案包括拟出让地块的地理位置、用途、年限以及其他条件。地块的地理位置，是指该幅地块的具体区位，一般来说，需要有该幅地块的四至范围。出让用途，是指在该幅土地出让后，用于何种功能或目的，如出让的地块是用于住宅、工业用地，或是用于教育、科技、文化、卫生、体育用地，或是用于商业、旅游、娱乐用地。出让年限，是指土地使用权出让合同中约定的土地使用权的期限。本法第十四条和《中华人民共和国城镇国有土地使用权出让和转让暂行条例》（国务院令第55号）第十二条，根据土地用途的不同，对最高出让年限作了不同规定。土地使用权出让合同对土地使用权期限的约定不得超过法定的最高期限。其他条件，是指除地块的地理位置、用途、年限之外的条件。例如，规划部门会对出让土地设定具体的规划设计条件：根据《城市国有土地使用权出让转让规划管理办法》（建设部令第22号）第五条至第七条之规定，规划部门会在城市国有土地使用权出让前制定控制性详细规划，出让的地块，必须具有城市规划行政主管部门提出的规划设计条件。规划设计条件包括：地块面积，土地使用性质，容积率，建筑密度，建筑高度，停车泊位，主要出入口，绿地比例，须配置的公共设施、工程设施，建筑界线，开发期限以及其他要求。此外，还须将附图作为土地使用权出让合同的组成部分，附图包括：地块区位和现状，地块坐标、标高，道路红线坐标、标高，出入口位置，建筑界线以及地块周围地区环境与基础设施条件。城市国有土地使用权出让、转让合同必须附具规划设计条件及附图。以上都构成本条所称的“其他条件”。

四、土地使用权出让方案的批准和实施

本条规定，土地使用权出让方案，须按照国务院规定，报经有批准权的人民政府批准后，由市、县人民政府土地管理部门实施。此处的“国务院规定”原指《国务院关于出让国有土地使用权批准权限的通知》（国发〔1989〕49号），根据该通知规定，政府对有偿出让国有土地使用权的批准权限，应与行政划拨国有土地使用权的批准权限相同，按照1988年《中华人民共和国土地管理法》中关于国家建设用地批准权限的规定，出让国有土地使用权的批准权限为：耕地一千亩以上、其他土地二千亩以上的，由国务院批准；耕地三亩以下，其他土地十亩以下的，由县级人民政府批准；直辖市、自治州人民政府的批准权限，由省、自治区人民代表大会常务委员会决定。各地必须严格执行上述规定，对一次出让国有土地使用权的土地不得“化整为零”，变相扩大批准权限。然而，值得注意的是，上述通知已被2016年6月25日颁布的《国务院关于宣布失效一批国务院文件的决定》(国发〔2016〕38号）所废止。

截至目前，国务院尚未制定新的行政法规对出让国有土地使用权批准权限进行规定。从地方性法规层级看，部分省、直辖市、自治区对出让国有土地使用权批准权限作出了规定。例如，《贵州省土地管理条例》第二十二条规定：“在土地利用总体规划确定的城市和村庄、集镇建设用地规模范围内，使用已批准征收的土地或者转用的农用地，具体建设项目供地的审批权限为：(一）使用土地不足1公顷的，由县级人民政府批准，报省人民政府和市、州人民政府备案；(二）使用土地1公顷以上的，由市、州人民政府批准，报省人民政府备案。”第二十三条规定：“具体建设项目使用土地利用总体规划确定的国有未利用土地的审批权限为：(一）使用土地不足4公顷的，由县级人民政府审批，报市、州人民政府备案；(二）使用土地4公顷以上不足10公顷的，由市、州人民政府审批，报省人民政府备案；(三）使用土地10公顷以上的，由省人民政府审批。”

五、直辖市的县人民政府及其有关部门行使前款规定的权限，由直辖市人民政府规定

本条规定，直辖市人民政府有权对本辖区内出让国有土地使用权的批准权限作出规定。根据这一规定，北京、上海、天津、重庆四个直辖市的人民政府有权对其所辖县人民政府及其有关部门行使本条第一款规定的批准权限作出规定。上述批准权限，既包括对县人民政府出让土地使用权的批准权限，又包括县人民政府土地管理部门会同城市规划、建设、房产管理部门拟定出让方案和县人民政府土地管理部门实施出让方案的批准权限。例如，《重庆市国有土地使用权出让办法》（重庆市人民政府令第68号）第六条第一款规定："出让的地块、用途、年限、规划设计要求和其他条件，由国土部门会同城市规划、建设、房管部门共同拟定，按国家规定的批准权限报经批准后，由国土部门负责实施。重庆经济技术开发区、重庆高新技术产业开发区范围内的土地使用权出让，由国土部门会同开发区管理机构共同实施。"第八条规定："土地使用权出让的批准权限与征用土地的批准权限相同。"

相关规定

《中华人民共和国土地管理法》第45条；《中华人民共和国土地管理法实施条例》（国务院令第653号）第22～25条；《中华人民共和国城镇国有土地使用权出让和转让暂行条例》（国务院令第55号）第9～10条；《城市国有土地使用权出让转让规划管理办法》（建设部令第22号）；《建设用地审查报批管理办法》（国土资源部令第69号）。

第十三条 土地使用权出让，可以采取拍卖、招标或者双方协议的方式。

商业、旅游、娱乐和豪华住宅用地，有条件的，必须采取拍卖、招标方式；没有条件，不能采取拍卖、招标方式的，可以采取双方协议的方式。

采取双方协议方式出让土地使用权的出让金不得低于按国家规定所确定的最低价。

条文主旨

本条第一款是关于土地使用权出让方式的规定；第二款是关于商业、旅游、娱乐和豪华住宅用地出让方式的规定；第三款是关于协议出让土地使用权出让金的规定。

立法背景

土地使用权出让方式的合理设计与规范运行，是贯彻城乡融合建设、推动土地管理制度改革的重要内容。一方面，土地使用权出让方式以城镇土地归国家所有为前提，充分发挥市场在配置土地资源上的基础性作用，落实土地用途管制和土地有偿利用；另一方面，出让土地使用权关涉各地政府收入，影响土地使用权受让方利益，与社会公共利益息息相关，是国家宏观经济调控的重要方式。因此，有必要明确土地使用权出让方式。

条文解读

根据本条的规定，土地使用权的出让方式有拍卖、招标及协议三种。此外，依据《招标拍卖挂牌出让国有建设用地使用权规定》（国土资源部令第39号）的规定，土地使用权的出让方式还有“挂牌”方式。所谓挂牌出让国有建设用地使用权，是指出让人发布挂牌公告，按公告规定的期限将拟出让宗地的交易条件在指定的土地交易场所挂牌公布，接受竞买人的报价申请并更新挂牌价格，根据挂牌期限截止时的出价结果或者现场竞价结果确定国有建设用地使用权人的行为。

一、土地使用权出让可以采取拍卖、招标或协议三种方式

（一）*拍卖方式*

拍卖出让国有土地使用权，是指出让人发布拍卖公告，由竞买人在指定时间、地点进行公开竞价，根据出价结果确定土地使用者的行为。拍卖方式遵循公开、公平、公正原则，充分引入市场竞争机制，更为真实地反映土地使用权的市场价值，实现土地使用权出让收益最大化。

土地使用权拍卖出让办理程序如下：

1. 编制拍卖出让文件。市、县人民政府土地行政主管部门根据出让地块的情况，编制拍卖出让文件，报市、县人民政府批准。

2. 发布拍卖出让公告。市、县人民政府土地行政主管部门发布拍卖出让公告，公布拍卖出让宗地的基本情况和拍卖的时间、地点，并为竞买申请人查询出让地块的有关情况提供便利。

3. 对竞买申请人进行资格审查。市、县人民政府土地行政主管部门应当审查竞买申请人是否符合资格，经审查合格的竞买申请人领取标志牌并缴纳相应保证金。

4. 公开拍卖。实施拍卖的具体程序为：(1) 主持人点算竞买人；(2) 主持人介绍拍卖宗地的位置、面积、用途、使用年期、规划要求和其他有关事项；(3) 主持人宣布起叫价和增价规则及增价幅度，没有底价的，应当明确提示；(4) 主持人报出起叫价；(5) 竞买人举牌应价或者报价；(6) 主持人确认该应价后继续竞价；(7) 主持人连续三次宣布同一应价而没有再应价的，主持人落槌表示拍卖成交；(8) 主持人宣布最高应价者为竞得人。

5. 签订成交确认书。确认拍卖竞得人后，应与竞得人签订成交确认书。

6. 签订《国有土地使用权出让合同》。竞得人按成交确认书规定的时间与市、县人民政府土地行政主管部门签订《国有土地使用权出让合同》，支付土地使用权出让金，竞得人支付的竞买保证金可以抵扣，其他竞买人的保证金依法予以退还。

7. 受让人依约付清全部土地使用权出让金后，依法办理土地登记，领取国有土地使用权证书。

（二）招标方式

招标出让国有土地使用权，是指市、县人民政府土地行政主管部门发布招标公告，邀请特定或者不特定的公民、法人和其他组织参加国有土地使用权投标，根据投标结果确定土地使用者的行为。招标方式包括公开招标与邀请招标，公开招标促进招标程序的规范运行，增强市场竞争，扩大招标人选择范围，更有机会选择到合适的中标人。在一些不适宜公开招标的重点项目，可以采用邀请招标。《中华人民共和国招标投标法》第十一条规定："国务院发展计划部门确定的国家重点项目和省、自治区、直辖市人民政府确定的地方重点项目不适宜公开招标的，经国务院发展计划部门或者省、自治区、直辖市人民政府批准，可以进行邀请招标。"

土地使用权招标出让办理程序主要包括招标、投标、开标、评标和中标，具体如下：

1. 招标。市、县人民政府土地行政主管部门按照出让计划拟定出让方案，报市、县人民政府批准。

2. 发布招标公告或投标邀请书。市、县人民政府土地行政主管部门采用公开招标方式的，应当至少在投标开始日前二十日通过国家指定的报刊、信息网络或者其他媒介发布招标公告，招标公告应当载明招标人的名称和地址、招标项目的性质、数量、实施地点和时间以及获取招标文件的办法等事项。市、县人民政府土地行政主管部门采用邀请招标的，应当向三个以上具备承担招标项目的能力、资信良好的特定的法人或者其他组织发出投标邀请书。

3. 对投标申请人进行资格审查。市、县人民政府土地行政主管部门应当对投标申请人进行资格审查，并通知符合条件的投标申请人参加招标活动。

4. 投标人响应招标，参加投标竞争。投标人应当具备承担招标项目的能力，按照招标文件的要求编制投标文件，对招标文件提出的实质性要求和条件作出响应，并在招标文件要求提交投标文件的截止时间前，将标书投入标箱。

5. 招标人应依招标公告或投标邀请书规定的时间、地点进行开标。招标人按照招标公告规定的时间、地点开标，邀请所有投标人参加。由投标人或者其推选的代表检查标箱的密封情况，当众开启标箱，宣布投标人名称、投标价格和投标文件的主要内容。投标人少于三人的，出让人应当依照本规定重新招标。

6. 评标小组根据招标文件的要求进行评标。评标小组由出让人代表、有关专家组成，成员人数为五人以上的单数，评标小组按照招标文件确定的评标标准和方法，对投标文件进行评审。

7. 根据评标结果，确定中标人。对能够最大限度地满足招标文件中规定的各项综合评价标准，或者能够满足招标文件的实质性要求且价格最高的投标人，应当确定为中标人，招标人与中标人签订成交确认书。

8. 签订《国有土地使用权出让合同》。中标人按成交确认书规定的时间与市、县人民政府土地行政主管部门签订《国有土地使用权出让合同》，支付土地使用权出让金，中标人支付的竞买保证金可以抵扣，其他投标人的保证金依法予以退还。

9. 受让人依约付清全部土地使用权出让金后，依法办理土地登记，领取国有土地使用权证书。

（三）协议方式

协议出让国有土地使用权，是指市、县人民政府土地行政主管部门以协议方式将国有土地使用权在一定年限内出让给土地使用者，由土地使用者支付土地使用权出让金的行为。较于拍卖、招标出让方式，协议出让方式公开性、透明度较低，缺少市场竞争，协议出让国有土地使用权应符合一定条件。协议出让国有土地使用权办理程序如下：(1) 公开出让信息，接受用地申请，确定供地方式。(2) 编制协议出让方案。(3) 地价评估，确定底价。(4) 协议出让方案、底价报批。(5) 协商，签订意向书。(6) 公示。(7) 签订出让合同，公布出让结果。(8) 核发《建设用地批准书》，交付土地。(9) 办理土地登记。

二、商业、旅游、娱乐和豪华住宅用地，有条件的，必须采取拍卖、招标方式；没有条件，不能采取拍卖、招标方式的，可以采取双方协议的方式

（一）商业、旅游、娱乐和豪华住宅用地的概念

商业用地，是指为商业目的而占用的土地，包括商场、

市场、购物中心、饮食业、服务业等用地；旅游用地，是指为旅游目的而占用的土地，包括旅游度假村、旅游度假区、旅游开发区、旅游景点等用地；娱乐用地，是指为娱乐目的而占用的土地，包括娱乐场、歌舞厅、赛马场等用地；豪华住宅用地，是指别墅和其他建筑标准远远高于一般普通标准住宅用地，如高档公寓用地等。

（二）上述用地出让，有条件时应采用拍卖、招标方式，没有条件时可以采用协议方式

相较而言，拍卖、招标出让方式更具公开性、透明度，可以防止土地使用权出让中人为因素干涉导致的腐败现象，对于经营性用途的土地，有条件采用拍卖、招标出让方式时，不应采取协议出让方式。所谓“有条件”，是指土地使用权出让时，有多个市场主体参与拍卖或招标，能够形成市场竞争机制的。为此，我国物权法第一百三十七条规定，设立建设用地使用权，可以采取出让或者划拨等方式。工业、商业、旅游、娱乐和商品住宅等经营性用地以及同一土地有两个以上意向用地者的，应当采取拍卖、招标等公开竞价的方式出让。

三、采取协议方式出让土地使用权的出让金不得低于按国家规定所确定的最低价

为了加强政府对出让国有土地使用权的宏观调控和管理，保障国有土地资产的收益，协议出让土地使用权的出让金不得低于国家规定确定的最低价，即不得低于新增建

设用地的土地有偿使用费、征地（拆迁）补偿费用以及按照国家规定应当缴纳的有关税费之和，有基准地价的地区，协议出让最低价不得低于出让地块所在级别基准地价的70%。协议出让最低价由省、自治区、直辖市人民政府土地行政主管部门拟定，报同级人民政府批准后公布，由市、县人民政府土地行政主管部门实施。依据《最高人民法院关于审理涉及国有土地使用权合同纠纷案件适用法律问题的解释》第三条规定，经市、县人民政府批准同意以协议方式出让的土地使用权，土地使用权出让金低于订立合同时当地政府按照国家规定确定的最低价的，应当认定土地使用权出让合同约定的价格条款无效。当事人请求按照订立合同时的市场评估价格交纳土地使用权出让金的，应予支持；受让方不同意按照市场评估价格补足，请求解除合同的，应予支持。因此造成的损失，由当事人按照过错承担责任。

相关规定

《中华人民共和国物权法》第137条；《中华人民共和国城镇国有土地使用权出让和转让暂行条例》（国务院令第55号）第13条；《招标拍卖挂牌出让国有建设用地使用权规定》（国土资源部令第39号）；《协议出让国有土地使用权规定》（国土资源部令第21号）；《协议出让国有土地使用权规范（试行）》（国土资发〔2006〕第114号）；《国务

院关于加强国有土地资产管理的通知》（国发〔2001〕15号）；《最高人民法院关于审理涉及国有土地使用权合同纠纷案件适用法律问题的解释》；《关于进一步治理整顿土地市场秩序中自查自纠若干问题的处理意见》（国土资发〔2003〕365号）。

第十四条　土地使用权出让最高年限由国务院规定。

条文主旨

本条是关于土地使用权出让最高年限的授权性规定。

立法背景

如果不规定土地使用权出让最高年限，将极有可能出现无限期土地使用权，导致土地使用权出让演变为土地所有权买卖，危害我国土地公有制，损害国家作为国有土地所有权人的身份和地位。为此，本条对土地使用权出让最高年限作出了原则性规定，授权国务院制定更为具体的规定。

条文解读

土地使用权出让的最高年限，是指国家将国有土地使用权一次性出让给土地使用者的最高年限。本法第一章总则部分第三条规定："国家依法实行国有土地有偿、有限期使用制度。但是，国家在本法规定的范围内划拨国有土地使用权的除外。"因此，除划拨国有土地使用权外，任何国有土地使用权都是有期限限制的。理解本条需要注意以下几个方面：

一、规定土地使用权出让最高年限的重要意义

1. 表明土地使用权出让并非土地所有权买卖，维护了社会主义土地公有制。土地使用权出让，是指国家作为土地所有权人，将土地使用权从土地所有权中分离，并将土地使用权在一定年限内转让给支付了土地出让金的土地使用者的行为。土地所有权买卖，是指土地所有权人将土地所有权转让给受让人。在土地使用权出让中，土地使用权期限一旦届满，土地使用权即无偿回归至土地所有权人，而土地所有权买卖是对土地的买断，并无期限。我国是社会主义国家，实行土地公有制，土地所有者只能是国家或集体。为了维护土地公有制，本条规定了土地使用权出让最高年限，以避免土地使用权永久使用导致土地所有权虚置的现象，维护了国家作为国有土地所有权人的身份和地位。

2. 保护土地使用者在合法年限内对土地进行开发利用的合法权益。在我国，土地使用权是法定的物权，具有相对独立性，土地使用者对依法取得的土地使用权拥有占有、使用、收益和处分的权利，任何单位、个人不得非法干预。

然而，我国实行土地公有制，若不规定土地使用权出让的最高年限，极有可能导致无限期土地使用权的出现，使得土地使用权出让演变为土地所有权买卖，违反宪法、法律的强制性规定。为此，本条规定了土地使用权出让的最高年限，使得土地使用者在法律规定和合同约定的年限内，能够不受干涉地、独立地行使土地使用权，保护了土地使用者对土地进行开发利用的合法权益。

二、由国务院规定土地使用权出让最高年限的理由

本条在法律层面上对土地使用权出让最高年限作了原则性规定，授权国务院制定相应的行政法规。这是因为，一方面，不同用途土地使用权的最高年限应当有所区别，法律不宜作出过于具体的规定，否则将影响到法律的连续性和稳定性；另一方面，国务院于1990年5月19日颁布的《中华人民共和国城镇国有土地使用权出让和转让暂行条例》（国务院令第55号）第十二条已经对土地使用权最高年限作出了规定，因此在本法草案的审议中，删除了有关土地使用权出让最高年限的具体规定，而只作了原则性规定。

三、土地使用权出让最高年限的具体规定

《中华人民共和国城镇国有土地使用权出让和转让暂行条例》（国务院令第55号）第十二条明确规定："土地使用权出让最高年限按下列用途确定：（一）居住用地七十年；（二）工业用地五十年；（三）教育、科技、文化、卫生、体育用地五十年；（四）商业、旅游、娱乐用地四十年；（五）综合或者其他用地五十年。”

根据上述规定，土地使用权出让最高年限的确定是按照土地用途划分的，这是因为，不同用途的土地，土地开发利用的收益差异巨大。根据土地用途的不同，划分土地使用权出让的最高年限，体现了国家的土地政策。具体而言，第一，商业、旅游、娱乐用地，一般收益较高，投资回收的期限会相对较短，所以国家规定的最高年限是最少的。第二，工业用地的收益一般低于商业用地，并且，工业是一国国民经济的支柱产业，也是国家综合实力最重要的支撑和保障，为鼓励投资工业，工业用地的最高年限要高于商业用地。第三，教育、科技、文化、卫生、体育用地以及综合或者其他用地，它们一般具有较好的社会效益和低于商业用地的投资收益，因此它们的最高年限和工业用地相同。第四，居住用地涉及广大人民群众的住房问题，为了维护国家、社会的长治久安，前述条例特别规定居住用地的最高年限为七十年，显著高于商业用地、工业用地等用地，是所有类型用地中使用年限最高的。

相关规定

《中华人民共和国城镇国有土地使用权出让和转让暂行条例》（国务院令第55号）第12条。

第十五条　土地使用权出让，应当签订书面出让合同。

土地使用权出让合同由市、县人民政府土地管理部门与土地使用者签订。

条文主旨

本条是关于签订土地使用权出让合同的规定。

立法背景

土地使用权出让，是由两方实施但牵涉多方的行为，涉及国家利益、土地使用者利益以及各监管部门。因此，必须以书面合同的形式，将土地使用权出让双方的权利义务予以明确并以法律文件的形式固定下来。考虑到拟出让土地所在市、县人民政府土地管理部门对拟出让土地最为了解，本条规定由其代表国家与土地使用者签订土地使用权出让合同。

条文解读

土地使用权出让合同，是指市、县人民政府土地管理部门代表国家与土地使用者签订的关于土地使用权出让中双方权利义务关系的合同。

一、土地使用权出让合同必须采用书面合同的形式

凡合同必然具有一定的形式。《中华人民共和国合同

法》第十条规定："当事人订立合同，有书面形式、口头形式和其他形式。法律、行政法规规定采用书面形式的，应当采用书面形式。当事人约定采用书面形式的，应当采用书面形式。"本条规定，土地使用权出让合同必须采取书面形式，即属于法律规定需要采用书面形式的情形。

土地使用权出让合同，是由双方签订但牵涉多方利益的合同，有必要以书面的形式签订，具体理由如下：第一，书面合同具有证据的作用。土地使用权出让合同，涉及的利益面广、金额大，如果允许当事人仅在口头上达成合意，在日后发生争议时，双方不免会就合同是否成立、何时成立，合同是否有效、何时生效，合同的具体内容等发生争议。而一旦双方当事人以书面形式签订土地使用权出让合同，发生争议时，有书面合同为证，如此，上述争议可以被大量避免，甚至杜绝。第二，提示目的。以书面形式签订土地使用权出让合同，可以起到提示双方是否已经就相关条款达成充分合意、是否有遗漏的条款等，避免出现纰漏。

二、土地使用权出让合同必须由市、县人民政府土地管理部门与土地使用者签订

本条规定，代表国家与土地使用者签订土地使用权出让合同的主体只能是市、县人民政府土地管理部门。这意味着，无论是市、县人民政府土地管理部门的上级单位，还是市、县人民政府土地管理部门的下级单位都无权代表国家与土地使用者签订土地使用权出让合同。如果有单位违反本条规定，代表国家与土地使用者签订了土地使用权出让合同，根据合同法的相关规定，该合同将因违反法律的强制性规定而归于无效。由此造成的损失，将由缔约双方根据各自的过错程度分担。

本条之所以规定只能由市、县人民政府土地管理部门代表国家与土地使用者签订土地使用权出让合同，是因为城市的规划、建设和发展必须从城市整体考虑，土地使用权出让涉及面广，关涉土地利用总体规划、城市规划、年度建设用地计划、市政配套设施、地租收益等，由市、县人民政府土地管理部门牵头，会同城市规划、建设、房产管理部门共同拟定方案，代表国家签订合同，有利于协调各方关系，有利于维护城市建设与发展的全局性、整体性。

三、土地使用权出让合同的签订程序

根据本条和《中华人民共和国城镇国有土地使用权出让和转让暂行条例》（国务院令第55号）第十一条之规定，由市、县人民政府土地管理部门代表国家与土地使用者签订土地使用权出让合同。土地使用权出让合同的签订一般需要经历以下两个阶段：

第一阶段，在土地使用权出让前，市、县人民政府土地管理部门应协调各方做好以下工作：（1）拟出让土地属农民集体所有的，应先进行土地征收程序。（2）会同城市规划、建设、房产管理部门等共同拟定有关土地使用权出让的用途、年限和其他条件的方案，并按照国务院规定的批准权限报批。(3) 将规划设计条件、市政公共设施要求、附图等，编制成具体方案，作为土地使用权出让合同的其他条件。

第二阶段，不同出让方式下，土地使用权出让合同的签订流程有所不同。在以拍卖方式取得土地使用权的情形下，一般需经拍卖、拍买、拍定、签订土地使用权出让合同四个阶段。在以招标方式取得土地使用权的情形下，一般需经招标、投标、定标或决标、签订土地使用权出让合同四个阶段。在以协议方式取得土地使用权的情形下，一般需经六个阶段：一是土地管理部门向土地使用者提供拟出让地块的资料；二是潜在的土地使用者向土地所在地的土地管理部门提出用地申请；三是土地管理部门向选定的土地使用者提供进一步的资料和文件；四是土地使用者向土地管理部门提交开发建设方案、付款方式等文件；五是土地使用者和土地管理部门就土地使用权出让合同的全部条件进行充分、全面的协商；六是签订土地使用权出让合同。

四、土地使用权出让合同的主要内容

土地使用权出让合同一般包括以下内容：

1. 缔约主体。缔约主体是指土地使用权出让合同中的出让方和受让方，出让方是代表国家行使土地使用权出让权的市、县人民政府土地管理部门，受让方是土地使用者。

2. 土地使用权出让方式和期限。土地使用权出让合同一般应明确约定土地使用权的出让方式，根据本法第十三条规定，土地使用权出让方式分为拍卖、招标或者协议三种。土地使用权还应当约定土地使用权出让的年限，约定的年限应符合本法第十四条以及《中华人民共和国城镇国有土地使用权出让和转让暂行条例》（国务院令第 55 号）第十二条的规定。

3. 出让土地的状况。土地使用权出让合同要标明出让土地的位置、面积、四至界限、土地规划用途、地块编号等具体信息。在出让时，双方对土地状况有特别约定的，也应一并予以记载。

4. 土地使用权出让金及付款方式。土地使用权出让金，是指土地使用者为取得土地使用权而向国家支付的费用。根据《中华人民共和国城镇国有土地使用权出让和转让暂行条例》（国务院令第 55 号）第十四条之规定，土地使用者应当在签订土地使用权出让合同后六十日内，支付全部土地使用权出让金，逾期未全部支付的，出让方有权解除合同，并可请求违约赔偿。土地使用者除应按照合同约定支付土地使用权出让金外，还应当按照相关法律的规定，支付相应税费。

5. 土地开发建设与利用。土地使用权出让合同一般还应约定，土地使用者应在何时开工建设、应在何时竣工等土地开发建设和利用的具体条件，以避免土地使用者取得土地使用权后，迟迟不开发，致使土地资源被闲置、浪费，也为国家行使本法第二十六条规定的土地使用权无偿收回权，明确相应的时间节点。

6. 定金及违约责任。土地使用权出让合同可以约定定金，作为履行合同的担保。任何一方不履行合同义务，导致合同解除的，另一方有权要求相对方支付定金。此外，因一方不按照约定履行合同义务，导致另一方受有损失的，受损失的一方可以依据合同，请求相对方承担违约责任。值得注意的是，在土地使用权出让合同因一方违约而解除的情况下，非违约方不得同时主张缔约成本和履行利益损害赔偿。这是因为，非违约方取得履行利益要以付出缔约成本为条件，若同时主张，属重复求偿。

五、本法对土地出让合同的特别规定

关于土地使用权出让合同，本法作了一些原则性的规定，这些规定是：

1. 关于土地使用权出让合同的形式的特别规定。按照本条第一款的规定，土地使用权出让应当签订书面出让合同。

2. 关于违约责任的特别规定。对这项规定，本法包括两个方面的要求：一方面是土地使用者的违约责任，即土地使用者没有按照合同约定支付出让金的，土地管理部门有权解除合同，并要求违约赔偿；另一方面是土地管理部门的责任，即土地管理部门没有按照合同约定的时间提供约定的土地的，土地使用者有权解除合同，并要求违约赔偿。

3. 关于土地使用者改变合同约定的土地使用权用途的特别规定。按照本法规定，土地使用者需要改变土地使用权出让合同规定的土地用途的，应当征得出让方和市、县人民政府城市规划行政主管部门同意，签订土地使用权出让合同变更协议或者重新签订土地使用权出让合同，相应调整土地使用权出让金。

4. 关于出让土地使用权的收回的特别规定。按照本法规定，国家对土地使用者依法取得的土地使用权，在出让合同的使用年限届满前不收回；在特殊情况下，根据社会公共利益需要，可以依照法律程序提前收回，并根据土地使用者使用的实际年限和开发土地的实际情况给予相应的补偿。

5. 关于土地使用权出让合同届满续期的特别规定。按照本法规定，这项特殊规定主要包括下述三个方面：第一个方面是必须提出申请。土地使用权出让合同届满后，如果土地使用者需要继续使用的，使用者应当至迟于届满前一年提出申请，对于该项申请应当予以批准。但是，根据社会公共利益的需要收回该幅土地的除外。第二个方面是申请批准后必须签订新合同。即如果土地使用者提出的申请经过批准允许续期的，应当重新签订土地使用权出让合同，并按照新的合同规定支付土地使用权出让金。第三个方面是未申请或者申请未得到批准的土地使用权无偿收回。土地使用权出让合同约定的使用年限届满，土地使用者未申请续期或者虽然申请续期但未获批准的，土地使用权由国家无偿收回。

6. 土地使用权使用合同的解除。按照本法规定，在下列情况下可以解除合同：土地使用者没有按照合同约定支付出让金的，土地管理部门有权解除合同；土地管理部门没有按照合同约定提供土地的，土地使用者有权解除合同。

相关规定

《中华人民共和国合同法》；《中华人民共和国城镇国有土地使用权出让和转让暂行条例》（国务院令第 55 号）第 8 条。

第十六条　土地使用者必须按照出让合同约定，支付土地使用权出让金；未按照出让合同约定支付土地使用权出让金的，土地管理部门有权解除合同，并可以请求违约赔偿。

条文主旨

本条是关于土地使用权出让合同中受让方支付出让金的义务以及违约责任的规定。

立法背景

本条意在规定土地使用者支付出让金的义务，并明确了在受让人违约未支付出让金时，出让人有权解除土地使用权出让合同并要求违约损害赔偿，这维护了土地使用权出让人的合法权益。

条文解读

一、土地使用权出让金的标准

根据本法第十三条、《中华人民共和国城镇国有土地使用权出让和转让暂行条例》（国务院令第55号）第十三条之规定，我国国有土地使用权出让的方式有三种，即协议、招标和拍卖。在招标和拍卖这两种出让方式中，一般由出让方先确定一个底价，再通过引入竞争机制确定土地出让价格。通过招标和拍卖的方式出让国有土地使用权是利用市场配置国有经营性建设用地的有效方式，通过土地市场的供求关系确定土地出让价格，充分体现了公开、公平、公正竞争和诚实信用的市场基本原则，符合社会主义市场经济体制的基本方向。有招标和拍卖条件的，要尽量采取招标和拍卖的方式进行土地使用权出让，用市场机制配置土地资源，按“价高者得”原则取得土地，既能维护国家作为土地所有权人的合法权益，又符合市场优化配置土地资源的基本原则和要求，同时还可以抑制行政权力干预市场，从源头上杜绝权力寻租的现象，这对于防范土地出让领域的腐败具有重要意义。

同时，需要指出的是，并不是所有类型的土地都适宜采取招标和拍卖的方式进行出让。例如，一些公益事业用地、国家机关用地本身就不适宜作为市场经济调整的对象，对于这类土地的出让不宜采取招标和拍卖的方式进行，还有一些土地使用权的出让本身难以形成有效的价格竞争机制，也不宜采取招标和拍卖的方式进行出让。必须注意的是，由于缺乏价格竞争机制，以协议方式出让土地使用权极易导致权力寻租和非法低价转让土地的现象，从而导致国家利益的不当受损。因此，规范协议出让最低价格标准至关重要。《协议出让国有土地使用权规定》（国土资源部令第 21 号）第五条规定："协议出让最低价不得低于新增建设用地的土地有偿使用费、征地（拆迁）补偿费用以及按照国家规定应当缴纳的有关税费之和；有基准地价的地区，协议出让最低价不得低于出让地块所在级别基准地价的 70%。低于最低价时国有土地使用权不得出让。"

二、依照土地使用权出让合同的约定，向土地使用权出让人支付出让金是土地使用权受让人的主要合同义务

土地使用权出让法律关系，是市、县人民政府土地行政管理部门代表国家与土地使用权受让人签订土地使用权出让合同而形成的合同法律关系。在该合同法律关系中，土地使用权受让方的主要义务是支付相应的土地出让金；

按照合同约定的用途和要求使用土地；土地使用期限届满后返还土地等。以北京市国土资源局于2006年1月12日发布的《北京市国有土地使用权出让合同》（招标拍卖挂牌方式）（京国土用〔2006〕33号）为例，该示范合同第四章“土地费用及支付方式”专章约定了土地出让金的构成及其交纳期限等内容，可以说，土地使用权受让人交纳土地出让金是其主要合同义务。

三、土地使用权受让人未如约支付出让金时，出让方享有合同解除权，可以依法解除土地使用权出让合同

本条规定的出让方合同解除权属于法定合同解除权，即无论土地出让合同是否对上述合同解除权作出约定，土地使用权出让人都可以根据本条规定，享有合同解除权。这是为了更好地保护国家作为土地使用权出让人的利益。本条规定的合同解除权还具有坚实的合同法理基础。《中华人民共和国合同法》第九十四条规定：“有下列情形之一的，当事人可以解除合同：（一）因不可抗力致使不能实现合同目的；（二）在履行期限届满之前，当事人一方明确表示或者以自己的行为表明不履行主要债务；（三）当事人一方迟延履行主要债务，经催告后在合理期限内仍未履行；（四）当事人一方迟延履行债务或者有其他违约行为致使不能实现合同目的；（五）法律规定的其他情形。”上述条文中的第二项、第三项、第四项、第五项都可以成为本条规定的合同解除权的法理基础。

四、土地使用权受让人未如约支付出让金构成违约，应承担违约责任

土地使用权受让人未按照合同约定支付土地出让金，构成对合同约定的违反，将给出让方造成损害，应当承担违约损害赔偿责任。《中华人民共和国城镇国有土地使用权出让和转让暂行条例》（国务院令第55号）第十四条规定："土地使用者应当在签订土地使用权出让合同后六十日内，支付全部土地使用权出让金。逾期未全部支付的，出让方有权解除合同，并可请求违约赔偿。"也就是说，土地使用权受让人必须在签订土地使用权出让合同后六十日内支付全部的土地出让金，若土地使用权出让合同对支付期间有更短的约定的，依照合同约定。土地使用权受让人未按照合同约定如期支付土地出让金，将给出让方造成损失，主要有：一是签订出让合同的缔约成本，相关部门要花费很多行政资源用于拟订出让方案、实地勘察、发布公告等一系列工作；二是使得土地出让方失去了与其他潜在土地使用权受让人缔约并履行合同的机会；三是造成土地的闲置，影响土地出让人对土地的收益；四是资金占用的成本，资金是有时间价值的，土地使用权受让人迟延履行支付出让金的义务，将使出让方受到利息上的损失。

相关规定

《中华人民共和国合同法》第94条；《中华人民共和国

土地管理法》第55条；《中华人民共和国城镇国有土地使用权出让和转让暂行条例》（国务院令第55号）第50条；《协议出让国有土地使用权规定》（国土资源部令第21号）第5条；《国务院关于加强国有土地使用权有偿出让收入管理的通知》（国发〔1989〕38号）。

第十七条　土地使用者按照出让合同约定支付土地使用权出让金的，市、县人民政府土地管理部门必须按照出让合同约定，提供出让的土地；未按照出让合同约定提供出让的土地的，土地使用者有权解除合同，由土地管理部门返还土地使用权出让金，土地使用者并可以请求违约赔偿。

条文主旨

本条是关于土地管理部门按照合同约定提供出让土地的义务以及违约责任的规定。

立法背景

本条意在规定土地使用权出让人出让土地的义务，并明确了出让人未按约定出让土地的，土地使用者有权解除土地使用权出让合同并要求违约损害赔偿，这维护了土地使用权受让人的合法权益。

条文解读

一、土地使用者如约支付土地出让金，是市、县人民政府土地管理部门按照土地使用权出让合同的约定提供出让土地的前提条件

土地使用权出让合同成立并生效后，土地使用者并不能马上要求土地管理部门提供出让土地，而是必须按照合同的约定，支付土地出让金后，才可要求土地管理部门提供出让土地。市、县土地管理部门在收到土地出让金后，才可以按照合同约定向土地使用者提供出让土地，并办理土地使用权登记手续，为土地使用权人颁发国有土地使用证。土地使用者在完成土地使用权登记手续，记载于不动产登记簿后，才取得土地使用权。实践中，市、县人民政府土地管理部门与土地使用权人签订土地使用权出让合同时，都会在合同中明确，土地使用者在支付土地出让金后，才可申请办理土地使用权登记，领取《国有土地使用证》。例如，《北京市国有土地使用权出让合同》（招标拍卖挂牌方式）（京国土用〔2006〕33 号）第二十一条约定："受让方在支付本合同约定全部政府土地收益、《土地开发建设补偿协议》约定的全部补偿费用及国家规定的契税等费用后，应按规定申请办理土地使用权登记，领取《国有土地使用证》。"

二、按照土地使用权出让合同提供出让土地是市、县人民政府土地管理部门的主要合同义务

土地使用者与市、县人民政府土地管理部门签订土地使用权出让合同并支付土地使用权出让金的主要目的，就是要取得目标土地使用权，对目标土地实现占有、使用、收益和处分，这是土地使用者最为根本的合同权利。因此，按照土地使用权出让合同的约定提供出让土地，是市、县人民政府土地管理部门最为根本、最为主要的合同义务。土地管理部门提供的出让土地，必须符合合同约定的时间、地理位置、四至范围等。出让土地的基本状况一般会在土地使用权出让合同中明确约定。例如，《北京市国有土地使用权出让合同》（招标拍卖挂牌方式）（京国土用〔2006〕33号）第四条约定："出让土地位置：×××××××。"第五条约定："出让土地面积为平方米。其四至范围如本合同附图所示。出让土地规划建筑面积为××××平方米，其中规划地上建筑面积为××××平方米（其中用途××××平方米、××××用途××××平方米、××××用途××××平方米），规划地下建筑面积为××××平方米（其中地下车库面积××××平方米，其他经营性面积××平方米，用途为××××，非经营性面积×××平方米）。该地块还应符合×××××××《规划意见书》的其他要求。上述各项的准确面积以该项目竣工后有资质的测绘单位的实际测量结果为准，并按实际测绘面积调整

合同地价款。”第六条约定：“土地规划用途：××××××××××。”为了保护土地使用者的合法权益，消除其顾虑，本条对土地管理部门在土地使用权出让合同中的主要义务予以明确。

三、土地管理部门未按照土地使用权出让合同的约定提供出让土地的，土地使用权受让人有权要求解除合同并主张违约损害赔偿

土地使用者在土地使用权出让合同中最主要的权利，就是要求土地管理部门提供出让土地，并依法取得土地使用权。如果土地使用者在支付了全部土地出让金后，土地管理部门却没有依照出让合同的约定提供出让土地并依申请办理土地使用权登记的，土地使用者的主要合同权利就无法实现，其当然有权要求解除合同。这与《中华人民共和国合同法》第九十四条的法理依据是一致的。本法第十六条规定，土地使用者不按照出让合同约定支付土地出让金时，土地管理部门有权解除出让合同并可以要求违约损害赔偿。此外，《最高人民法院关于审理涉及国有土地使用权合同纠纷案件适用法律问题的解释》第四条规定，土地使用权出让合同的出让方因未办理土地使用权出让批准手续而不能交付土地，受让方请求解除合同的，应予支持。在土地使用权出让合同被解除后，土地管理部门须返还土地出让金，并承担相应的违约损害赔偿责任。

在土地使用权出让法律关系中，因土地管理部门未按照合同约定提供出让土地，给土地使用者造成的损失可能有：一是资金占用成本，资金是有时间价值的，在土地管理部门未能如约提供出让土地时，应当赔偿土地使用者资金占用损失；二是缔约成本，土地使用者为取得目标土地使用权，需要付出大量的人力、物力用于制作投标书、商业调查、资金调配等工作；三是履行利益损失，若土地出让合同顺利如约履行后，土地使用者能够取得相应的商业利益，依照合同法原理，这部分利益也是土地使用者可以主张的损失。然而，值得注意的是，我们认为，资金占用成本、缔约成本、履行利益损失三者并不能同时被主张，理由在于，同时主张资金占用成本、缔约成本与履行利益损失存在对损失重复计算问题。因为，履行利益是合同被完全履行后，土地使用者获得的利益，而资金占用成本和缔约成本是合同能够被完全履行所必须付出的成本。所以，若土地使用者主张土地管理部门赔偿履行利益，其就不能同时要求土地管理部门赔偿资金占用成本与缔约成本，反之亦然。

相关规定

《中华人民共和国合同法》第 94 条；《中华人民共和国城镇国有土地使用权出让和转让暂行条例》（国务院令第 55 号）第 15 条。

第十八条 土地使用者需要改变土地使用权出让合同约定的土地用途的，必须取得出让方和市、县人民政府城市规划行政主管部门的同意，签订土地使用权出让合同变更协议或者重新签订土地使用权出让合同，相应调整土地使用权出让金。

条文主旨

本条是关于土地使用者改变土地用途的审批程序以及调整土地使用权出让金的规定。

立法背景

我国实施土地用途管制制度，土地用途的变更必须经人民政府规划部门的同意后方可变更。并且，不同使用性质的土地经济价值差异巨大，为保护土地使用权出让双方的合法权益，变更土地使用性质的同时，也需要调整土地使用权出让金。

条文解读

一、土地用途及其管制制度

土地用途，一般是指土地的使用性质。根据《中华人民共和国土地管理法》第四条之规定，我国实行土地用途管制制度，国家编制土地利用总体规划，规定土地用途，将土地分为农用地、建设用地和未利用地。农用地是指直接用于农业生产的土地，包括耕地、林地、草地、农田水利用地、养殖水面等；建设用地是指建造建筑物、构筑物的土地，包括城乡住宅和公共设施用地、工矿用地、交通水利设施用地、旅游用地、军事设施用地等；未利用地是指农用地和建设用地以外的土地。使用土地的单位和个人必须严格按照土地利用总体规划确定的用途使用土地。为了保证粮食安全，我国严格限制农用地转为建设用地，控制建设用地总量，对耕地实行特殊保护。

《中华人民共和国城镇国有土地使用权出让和转让暂行条例》（国务院令第55号）第十二条进一步将国有土地使用权细化为居住用地；工业用地；教育、科技、文化、卫生、体育用地；商业、旅游、娱乐用地；综合或者其他用地。以上不同使用性质的土地，其最高出让的年限都有所不同，如居住用地为七十年、工业用地为五十年。

二、土地用途改变的审批

土地用途的改变，一般是指改变土地的使用性质。根据《中华人民共和国土地管理法》的规定，我国实行土地用途管制制度，由市、县人民政府城市规划行政主管部门根据土地利用总体规划明确土地用途。因此，土地用途虽然是在土地使用权出让合同中约定的，但是仅有市、县土地管理部门和土地使用者的合意仍无权直接对土地用途进行变更或调整，还需取得市、县人民政府城市规划行政主管部门的同意。《中华人民共和国土地管理法》第五十六条规定，建设单位使用国有土地的，应当按照土地使用权出让等有偿使用合同的约定或者土地使用权划拨批准文件的规定使用土地；确需改变该幅土地建设用途的，应当经有关人民政府自然资源主管部门同意，报原批准用地的人民政府批准。其中，在城市规划区内改变土地用途的，在报批前，应当先经有关城市规划行政主管部门同意。《中华人民共和国城镇国有土地使用权出让和转让暂行条例》（国务院令第55号）亦有类似的规定，该条例第十八条规定，土地使用者需要改变土地使用权出让合同规定的土地用途的，应当征得出让方同意并经土地管理部门和城市规划部门批准，依照本章的有关规定重新签订土地使用权出让合同，调整土地使用权出让金，并办理登记。

根据上述法律、法规规定，土地用途的改变既需要市、县土地管理部门的同意，还需要市、县人民政府城市规划行政主管部门的同意，但并不是说土地使用者如要改变土地用途，必须同时向上述两个部门提出申请。实践中的做法是，土地使用者如确需改变土地用途的，可以向市、县土地管理部门提出申请，经土地管理部门同意后，由土地管理部门报规划行政主管部门审批，经规划行政主管部门同意后，由土地管理部门负责与土地使用者签订土地使用权出让合同变更协议或者根据改变后的土地用途重新签订土地使用权出让合同。

三、土地用途改变对土地使用权出让合同的影响

土地用途的改变会引起土地出让年限、土地使用权出让金标准和土地使用条件等一系列内容的变化。因此，土地使用权出让合同也必须依照法律的相关规定进行变更，或者依照改变后的土地用途重新签订土地使用权出让合同。

首先，土地用途的改变会导致土地出让最高年限的改变。例如，原土地用途为居住用地，出让年限为七十年，若将居住用地改为商业用地，则必须依照法律法规的规定，变更或重新签订土地使用权出让合同，使土地使用权出让期限不超过四十年。

其次，土地用途的改变将会引起土地使用权出让金标准的改变。不同土地用途的经济价值存在显著差异，如工业用地改为商业用地，一般情形下需要调增土地出让金，并依照法律法规的规定，变更或重新签订土地使用权出让合同。依据《最高人民法院关于审理涉及国有土地使用权合同纠纷案件适用法律问题的解释》第五条规定，受让方经出让方和市、县人民政府城市规划行政主管部门同意，改变土地使用权出让合同约定的土地用途，当事人请求按照起诉时同种用途的土地出让金标准调整土地出让金的，应予支持。实践中，土地出让方和土地使用者往往会对变更土地出让金的标准加以约定。譬如，《北京市国有土地使用权出让合同》（招标拍卖挂牌方式）（京国土用〔2006〕

33号）第十二条约定："出让土地的使用条件经出让方和城市规划管理部门审查批准后发生变化，需要补交地价款的，补交价款全部为政府土地收益，出让方和受让方应签订出让合同变更协议，调整政府土地收益，政府土地收益按如下标准进行调整：（一）地上经营性建筑面积增加的，增加的建筑面积按土地成交单价补交政府土地收益；地上经营性建筑面积减少的，政府土地收益不变。（二）地下经营性建筑面积增加的，增加的地下车库面积按政府土地收益单价的三分之一补交政府土地收益，增加的其他经营性面积按土地成交单价的三分之一补交政府土地收益。地下经营性建筑面积减少的，政府土地收益不变。（三）规划为多种用途的，出让时均全部按__________用途收取政府土地收益。规划方案确定后，对调整为__________用途的建筑面积，受让方应按________元每建筑平方米补交政府土地收益。"

最后，需要指出的是，土地用途改变对土地使用权出让合同的影响并非仅限于土地出让年限和土地使用权出让金标准，本部分对土地出让年限和土地使用权出让金标准进行特别释义是因为土地用途的改变对上述二者的影响是最为显著的。除此之外，根据具体的情况，土地用途的改变还将影响土地使用者和土地出让者之间一些更为具体的、细节的权利与义务的关系，如土地使用条件的变化、土地开发建设与利用计划的变化等。此外，依据《最高人民法院关于审理涉及国有土地使用权合同纠纷案件适用法律问题的解释》第六条规定，受让方擅自改变土地使用权出让合同约定的土地用途，出让方请求解除合同的，应予支持。

相关规定

《中华人民共和国土地管理法》第56条；《中华人民共和国城镇国有土地使用权出让和转让暂行条例》第18条；《中华人民共和国合同法》。

第十九条　土地使用权出让金应当全部上缴财政，列入预算，用于城市基础设施建设和土地开发。土地使用权出让金上缴和使用的具体办法由国务院规定。

条文主旨

本条是关于土地使用权出让金上缴和使用的规定。

立法背景

土地使用权出让金是国家不使用土地而带来的收益，应上缴国家财政；同时，土地使用权出让金“取之于土，用之于土”，用于城市基础设施建设和土地开发，可以实现城市建设资金的良性循环。

条文解读

一、土地使用权出让金是土地使用者为取得土地使用权而向国家支付的对价

土地使用者需要支付土地出让金的情况有三种：一是土地使用者与市、县土地管理部门订立土地使用权出让合同后，土地使用者依照法律规定和合同的约定，向市、县土地管理部门支付土地使用权出让金。二是土地使用权出让合同约定的使用年限届满，土地使用者需要继续使用土地，并于土地使用权年限届满前一年申请续期，经土地管理部门批准后，与土地管理部门重新签订土地使用权出让合同，土地使用者依照新签订的土地使用权出让合同支付续期的土地使用权出让金。三是土地使用权尚在使用年限内，土地使用者申请变更土地用途，并经市、县土地管理部门和规划行政主管部门同意，由市、县土地管理部门与土地使用者变更或重新签订土地使用权出让合同，土地使用者依照变更后或新签订的土地使用权出让合同支付土地出让金。

二、土地使用权出让金的上缴根据《中华人民共和国土地管理法》的规定、本条规定和国务院及财政部的有关规定进行

根据《国务院关于加强国有土地使用权有偿出让收入管理的通知》（国发〔1989〕38 号）的规定，凡进行国有土地使用权有偿出让的地区，其出让收入必须上缴财政，其中40%上缴中央财政，60%留归地方财政，不论是上缴中央财政还是上缴地方财政的收入都要专款专用。2004年，《国务院关于将部分土地出让金用于农业土地开发有关问题的通知》（国发〔2004〕8号）提出：为切实保护耕地，加强粮食综合生产能力建设，抑制城市盲目扩张，促进城乡协调发展，国务院决定从2004年起将部分土地出让金用于农业土地开发。一是，关于土地出让金用于农业土地开发的用途。按照“取之于土，用之于土”的原则，将部分土地出让金专项用于土地整理复垦、宜农未利用地开发、基本农田建设以及改善农业生产条件的土地开发。二是，关于土地出让金用于农业土地开发的比例。土地出让金用于农业土地开发的比例，由各省、自治区、直辖市及计划单列市人民政府根据不同情况，按各市、县不低于土地出让平均纯收益的15%确定。土地出让平均纯收益的具体标准由财政部、国土资源部确定。三是，关于用于农业土地开发的土地出让金的管理。用于农业土地开发的土地出让金纳入财政预算，实行专项管理。四是，关于用于农业土地开发的土地出让金的监督。2019年中央1号文件，《中共中央 国务院关于坚持农业农村优先发展做好“三农”工作的若干意见》，进一步提出：按照“取之于农，主要用之于农”的要求，调整完善土地出让收入使用范围，提高农业农村投入比例，重点用于农村人居环境整治、村庄基础设施建设和高标准农田建设。

三、土地管理部门可以在土地使用权出让金中提取土地出让业务费

根据《财政部、国土资源部、中国人民银行关于建立国有土地收支统计报表体系的通知》（财综〔2007〕29号），土地出让业务费，是指按照财政部门核定的预算，从土地出让收入中安排用于出让土地需要支付的土地勘测费、评估费、公告费、场地租金、招拍挂代理费和评标费用等支出。按照《国有土地使用权有偿出让收入管理暂行实施办法》（〔89〕财综字第94号）的相关规定，土地出让主管部门可以从其所获土地使用权出让收入中提取土地出让业务费，各地提取业务费的具体比例由财政部门核定，一般不超过出让收入的2%，如有特殊情况，可适当提高比例，但最高不得超过5%。然而，《国有土地使用权有偿出让收入管理暂行实施办法》（〔89〕财综字第94号）已经于2006年被财政部颁布的《关于公布废止和失效的财政规章和规范性文件目录（第九批）的决定》（财政部令第34号）废止。目前，财政部并未就土地出让业务费提取出台新的实施办法。也就是说，在全国层面，土地出让业务费的提取比例尚未被明确规定。一些地方政府在参考《国有土地使用权有偿出让收入管理暂行实施办法》（〔89〕财综字第94号）关于土地出让业务费的提取比例的基础上，制定了地方的规范性文件。例如，江苏省财政厅发布的《关于国有土地使用权出让收支管理办法的通知》规定，土地

出让业务费由各级财政部门在出让金收入中核定，按照不超过当年招、拍、挂和协议出让土地总价款实际缴库的2%列入部门预算（原则上苏北不超过2%、苏中不超过1.5%、苏南不超过1%），实行以收定支，据实列支，不再另行计提。

四、土地使用权出让金所得收入需列入预算，用于城市基础设施建设和土地开发

根据《国务院办公厅关于规范国有土地使用权出让收支管理的通知》(国办发〔2006〕100号）的规定，土地出让收支全额纳入预算，实行“收支两条线”管理。具体而言，从2007年1月1日起，土地出让收支全额纳入地方基金预算管理。收入全部缴入地方国库，支出一律通过地方基金预算从土地出让收入中予以安排，实行彻底的“收支两条线”。在地方国库中设立专账，专门核算土地出让收入和支出情况。建立健全年度土地出让收支预决算管理制度。每年第三季度，有关部门要严格按照财政部门规定编制下一年度土地出让收支预算；每年年度终了，有关部门要严格按照财政部门规定编制土地出让收支决算。同时，按照规定程序向同级人民政府报告，政府依法向同级人民代表大会报告。编制年度土地出让收支预算要坚持“以收定支、收支平衡”的原则。土地出让收入预算按照上年土地出让收入情况、年度土地供应计划、地价水平等因素编制；土地出让支出预算根据预计年度土地出让收入情况，按照年度土地征收计划、拆迁计划以及规定的用途、支出范围和支出标准等因素编制；其中，属于政府采购范围的，应当按照规定编制政府采购预算。

根据本条规定，土地出让金要用于城市基础设施建设和土地开发，这是为了推动城市建设和土地的开发利用，形成良性循环，具体办法由国务院规定。根据《国务院办公厅关于规范国有土地使用权出让收支管理的通知》（国办发〔2006〕100号），土地出让收入使用范围包括：(1) 征地和拆迁补偿支出。包括土地补偿费、安置补助费、地上附着物和青苗补偿费、拆迁补偿费。(2) 土地开发支出。包括前期土地开发性支出以及按照财政部门规定与前期土地开发相关的费用等。(3) 支农支出。包括计提农业土地开发资金、补助被征地农民社会保障支出、保持被征地农民原有生活水平补贴支出以及农村基础设施建设支出。(4) 城市建设支出。包括完善国有土地使用功能的配套设施建设支出以及城市基础设施建设支出。(5) 其他支出。包括土地出让业务费、缴纳新增建设用地土地有偿使用费、计提国有土地收益基金、城镇廉租住房保障支出、支付破产或改制国有企业职工安置费支出等。国务院在本条的授权下，对土地出让金的使用范围进行了明确和细化，规范了土地出让收入使用范围，支出的方向重点向新农村建设倾斜。

相关规定

《中华人民共和国土地管理法》第55条；《中华人民共

和国土地管理法实施条例》（国务院令第653号）第50条；《国务院关于加强国有土地使用权有偿出让收入管理的通知》（国发〔1989〕38号）；《国务院办公厅关于规范国有土地使用权出让收支管理的通知》（国办发〔2006〕100号）；《新增建设用地土地有偿使用费资金使用管理办法》（财建〔2012〕151号）；《财政部、国土资源部、中国人民银行关于建立国有土地收支统计报表体系的通知》（财综〔2007〕29号）。

第二十条　国家对土地使用者依法取得的土地使用权，在出让合同约定的使用年限届满前不收回；在特殊情况下，根据社会公共利益的需要，可以依照法律程序提前收回，并根据土地使用者使用土地的实际年限和开发土地的实际情况给予相应的补偿。

条文主旨

本条是关于出让土地使用权提前收回的特别规定。

立法背景

在一些特殊情况下，国家根据社会公共利益的需要，可能需要提前收回土地使用者依法取得的土地使用权，本条即是对国家提前收回土地使用权的权力及其行使条件的规定。

条文解读

本条规定，土地使用者依法取得的土地使用权，原则上，国家不得提前收回，因为土地使用权构成土地使用者的合法财产，是《中华人民共和国物权法》设定的用益物权，任何人不得随意侵犯。然而，在某些特殊情况下，根据公共利益的需要，国家可以依照法定程序，终止土地使用权出让合同，提前收回土地，同时，根据土地使用权的剩余年限和土地开发的实际情况对土地使用者予以补偿。理解本条需要着重注意以下几个方面：

一、国家原则上不提前收回土地使用者依法取得的土地使用权

国家提前收回土地使用权，是指国家在土地使用权出让合同约定的年限尚未届满时，收回全部或部分的出让土地使用权。土地使用权出让合同一经成立生效，即产生法律效力，约束土地出让方和土地使用者。在土地使用权出让合同中，市、县土地管理部门作为土地出让方，其最主要的合同义务就是依照合同约定提供出让的土地使用权，并保证土地使用者在合同约定的年限和最高法定年限内依照法律和合同使用该幅土地。通常情况下，除非土地使用者在履行土地使用权出让合同时严重违约，否则国家无权解除土地使用权出让合同，提前回收土地。若允许国家随意地解除土地使用权出让合同，提前收回土地，将会严重损害土地使用者的利益，同时也会危害土地使用权出让市场的正常秩序，损害社会公共利益。因此，国家不能随意提前收回土地使用权。土地使用者依法取得的土地使用权不但受土地使用权出让合同法律关系的保护，亦受物权法律关系的保护。根据《中华人民共和国民法总则》第一百一十四条和《中华人民共和国物权法》第十二章之规定，出让土地使用权属于用益物权，任何单位和个人非经正当程序不得侵犯，国家亦不例外。

二、国家提前收回土地使用权必须以“特殊情况和社会公共利益的需要”为前提

本条规定“在特殊情况下，根据社会公共利益的需要，可以依照法律程序提前收回”。因此，国家要提前收回土地，不但需要以“特殊情况”为前提，还要以“社会公共利益的需要”为目的。对于何谓“特殊情况”，法律难以对其内涵和外延作一个准确的定义和划分，一般而言，“特殊情况”往往是指在土地使用权出让合同签订之前未能预料到的，极为特殊的情形，如国家土地利用总体规划、城市规划发生重大变更，需要将已出让土地改作他用。对于“社会公共利益的需要”，并不是指一个特定的单位或者个人的需要，而是指全体人民的利益和国家的整体利益。“社会公共利益”的内容比较模糊，难以被准确概括和全面列举。法律对于谁有权对社会公共利益进行界定亦没有特别明确的规定。从现有的法律看，法律对在何种情况下可以构成提前收回土地使用权的“社会公共利益”有部分列举。例如，根据《中华人民共和国土地管理法》第五十八条规定，为实施城市规划进行旧城区改建以及其他公共利益需要，确需使用土地的，有关人民政府自然资源主管部门报经原批准用地的人民政府或者有批准权的人民政府批准，可以收回国有土地使用权。此外，对于“社会公共利益”的理解，也可以参照《中华人民共和国土地管理法》第四十五条的规定。

需要特别注意的是，如要适用本条提前收回土地使用权，则必须是既发生了特殊情况，也是根据社会公共利益的需要。如果只是发生了特殊情况，而不是根据社会公共利益的需要；或者说是根据社会公共利益的需要，却没有发生特殊情况，都不能提前收回土地使用权。因此，本条从立法上对国家提前收回土地使用权的权力进行了一个限制，既保护了土地使用者的合理预期和合法权益，也保留了国家提前收回土地使用权的权力，是一个较为恰当的做法。在实践中，土地使用权出让合同一般也会对提前收回土地使用权作出约定。例如，《北京市国有土地使用权出让合同》（招标拍卖挂牌方式）（京国土用〔2006〕33号）第二十七条约定：“对受让方依法取得的土地使用权，在本合同约定的使用年限届满前不收回。在特殊情况下，根据社会公共利益需要依法提前收回土地使用权的，出让方（代表国家）应当依照法定程序报批，并根据收回时地上建筑物、其他附着物的价值和剩余年期土地使用权价格给予受让方适当补偿。在出让方支付补偿费用后，受让方应当按期腾退土地。”

三、国家作出提前收回土地的决定属于行政处理行为

国家在特殊情况下，根据社会公共利益的需要收回土地使用权，是国家基于公权力对土地使用者土地使用权的一种处理。根据《关于认定收回土地使用权行政决定法律性质的意见》（〔1997〕国土〔法〕字第153号）之规定，人民政府土地管理部门依照本条和《中华人民共和国城镇国有土地使用权出让和转让暂行条例》（国务院令第55号）第四十二条的规定在特殊情况下，根据社会公共利益的需要，人民政府或者土地管理部门依照法律程序提前收回出让的国有土地使用权，属于行政处理决定。

四、国家提前收回土地使用权需要给予土地使用者相应的补偿

国家在特殊情况下，根据社会公共利益的需要，提前收回土地使用权，必然会给土地使用者造成经济损失，国家应当给予相应的补偿。我国其他法律中也有类似的规定。例如，《中华人民共和国土地管理法》第五十八条规定，为实施城市规划进行旧城区改建以及其他公共利益需要，确需使用土地，提前收回国有土地使用权的，对土地使用权人应当给予适当补偿。再如，《中华人民共和国物权法》第一百四十八条规定，建设用地使用权期间届满前，因公共利益需要提前收回该土地的，应当依照本法第四十二条的规定对该土地上的房屋及其他不动产给予补偿，并退还相应的出让金。在国家提前收回土地使用权的情况下，国家理应补偿土地使用者。这种补偿包括两种：一是退还土地使用权剩余年限的土地出让金。如果土地使用权剩余年限较长的，应给予更多的补偿，反之亦然。二是根据土地开发的实际情况，对土地开发支出、地上构筑物及建筑物等进行补偿。在补偿前，土地管理部门应当委托有关机构对土地资产及其地上物进行科学合理的评估。土地管理部门确认后，应与土地使用者进行充分沟通，商定补偿的标准、数额、支付方式和期限等内容，并达成补偿协议。

五、依法提前收回土地使用权的土地使用者拒不交还土地的，国家可以施以相应的处罚

根据《中华人民共和国土地管理法》第八十一条、《中华人民共和国土地管理法实施条例》（国务院令第 653 号）第四十三条之规定，依法收回国有土地使用权当事人拒不交出土地的，由县级以上人民政府自然资源主管部门责令交还土地，处以罚款，罚款额为非法占用土地每平方米 10 元以上 30 元以下。

相关规定

《中华人民共和国土地管理法》第 45、58、81 条；《中华人民共和国土地管理法实施条例》（国务院令第 653 号）

第43条;《中华人民共和国城镇国有土地使用权出让和转让暂行条例》(国务院令第55号)第41~42条;《关于认定收回土地使用权行政决定法律性质的意见》(〔1997〕国土〔法〕字第153号)。

第二十一条　土地使用权因土地灭失而终止。

条文主旨

本条是关于土地使用权终止的规定。

立法背景

土地可能会由于地震、洪水等自然灾害或其他人为因素而发生地质构造或地貌的巨变,使得土地丧失原有的利用价值,此时,土地使用者取得的土地使用权已经没有任何经济上或法律上的意义,因此法律规定土地使用权因土地灭失而终止。

条文解读

土地的灭失,是指在土地使用权出让合同约定的土地使用年限内,由于地震、洪水等自然灾害或其他人为因素,使得土地的地质构造或者地貌改变造成土地消灭。土地的消灭并非物理学意义上的消灭,而是指土地丧失原有的利用价值。例如,地震使得原有的平地变成了峡谷,洪水使得原有的峡谷变成了湖泊等。在上述情形下，土地使用者在客观上已经不能按照原来的土地使用权出让合同的约定开发和利用土地。基于这种情况，法律规定，土地灭失的，土地使用权同时终止。理解本条需要注意以下几个方面：

一、土地灭失并非土地在物理学意义上的消灭，而是指丧失了原有的利用价值

一般情况下，土地本身并不会在物理学意义上灭失。本条所称的土地灭失，是指土地因地震、洪水等自然灾害或其他人为因素导致土地丧失了原有利用价值的情形。通常包括以下情形：一是土地形态变化，导致丧失利用价值。例如，因地质运动，土地开裂为峡谷，此时土地使用权终止。二是土地形态发生变化，仍有利用价值，但是与土地使用权出让合同约定的土地用途不符，此时也视为土地灭失，土地使用权亦终止。例如，洪水导致峡谷变成湖泊，虽然湖泊可以从事养殖活动，但是与原土地使用权出让合同约定的土地用途不符。

二、土地灭失后，土地使用权终止

在我国，土地所有权归国家和农民集体所有，特定的单位或者个人只能取得一定用途的土地使用权，并非对土地这一客观存在全方位的使用权。取得土地使用权的单位或者个人仅能在法律和合同约定的土地用途内对土地加以利用。一旦该幅土地因灭失而在特定的用途内不再具有利用价值，土地使用者的土地使用权就归于消灭。

三、因土地灭失导致土地使用权终止的，土地出让金不予返还

在土地使用者按时支付了土地出让金，土地出让者按照法律规定和土地使用权出让合同的约定交付了出让土地，并为土地使用者办理了土地使用权登记，颁发土地使用证后，土地灭失的风险就由土地出让方转移给了土地使用者。在转让后的期间，一旦土地发生灭失，其产生的全部风险将由土地使用者来承担，土地使用者无权请求返还已经缴纳的土地出让金。但是，国家可以基于公平原则和救助的目的，对因土地灭失而产生的损失予以适当的分担。

相关规定

《中华人民共和国城镇国有土地使用权出让和转让暂行条例》（国务院令第55号）第39条。

第二十二条 土地使用权出让合同约定的使用年限届满，土地使用者需要继续使用土地的，应当至迟于届满前一年申请续期，除根据社会公共利益需要收回该幅土地的，应当予以批准。经批准准予续期的，应当重新签订土地使用权出让合同，依照规定支付土地使用权出让金。

土地使用权出让合同约定的使用年限届满，土

地使用者未申请续期或者虽申请续期但依照前款规定未获批准的，土地使用权由国家无偿收回。

条文主旨

本条是关于土地使用权出让年限届满的法律后果和续期的规定。

立法背景

土地使用权是有年限的用益物权，年限届满后该如何处理关涉国家和土地使用者的利益？本条规定，土地使用者申请续期的，应以续期为原则，不续期为例外，较好地平衡了国家和土地使用者之间的利益。

条文解读

根据《中华人民共和国城镇国有土地使用权出让和转让暂行条例》（国务院令第 55 号）第三十九条之规定，土地使用权因土地使用权出让合同规定的使用年限届满而终止。土地使用权是基于土地所有权而设定的附有期限的法定用益物权，期限届满后，土地使用权终止，而土地所有权依然存续。土地使用权出让合同约定的使用年限届满后，土地使用者应当将土地返还给土地所有者，这是国家作为土地所有权人身份和地位的体现，也是契约精神的体现。需要考量的是，土地使用者已经长期占有和使用土地，对土地及其周边情况较为熟悉和了解，通常情况下，由土地使用者继续使用土地能够更好地发挥出土地的效益。然而，国家作为土地所有权人，对于土地拥有占有、使用、收益和处分的权利。为了平衡国家和土地使用者双方的利益，本条规定，土地使用权到期后，土地使用者可以申请续期，但需要重新签订土地使用权出让合同，并支付土地使用权出让金。若不续期或者续期申请未被批准的，土地使用权及其地上建筑物、附着物由国家无偿取得。理解本条需要注意以下几个方面：

一、土地使用权出让年限届满后，土地使用者可以申请续期

土地使用者申请续期的，续期合同的年限依照本法第十四条和《中华人民共和国城镇国有土地使用权出让和转让暂行条例》（国务院令第55号）第十二条的规定确认。经市、县人民政府土地管理部门批准续期后，双方应重新签订土地使用权出让合同。此外，依据物权法第一百四十九条之规定，住宅建设用地使用权期间届满的，自动续期。非住宅建设用地使用权期间届满后的续期，依照法律规定办理。该土地上的房屋及其他不动产的归属，有约定的，按照约定；没有约定或者约定不明确的，依照法律、行政法规的规定办理。

二、土地使用权出让年限届满后，土地使用者需要继续使用土地的，应当于届满前一年申请续期

之所以要求土地使用者在土地使用权期限届满前一年

提出申请，是因为土地使用权的续期对于土地出让方和土地使用者都具有重大影响，尤其是代表国家出让土地使用权的市、县人民政府土地管理部门，其需要根据法律法规的规定，结合最新的土地利用总体规划、城市规划和年度建设用地规划以及当时社会经济发展的需求，综合考虑，决定是否同意续期。如果土地管理部门批准续期的，土地管理部门需要组织相关单位和机构对该幅土地的土地出让金进行重新评估，并与土地使用者签订新的土地使用权出让合同，土地使用者需要依照新的土地使用权出让合同的约定按时缴纳土地出让金。如果土地管理部门根据社会公共利益的需要，不批准续期，将该幅土地另作他用的，土地管理部门需要对该幅土地进行重新勘探、评估，做好该幅土地出让前的准备工作，提前向社会发布出让公告，并尽可能地缩短土地闲置的真空期，以使土地能够被充分地利用，发挥出土地的最大效益。

三、土地使用者提出续期申请的，除根据社会公共利益需要收回该幅土地外，应当批准续期

本条规定，原则上土地管理部门应批准土地使用者提出的续期申请，主要基于以下几点考量：一是最大限度地发挥土地的效益。原土地使用者依法取得土地使用权后，依照土地使用权出让合同的约定开发和利用土地时，势必会投入大量的人力、物力、财力，形成地上的建筑物和构筑物，若是商业地块的，还可能会拥有完善的商业运行模式。如若不允许其申请续期，那么土地使用权到期后，包括土地使用权及其地上建筑物、附着物在内的财产都将收归国有，然而，与原土地使用者相比，国家也难以在短时间内，对该幅土地进行运营，这必然会造成土地资源和社会资源的浪费。因此，原则上，经土地使用者申请，应批准续期。二是为了维持和保障人民生活的需要。土地上的建筑物或附着物，可能是住宅、公园等人民生活必备的设施，也可能是超市、商场等商业设施，如果土地使用权到期后不能够续期，势必会造成房屋所有权人因丧失了土地使用权而失去了房屋所有权，超市、商场等为人民生活提供必需的物质、文化资料的场所关闭，影响人民的正常生活。因此，经土地使用者申请，如无特殊情况，应批准续期。然而，这也并不是说，国家在任何场合下都必须批准土地使用者的续期申请。为了社会公共利益的需要，市、县土地管理部门可以依照法律法规的规定，不批准续期并无偿收回该幅土地上的土地使用权及其建筑物和附着物。

四、土地使用权被批准续期的，土地使用者应当与土地管理部门重新签订土地使用权出让合同，并支付土地使用权出让金

从土地使用权出让，到土地使用权出让年限届满，往往经历了几十年，在此期间国民经济和社会都可能发生翻天覆地的变化。为了保护国家作为土地所有权人的利益，土地管理部门批准土地使用权续期的，应当组织相关机构和部门对土地出让金进行评估，参考周边的地价，以新确定的土地出让金与土地使用者签订新的土地使用权出让合同，出让的年限需要符合本法第十四条和《中华人民共和国城镇国有土地使用权出让和转让暂行条例》（国务院令第55号）第十二条的要求。

五、土地使用权未被批准续期的，土地使用权及其地上建筑物、其他附着物所有权由国家无偿取得

根据本条第二款的规定，土地使用权出让合同约定的使用年限届满，土地使用者未申请续期或者虽申请续期但依照前款规定未获批准的，土地使用权由国家无偿收回。同时，依照《中华人民共和国城镇国有土地使用权出让和转让暂行条例》（国务院令第55号）第四十条之规定，土地使用权期满，土地使用权及其地上建筑物、其他附着物所有权由国家无偿取得。土地使用者应当交还土地使用证，并依照规定办理注销登记。需要特别指出的是，依据物权法第一百四十九条之规定，非住宅建设用地使用权期间届满后的续期，依照法律规定办理。该土地上的房屋及其他不动产的归属，有约定的，按照约定；没有约定或者约定不明确的，依照法律、行政法规的规定办理。

相关规定

《中华人民共和国物权法》第149条；《中华人民共和

国城镇国有土地使用权出让和转让暂行条例》（国务院令第55号）第40～41条；《关于认定收回土地使用权行政决定法律性质的意见》（〔1997〕国土〔法〕字第153号）。

第二节 土地使用权划拨

本节共两条，规定了以下两个方面的内容：一是土地使用权划拨的法律定义（第二十三条）；二是土地使用权划拨的具体范围（第二十四条）。

第二十三条 **土地使用权划拨，是指县级以上人民政府依法批准，在土地使用者缴纳补偿、安置等费用后将该幅土地交付其使用，或者将土地使用权无偿交付给土地使用者使用的行为。**

依照本法规定以划拨方式取得土地使用权的，除法律、行政法规另有规定外，没有使用期限的限制。

条文主旨

本条是关于土地使用权划拨法律定义的规定。

立法背景

在我国，要取得国有土地使用权的方式有二：出让和划拨。并非所有土地使用权的取得都要采取出让的方式。

以出让的方式取得土地使用权需要依法缴纳土地出让金，通常适用于营利性开发用地的取得。以划拨的方式取得土地使用权是无偿的或者只需要缴纳很低的费用，通常适用于公益性用地的取得。本条即在于规定土地使用权划拨，以规范公益性用地的取得。

条文解读

一、土地使用权划拨的概念

根据本条规定，土地使用权划拨，是指县级以上人民政府依法批准，在土地使用者缴纳补偿、安置等费用后将该幅土地交付其使用，或者将土地使用权无偿交付给土地使用者使用的行为。土地使用权划拨与土地使用权出让有明显不同，前者往往是基于公益目的而进行的，后者一般带有营利性的目的。

（一）土地使用权划拨的法律特征

1. 土地使用权划拨以土地所有权与使用权分离作为基础

我国实行土地公有制，城市市区的土地属于国家所有，农村和城市郊区的土地，除由法律规定属于国家所有的外，属于农民集体所有，宅基地和自留地、自留山，属于农民集体所有。因此，土地使用者只能取得土地使用权而不能取得土地所有权。土地使用权划拨是土地使用权转让的一种方式，其必须以土地所有权和使用权分离为前提。

2. 土地使用权划拨具有社会公益性质

根据《中华人民共和国土地管理法》第二条第五款的规定，国家依法实行国有土地有偿使用制度。但是，国家在法律规定的范围内划拨国有土地使用权的除外。划拨土地使用权的取得通常是无偿的，一般由国家机关、军队、人民团体或者事业单位等取得。国家将国有土地使用权无偿或者以极低的费用划拨上述单位，主要原因是上述单位都具有公益属性。

3. 土地使用权划拨是无偿的或只需缴纳少许费用

土地使用权划拨具有公益性质，本条规定，经县级以上人民政府依法批准，在土地使用者缴纳补偿、安置等费用后即可将该幅土地交付土地使用者使用，或者将土地使用权无偿交付给土地使用者使用。土地使用者需要缴纳补偿、安置等费用的情形，一般是划拨城市存量建设用地使用权或征收集体土地后划拨土地使用权。土地使用者无偿取得划拨土地使用权的情形，一般是划拨国有荒山、沙漠、滩涂等土地使用权。

此外，根据《中华人民共和国城镇国有土地使用权出让和转让暂行条例》（国务院令第55号）第四十三条之规定，虽然土地使用权划拨是无偿的，但划拨土地使用者仍需要按照《中华人民共和国城镇土地使用税暂行条例》（原国务院令第17号、国务院令第709号最新修订）的规定，缴纳土地使用税。

4. 土地使用权划拨没有使用年限的限制

国家基于公益目的，将国有土地使用权划拨给国家机关、军队、人民团队或者事业单位等使用，本身就是无偿的或者只需支付少许费用，没有必要对其使用期限作出特别的限制。因此，本条规定，除法律、行政法规另有规定外，划拨土地使用权没有使用期限的限制。

（二）划拨土地使用权的具体情形

本条规定，划拨国有土地使用权，须经县级以上人民政府依法批准，在土地使用者缴纳补偿、安置等费用后，或者无偿将土地使用权交付给土地使用者。《中华人民共和国土地管理法》第五十四条规定，下列建设用地可以划拨方式取得：（1）国家机关用地和军事用地；（2）城市基础设施用地和公益事业用地；（3）国家重点扶持的能源、交通、水利等基础设施用地；（4）法律、行政法规规定的其他用地。同时，根据《中华人民共和国土地管理法》第四十一条之规定，开发未确定使用权的国有荒山、荒地、荒滩从事种植业、林业、畜牧业、渔业生产的，经县级以上人民政府依法批准，可以确定给开发单位或者个人长期使用。以上土地使用权划拨的情形都具有公益属性，这与土地使用权出让的情形存在显著不同。

二、土地使用权划拨的程序和批准

本条规定，土地使用权划拨须经县级以上人民政府依法批准。根据《中华人民共和国土地管理法》以及《中华人民共和国土地管理法实施条例》（国务院令第653号），土地使用权划拨需经以下程序：

第一，申请。开发未确定土地使用权的国有荒山、荒地、荒滩从事种植业、林业、畜牧业、渔业生产的，应当向土地所在地的县级以上地方人民政府土地行政主管部门提出申请，按照省、自治区、直辖市规定的权限，由县级以上地方人民政府批准。建设项目需要占用土地利用总体规划确定的城市建设用地范围内的国有建设用地的，或者能源、交通、水利、矿山、军事设施等建设项目确需使用土地利用总体规划确定的城市建设用地范围外的土地，涉及农用地的，建设单位应持建设项目的有关批准文件，向市、县人民政府土地行政主管部门提出建设用地申请。

第二，审查。由市、县以上人民政府土地管理部门对建设用地申请进行审查，拟订供地方案，或拟订农用地转用方案、补充耕地方案、征收土地方案和供地方案（涉及国有农用地的，不拟订征收土地方案），报市、县级以上人民政府批准。

第三，批准。由市、县级以上人民政府依照土地管理法及其实施条例和省、直辖市、自治区设置的批准权限，对划拨土地使用权申请进行批准。供地方案经批准后，由市、县人民政府向建设单位颁发建设用地批准书，由市、县人民政府土地行政主管部门向土地使用者核发国有土地划拨决定书。

第四，划拨与登记。市、县级以上人民政府土地管理部门应当依照国有土地划拨决定书所确定的土地四至，向土地使用者交付土地。土地使用者应及时进场开工建设，在建设项目竣工后，经市、县人民政府土地管理部门查验实际用地范围，可以向土地管理部门申请办理土地登记手续，由土地管理部门核发有关土地使用证。

三、划拨土地使用权的收回

虽然划拨土地使用权没有期限的限制，但是这并非意味着土地使用者可以无条件、无期限地使用土地。为了保障国家作为国有土地所有人的身份和地位，法律规定在一些特定的情形下，国家可以收回划拨土地使用权。根据《中华人民共和国城镇国有土地使用权出让和转让暂行条例》（国务院令第55号）第四十七条的规定，下列两种情形下，市、县人民政府可以无偿收回划拨土地使用权：一是无偿取得划拨土地使用权的土地使用者，因迁移、解散、撤销、破产或者其他原因而停止使用土地的；二是根据城市建设发展需要和城市规划的要求，可以无偿收回。同时，市、县人民政府无偿收回划拨土地使用权时，对其地上建筑物、其他附着物，应当根据实际情况给予适当补偿。此外，《中华人民共和国土地管理法》第五十八条第一款第三项规定，因单位撤销、迁移等原因，停止使用原划拨的国有土地的，有关人民政府自然资源主管部门报经原批准用地的人民政府或者有批准权的人民政府批准，可以收回国有土地使用权。

四、划拨土地使用权的转让、出租和抵押

根据《中华人民共和国城镇国有土地使用权出让和转让暂行条例》（国务院令第 55 号）第四十五条，划拨土地使用权和地上建筑物、其他附着物所有权若要转让、出租和抵押，需要同时符合以下条件：第一，土地使用者为公司、企业、其他经济组织和个人。第二，领有国有土地使用证。第三，具有地上建筑物、其他附着物合法的产权证明。第四，依法签订土地使用权出让合同，向当地市、县人民政府补交土地使用权出让金或者以转让、出租、抵押所获效益抵交土地使用权出让金。第五，经市、县人民政府土地管理部门和房产管理部门批准。

划拨土地使用权和地上建筑物、其他附着物所有权转让、出租和抵押的，需要依照《中华人民共和国城镇国有土地使用权出让和转让暂行条例》（国务院令第 55 号）第三章、第四章和第五章的规定办理。

相关规定

《中华人民共和国物权法》第 137 条；《中华人民共和国土地管理法》第 54、56、58 条；《中华人民共和国土地管理法实施条例》（国务院令第 653 号）第 22、23 条；《中华人民共和国城镇国有土地使用权出让和转让暂行条例》（国务院令第 55 号）第 43～47 条。

第二十四条 下列建设用地的土地使用权，确属必需的，可以由县级以上人民政府依法批准划拨：

（一）国家机关用地和军事用地；

（二）城市基础设施用地和公益事业用地；

（三）国家重点扶持的能源、交通、水利等项目用地；

（四）法律、行政法规规定的其他用地。

条文主旨

本条是关于土地使用权划拨范围的规定。

立法背景

土地使用权划拨具有公益性质，为了防止土地使用权划拨制度被滥用，损害国家作为土地所有者的合法权益，法律须对土地使用权划拨的范围加以明确规定。

条文解读

一、土地使用权划拨的具体范围

《中华人民共和国土地管理法》第五十四条和本条对土地使用权划拨的范围作了概括性的规定，原国土资源部于2001年10月22日颁布生效的《划拨用地目录》（国土资源部令第9号）对土地使用权划拨的范围作了更为具体的规定，包括以下几类：

第一，国家机关用地和军事用地。国家机关用地，包括党政机关和人民团体的办公用地和安全、保密、通讯等特殊专用设施用地。军事用地包括以下几类：（1）指挥机关、地面和地下的指挥工程、作战工程。（2）营区、训练场、试验场。（3）军用公路、铁路专用线、机场、港口、码头。（4）军用洞库、仓库、输电、输油、输气管线。（5）军用通信线路、侦察、观测台站和测量、导航标志。（6）国防军品科研、试验设施。（7）其他军事设施。

第二，城市基础设施用地和公益事业用地。城市基础设施用地包括：（1）供水设施：包括水源地、取水工程、净水厂、输配水工程、水质检测中心、调度中心、控制中心。（2）燃气供应设施：包括人工煤气生产设施、液化石油气气化站、液化石油气储配站、天然气输配气设施。（3）供热设施：包括热电厂、热力网设施。（4）公共交通设施：包括城市轻轨、地下铁路线路、公共交通车辆停车场、首末站（总站）、调度中心、整流站、车辆保养场。（5）环境卫生设施：包括雨水处理设施、污水处理厂、垃圾（粪便）处理设施、其他环卫设施。（6）道路广场：包括市政道路、市政广场。（7）绿地：包括公共绿地（住宅小区、工程建设项目的配套绿地除外）、防护绿地。公共事业用地，包括非营利性邮政设施用地、非营利性教育设施用地、公益性科研机构用地、非营利性体育设施用地、非营利性公共文化设施用地、非营利性医疗卫生设施用地、非营利性社会福利设施用地。

第三，国家重点扶持的能源、交通、水利等项目用地。具体包括，石油天然气设施用地、煤炭设施用地、电力设施用地、水利设施用地、铁路交通设施用地、公路交通设施用地、水路交通设施用地、民用机场设施用地。

第四，法律、行政法规规定的其他用地。此款为兜底条款，是为了增强法律规范的灵活性，以适应实践的需要。

二、土地使用权划拨以“确属必需”为必要条件

本条规定“下列建设用地的土地使用权，确属必需的，可以由县级以上人民政府依法批准划拨”。因此，土地使用权划拨，除要符合本条规定的划拨范围外，还需要满足“确属必需”的条件，才可以由县级以上人民政府依法批准划拨。在理解“确属必需”这个条件时，需要明确，对以营利为目的，非国家重点扶持的能源、交通、水利等基础设施用地项目，不能以划拨的方式提供土地使用权，而应当以有偿方式提供土地使用权。

本条规定“确需必需”为划拨的条件，在立法上是有考虑的：一方面，从我国实际情况出发，同时，也借鉴国外一些国家或地区的做法，一律采取土地使用权出让的方式提供建设用地的使用权，是不切实际的，还应当考虑对某些建设用地的土地使用权采取划拨方式提供土地。另一方面，从发展我国社会主义市场经济，大力推进土地使用制度改革，培育和发展房地产市场出发，应当逐步缩小土地使用权划拨的范围，扩大土地使用权出让范围。对能够采取市场机制配置土地资源的，就应当尽可能地采取市场机制配置土地资源；不能够采取市场机制配置土地资源的，才采取划拨方式配置土地资源。这样有利于发挥市场在配置土地资源这一生产要素中的作用，保证国家在土地资产方面的收益。

事实上，全部依赖出让方式提供土地，既无可能，也不必要。因为，政府、医院等公共性、公益性事业确属人民生活之必需，对于这部分的土地使用者更适宜以划拨的方式提供土地使用权。此外，鉴于土地的稀缺性和极高的经济价值，若滥用土地使用权划拨制度，容易造成权力寻租，损害国家作为国有土地所有权人的身份和地位，损害国家利益。所以，法律有必要规定土地使用权划拨制度，但须以“确属必需”为条件。至于何谓“确属必需”，其尺度应当如何把握，本条规定，由县级以上人民政府根据具体情况加以运用。

相关规定

《中华人民共和国土地管理法》第 54 条；《城市房地产转让管理规定》（建设部令第 96 号）；《划拨用地目录》(国土资源部令第 9 号)。

第三章　房地产开发

本章共七条，规定了以下四个方面的内容：(1) 房地产开发建设应当遵循的原则（第二十五条至第二十七条）；(2) 房地产使用权的入股、合资、合作（第二十八条）；(3) 国家鼓励开发建设居民住宅的政策（第二十九条）；(4) 设立房地产开发企业的条件（第三十条、第三十一条）。

第二十五条　房地产开发必须严格执行城市规划，按照经济效益、社会效益、环境效益相统一的原则，实行全面规划、合理布局、综合开发、配套建设。

条文主旨

本条是关于房地产开发应当遵循的原则的规定。

立法背景

房地产开发，是指在依法取得国有土地使用权的土地上进行基础设施、房屋建设的行为。房地产开发包括土地开发和房屋开发。土地开发是指通过供排水、供电、供热等设施的建设和土地平整将自然状态的土地变成可以建造房屋及其他建筑物的土地；房产开发是指在完成基础设施建设的土地上建造房屋等建筑物，包括住宅楼、写字楼、商场、工业厂房等。房地产开发是一项投资量大、回收期长、风险性高的经济活动。因此，房地产开发必须严格执行城市规划；贯彻经济效益、社会效益、环境效益相统一的原则；坚持全面规划、合理布局、综合开发、配套建设的方针。

条文解读

一、房地产开发必须严格执行城市规划

房地产开发与城市规划的关系极为密切。城市规划是指为了实现一定时期内城市的经济和社会发展目标，确定城市的性质规模和发展方向，合理利用城市土地，协调城市空间布局和各项建设的综合部署和具体安排。城市规划是建设城市和管理城市的基本依据，是保证城市土地合理利用和开发经营活动协调进行的前提和基础，是实现城市经济和社会发展目标的重要手段。实践经验证明，开发房地产，首先必须规划好，以城市规划为依据指导开发房地产；要使城市房地产得以合理发展，首先必须通过科学的预测和规划，明确房地产开发的发展方向和发展格局，在规划的引导和控制下，逐步实现发展目标。在城市房地产

开发的进程中，城乡规划处于重要的地位。经依法批准的城乡规划，是城乡建设和规划管理的依据，未经法定程序不得修改。开发房地产应当符合城乡规划法的有关规定，如在市、镇规划区内以出让方式提供国有土地使用权的，出让国有土地使用权前，市、县人民政府城乡规划主管部门应当依据控制性详细规划，提出出让地块的位置、使用性质、开发强度等规划条件，作为国有土地使用权出让合同的组成部分。未确定规划条件的地块，不得出让国有土地使用权。

二、房地产开发应当贯彻经济效益、社会效益、环境效益相统一的原则

房地产开发的经济效益，是指土地经过商品住宅、商务办公楼等房地产开发后所产生的经济价值。提高房地产开发的经济效益，就是要求以较少的劳动消耗取得较多的劳动成果。评定房地产开发经济效益的主要指标有：单位面积投资、质量指标和建设速度。例如，建设工期短，发挥效用早，资金周转就快，基建贷款支付利息少，经济效益就高；相反，经济效益就低。再如，若开发的住宅质量好、使用寿命长、平时维护费用少，经济效益就高；质量差、使用寿命短、平时维护费用多，经济效益就低，甚至是负效益。

当前，我国社会主要矛盾为人民日益增长的美好生活需要和不平衡、不充分的发展之间的矛盾。开发房地产的社会效益就是通过开发房地产来不断满足人民日益增长的对居住条件改善的需要。

房地产开发的环境效益，是指一个开发项目实施后，对周围环境产生的效果，是一种综合的社会经济效益，具有明显的区域性。例如，对住宅小区的开发建设，就应该注意环境效益，给居住者创造一个安静、舒适、方便和优美的生活环境。影响环境效益的因素很多，主要有日照、通风、噪声和居住区绿化等。

在市场经济的前提下，房地产开发的经济效益是较为显著的，这也是涌现大批房地产开发企业的一个重要因素，但部分企业只注重经济效益而忽视社会效益和环境效益，从而造成开发过多、过滥的现象。因此，本法明确规定开发房地产要坚持经济效益、社会效益和环境效益相统一的原则，三者相辅相成，缺一不可，也不能偏废任何一种。

三、房地产开发应当坚持全面规划、合理布局、综合开发、配套建设的方针

“全面规划、合理布局、综合开发、配套建设”是实施房地产综合开发的工作方针，是城市建设体制的一项重大改革，它有力地推动了我国房地产业的发展，并取得了显著成绩。

房地产综合开发，是根据城乡建设总体规划，统筹安排建设项目，分期施工，协调发展，以取得良好经济效益、社会效益和环境效益的一种科学的建设经营管理方法。综合开发的内容，包括所开发区域的勘测、规划、设计、征地、拆迁、安置、土地平整和所需道路、给水、排水、供电、供气、供热、通信等工程建设。有条件的地方，还可以包括住宅、生活服务设施、公共建筑、通用厂房等。

“全面规划、合理布局、综合开发、配套建设”这一完整的开发方针，对于保证城乡规划的实施，促进城市房地产开发的良性循环，提高城市房地产开发的经济效益、社会效益和环境效益发挥了重要作用。

相关规定

《中华人民共和国城乡规划法》；《城市房地产开发经营管理条例》（国务院令第710号）第3条；《关于规范房地产开发企业开发建设行为的通知》（建住房〔2002〕44号）。

第二十六条　以出让方式取得土地使用权进行房地产开发的，必须按照土地使用权出让合同约定的土地用途、动工开发期限开发土地。超过出让合同约定的动工开发日期满一年未动工开发的，可以征收相当于土地使用权出让金百分之二十以下的土地闲置费；满二年未动工开发的，可以无偿收回土地使用权；但是，因不可抗力或者政府、政府有关部门的行为或者动工开发必需的前期工作造成动工开发迟延的除外。

条文主旨

本条是关于房地产开发必须按照土地使用权出让合同的约定开发土地的规定。

立法背景

长期以来，我国城市土地利用效率低下，土地闲置浪费严重，尤其是在各类房地产违法违规用地中，土地闲置成为房地产用地违法违规的主要问题。为了促进土地合理利用，防止土地闲置，本条对开发土地的期限和土地闲置的法律责任作出了明确规定。

条文解读

一、以出让方式取得土地使用权进行房地产开发的，必须按照土地使用权出让合同约定的土地用途、动工开发期限开发土地

根据本法的规定，房地产开发企业进行房地产开发主要通过出让方式取得土地使用权。房地产开发企业作为土地使用权的受让人就需要同国有土地所有者的代表，即市、县人民政府土地管理部门签订书面出让合同。原国家土地管理局、原国家工商行政管理局先后发布了《国有土地使用权出让合同》《国有土地使用权出让合同补充协议》示范文本。这些示范文本一般包括下列主要内容：

1. 所出让土地的位置、面积、界限等土地自然状况。

2. 土地使用权出让金的数额、支付方式和支付期限。

3. 土地用途，即居住用地、工业用地、教科文卫用地或者商业、旅游、娱乐用地等。

4. 土地使用年限即出让年限。

5. 建设规划设计条件，有时也称使用条件。在确定土地使用权之前，出让方一般均在城乡总体规划的前提下，编制出所出让土地的建设规划条件和方案，即该块土地使用的总平面布置图、建筑密度和高度控制指标、工程管线规划和竖向规划，作为出让土地使用权的一个条件，要求受让方遵守。

6. 投资开发期限，即双方约定，受让方从合同签订后的那一天开始应当按批准的规划设计图纸和施工设计图纸动土施工，并于一定期限内竣工。

对土地使用权出让合同约定的这些内容，房地产开发企业都应当遵守。为了防止房地产开发企业滥用或者闲置城市土地，本条特别强调房地产开发企业以出让方式取得土地使用权进行房地产开发的，必须按照土地使用权出让合同约定的土地用途、动工开发期限开发土地。因情况发生变化，房地产开发企业如果确实需要改变土地使用权出让合同约定的土地用途的，必须取得出让方和市、县人民政府城市规划行政主管部门的同意，签订土地使用权出让合同变更协议或者重新签订土地使用权出让合同，并需要相应调整土地使用权出让金。

二、未按照出让合同约定的动工开发日期动工开发的法律责任

本条规定房地产开发企业如超过出让合同约定的动工开发日期满一年未动工开发的，土地使用权出让方可以征收相当于土地使用权出让金20%以下的土地闲置费；满二年未动工开发的，可以无偿收回土地使用权。结合《闲置土地处置办法》（国土资源部令第53号），应关注以下几点：

1. 超过出让合同约定的动工开发日期满一年或者满二年未动工开发，是指出让合同明确约定了动工开发的日期，在这个日期之后的一年或者二年之内未动工开发的情况。依据《闲置土地处置办法》（国土资源部令第53号）第二条规定，闲置土地是指国有建设用地使用权人超过国有建设用地使用权有偿使用合同或者划拨决定书约定、规定的动工开发日期满一年未动工开发的国有建设用地。已动工开发但开发建设用地面积占应动工开发建设用地总面积不足三分之一或者已投资额占总投资额不足25%，中止开发建设满一年的国有建设用地，也可以认定为闲置土地。房地产开发企业在取得土地使用权后一般还需要经过一些程序才能正式动工开发，如报送建筑设计方案、办理建设工程规划许可证、进行施工图设计等，这些程序都需要时间，因此出让合同约定的动工开发日期一般不是合同本身生效的日期，而是合同签订生效后的某一个日期，动工开发前程序所需期限可以由双方当事人根据实际需要约定。但如果在合同中明确约定了动工开发的日期，房地产开发企业就要执行合同的约定，超过这个日期满一年或者满二年未动工开发的，就将根据本条的规定进行处罚，收取土地闲置费直至无偿收回土地使用权。关于动工开发的具体标准，本条未作明确规定，将由执法部门根据实际情况认定。根据《闲置土地处置办法》（国土资源部令第53号）第三十条规定，动工开发是指依法取得施工许可证后，需挖深基坑的项目，基坑开挖完毕；使用桩基的项目，打入所有基础桩；其他项目，地基施工完成三分之一。第二十二条规定，国有建设用地使用权有偿使用合同或者划拨决定书应当就项目动工开发、竣工时间和违约责任等作出明确约定、规定。约定、规定动工开发时间应当综合考虑办理动工开发所需相关手续的时限规定和实际情况，为动工开发预留合理时间。因特殊情况，未约定、规定动工开发日期，或者约定、规定不明确的，以实际交付土地之日起一年为动工开发日期。实际交付土地日期以交地确认书确定的时间为准。

2. 关于闲置土地的调查与处理。市、县国土资源主管部门发现有涉嫌构成闲置土地的，应当在三十日内开展调查核实，向国有建设用地使用权人发出《闲置土地调查通知书》。国有建设用地使用权人应当在接到《闲置土地调查通知书》之日起三十日内，按照要求提供土地开发利用情况、闲置原因以及相关说明等材料。经调查核实，构成闲置土地的，市、县国土资源主管部门应当向国有建设用地使用权人下达《闲置土地认定书》。对于系土地受让人原因形成的闲置土地，按照下列方式处理：

（1）未动工开发满一年的，由市、县国土资源主管部门报经本级人民政府批准后，向国有建设用地使用权人下达《征缴土地闲置费决定书》，按照土地出让或者划拨价款的20%以下征缴土地闲置费。土地闲置费不得列入生产成本。

（2）未动工开发满二年的，由市、县国土资源主管部门按照《中华人民共和国土地管理法》第三十八条和本条的规定，报经有批准权的人民政府批准后，向国有建设用地使用权人下达《收回国有建设用地使用权决定书》，无偿收回国有建设用地使用权。闲置土地设有抵押权的，同时抄送相关土地抵押权人。

3. 对于非土地受让人的故意所造成的土地闲置现象，不能适用本条的规定进行处罚。这主要包括三种情况：

一是因不可抗力造成动工开发迟延。这里所讲的不可抗力是指不能预见、不能避免并不能克服的客观情况，它包括某些自然现象和某些社会现象，前者如地震、台风、洪水、海啸，后者如战争等。法律规定的不可抗力应坚持主观标准和客观标准的统一，其中“不能预见”是从人的主观认识能力上说的；“不能避免并不能克服”是从客观的技术水平，防灾能力、防治条件上说的。

二是因政府或者政府有关部门的行为造成动工开发迟延。房地产开发企业取得土地使用权后，还需要经过一定的程序，达到一定的建设条件才能正式动工开发。进行这些程序将会涉及很多政府部门。如果因为政府有关部门的官僚主义、不正之风、办事效率低等造成动工开发迟延而处罚房地产开发企业，就有失公允，也不符合社会主义法治的原则。

三是因动工开发必需的前期工作造成动工开发迟延。动工开发必需的前期工作很多，最主要的是进行勘察设计。建筑设计的工作量是很大的，如建筑设计方案就包括：设计总平面图（含建筑物、构筑物位置、绿化及道路布置等）；主体建筑物的平、立、剖面图，彩色透视图及日照分析图；设计总说明及主要技术指标（如总建筑面积、建筑密度、绿化面积等）；主体建筑物的结构方案；水、暖、电、煤气的设计方案等。建筑设计方案批准后，还要据此进行施工图设计。因此，房地产开发企业如果确实是因为在订立土地使用权出让合同时考虑不周，合同中约定的前期工作所需时间不够而影响动工开发日期的，也应当加以考虑。

《闲置土地处置办法》（国土资源部令第 53 号）第八条规定，对于属于政府、政府有关部门的行为造成动工开发延迟的，国有建设用地使用权人应当向市、县国土资源主管部门提供土地闲置原因说明材料，经审核属实的，依照本办法第十二条和第十三条规定处置：（1）因未按照国有建设用地使用权有偿使用合同或者划拨决定书约定、规定的期限、条件将土地交付给国有建设用地使用权人，致使项目不具备动工开发条件的；（2）因土地利用总体规划、城乡规划依法修改，造成国有建设用地使用权人不能按照国有建设用地使用权有偿使用合同或者划拨决定书约定、规定的用途、规划和建设条件开发的；（3）因国家出台相关政策，需要对约定、规定的规划和建设条件进行修改的；（4）因处置土地上相关群众信访事项等无法动工开发的；（5）因军事管制、文物保护等无法动工开发的；（6）政府、政府有关部门的其他行为。因自然灾害等不可抗力导致土地闲置的，依照前款规定办理。第十二条规定，因本办法第八条规定情形造成土地闲置的，市、县国土资源主管部门应当与国有建设用地使用权人协商，选择下列方式处置：（1）延长动工开发期限。签订补充协议，重新约定动工开发、竣工期限和违约责任。从补充协议约定的动工开发日期起，延长动工开发期限最长不得超过一年；（2）调整土地用途、规划条件。按照新用途或者新规划条件重新办理相关用地手续，并按照新用途或者新规划条件核算、收缴或者退还土地价款。改变用途后的土地利用必须符合土地利用总体规划和城乡规划；（3）由政府安排临时使用。待原项目具备开发建设条件，国有建设用地使用权人重新开发建设。从安排临时使用之日起，临时使用期限最长不得超过两年；(4）协议有偿收回国有建设用地使用权；（5）置换土地。对已缴清土地价款、落实项目资金，且因规划依法修改造成闲置的，可以为国有建设用地使用权人置换其他价值相当、用途相同的国有建设用地进行开发建设。涉及出让土地的，应当重新签订土地出让合同，并在合同中注明为置换土地；(6）市、县国土资源主管部门还可以根据实际情况规定其他处置方式。除前款第四项规定外，动工开发时间按照新约定、规定的时间重新起算。符合本办法第二条第二款规定情形的闲置土地，依照本条规定的方式处置。第十三条规定，市、县国土资源主管部门与国有建设用地使用权人协商一致后，应当拟订闲置土地处置方案，报本级人民政府批准后实施。闲置土地设有抵押权的，市、县国土资源主管部门在拟订闲置土地处置方案时，应当书面通知相关抵押权人。

此外，为了避免因拆迁等原因造成的土地闲置，《闲置土地处置办法》（国土资源部令第53号）第二十一条规定，市、县人民政府供应的土地应当是土地权利清晰，安置补偿落实到位，没有法律经济纠纷，地块位置、使用性质、容积率等规划条件明确，具备动工开发必需的基本条件。

相关规定

《城市房地产开发经营管理条例》（国务院令第710号）第15条；《中华人民共和国城镇国有土地使用权出让

和转让暂行条例》（国务院令第55号）第5、17、19条；《闲置土地处置办法》（国土资源部令第53号）。

第二十七条　房地产开发项目的设计、施工，必须符合国家的有关标准和规范。

房地产开发项目竣工，经验收合格后，方可交付使用。

条文主旨

本条是关于房地产开发项目的设计施工和竣工验收的规定。

立法背景

房地产开发企业开发建设的房地产项目，应当符合有关法律、法规的规定和建筑工程质量、安全标准、建筑工程勘察、设计、施工的技术规范以及合同的约定。同时，房地产开发企业应当对其开发建设的房地产开发项目的质量承担责任。

条文解读

一、房地产开发项目的设计、施工，必须符合国家的有关标准和规范

房地产开发项目的设计、施工，必须符合国家的有关

标准和规范，这里的“国家有关标准和规范”主要是指国务院建设行政主管部门制定的有关房地产开发项目的设计、施工标准和规范。

1. 房地产开发项目的设计，必须符合国家的有关标准和规范。为了规范建设工程的勘察设计，我国制定了一系列有关勘察设计管理方面的法律法规和规章，主要有《中华人民共和国建筑法》、《建设工程勘察设计管理条例》（国务院令第293号）、《建设工程勘察设计资质管理规定》（建设部令第160号）、《工程建设项目勘察设计招标投标办法》（国家发改委、建设部、铁道部、交通部、信息产业部、水利部、中国民航总局、国家广电总局令第2号）、《勘察设计注册工程师管理规定》（建设部令第137号）等。

2. 房地产开发项目的施工，必须符合国家的有关标准和规范。为了规范房地产开发项目的施工，我国颁布了一系列相关法律、法规和规章，主要包括《中华人民共和国建筑法》、《城市房地产开发经营管理条例》（国务院令第248号）、《工程建设项目施工招标投标办法》（国家发展计划委员会、建设部、铁道部、交通部、信息产业部、水利部、中国民用航空总局令第30号）、《建筑工程施工许可管理办法》（住房和城乡建设部令第42号）、《建设工程施工发包与承包价格管理暂行规定》（建设部建标〔1999〕1号）、《房屋建筑和市政基础设施项目工程总承包管理办法》（建市规〔2019〕12号）等。

二、房地产开发项目竣工，经验收合格后，才可交付使用

这是保障房地产开发项目质量的关键之一。无论是工业产品，还是一项工程建设，都要经过验收合格，才可使用，才可投放市场。竣工验收是房地产开发项目全过程的最后一个程序，它是全面考核开发项目是否符合设计要求和工程质量标准的重要环节。为了规范房地产开发项目的质量管理，我国颁布了一系列相关法律、法规和规章，主要包括《中华人民共和国建筑法》、《城市房地产开发经营管理条例》（国务院令第710号）、《建设工程质量管理条例》（国务院令第714号）、《房屋建筑和市政基础设施工程竣工验收规定》（建质〔2013〕171号）、《房屋建筑和市政基础设施工程竣工验收备案管理办法》（住房城乡建设部令第2号）等。

工程竣工验收由建设单位负责组织实施。国务院住房和城乡建设主管部门负责全国工程竣工验收的监督管理。县级以上地方人民政府建设主管部门负责本行政区域内工程竣工验收的监督管理，具体工作可以委托所属的工程质量监督机构实施。

工程符合下列要求，方可进行竣工验收：（1）完成工程设计和合同约定的各项内容。（2）施工单位在工程完工后对工程质量进行了检查，确认工程质量符合有关法律、法规和工程建设强制性标准，符合设计文件及合同要求，

并提出工程竣工报告。工程竣工报告应经项目经理和施工单位有关负责人审核签字。(3）对于委托监理的工程项目，监理单位对工程进行了质量评估，具有完整的监理资料，并提出工程质量评估报告。工程质量评估报告应经总监理工程师和监理单位有关负责人审核签字。(4）勘察、设计单位对勘察、设计文件及施工过程中由设计单位签署的设计变更通知书进行了检查，并提出质量检查报告。质量检查报告应经该项目勘察、设计负责人和勘察、设计单位有关负责人审核签字。(5）有完整的技术档案和施工管理资料。(6）有工程使用的主要建筑材料、建筑构配件和设备的进场试验报告，以及工程质量检测和功能性试验资料。(7）建设单位已按合同约定支付工程款。(8）有施工单位签署的工程质量保修书。(9）对于住宅工程，进行分户验收并验收合格，建设单位按户出具《住宅工程质量分户验收表》。(10）建设主管部门及工程质量监督机构责令整改的问题全部整改完毕。(11）法律、法规规定的其他条件。

工程竣工验收应当按以下程序进行：(1）工程完工后，施工单位向建设单位提交工程竣工报告，申请工程竣工验收。实行监理的工程，工程竣工报告须经总监理工程师签署意见。(2）建设单位收到工程竣工报告后，对符合竣工验收要求的工程，组织勘察、设计、施工、监理等单位组成验收组，制订验收方案。对于重大工程和技术复杂工程，根据需要可邀请有关专家参加验收组。(3）建设单位应当在工程竣工验收七个工作日前将验收的时间、地点及验收组名单书面通知负责监督该工程的工程质量监督机构。(4) 建设单位组织工程竣工验收。①建设、勘察、设计、施工、监理单位分别汇报工程合同履约情况和在工程建设各个环节执行法律、法规和工程建设强制性标准的情况；②审阅建设、勘察、设计、施工、监理单位的工程档案资料；③实地查验工程质量；④对工程勘察、设计、施工、设备安装质量和各管理环节等方面作出全面评价，形成经验收组人员签署的工程竣工验收意见。参与工程竣工验收的建设、勘察、设计、施工、监理等各方不能形成一致意见时，应当协商提出解决的方法，待意见一致后，重新组织工程竣工验收。

工程竣工验收合格后，建设单位应当及时提出工程竣工验收报告。工程竣工验收报告主要包括工程概况，建设单位执行基本建设程序情况，对工程勘察、设计、施工、监理等方面的评价，工程竣工验收时间、程序、内容和组织形式，工程竣工验收意见等内容。工程竣工验收报告还应附有下列文件：(1) 施工许可证；(2) 施工图设计文件审查意见；(3)《房屋建筑和市政基础设施工程竣工验收规定》(建质〔2013〕171号) 第五条第二、三、四、八项规定的文件；(4) 验收组人员签署的工程竣工验收意见；(5) 法规、规章规定的其他有关文件。

负责监督该工程的工程质量监督机构应当对工程竣工

验收的组织形式、验收程序、执行验收标准等情况进行现场监督，发现有违反建设工程质量管理规定行为的，责令改正，并将对工程竣工验收的监督情况作为工程质量监督报告的重要内容。建设单位应当自工程竣工验收合格之日起15日内，依照《房屋建筑和市政基础设施工程竣工验收备案管理办法》（建质〔2013〕171号）的规定，向工程所在地的县级以上地方人民政府建设主管部门备案。

此外，依照《城市房地产开发经营管理条例》（国务院令第710号）的规定，住宅小区等群体房地产开发项目竣工，应当依照下列要求进行综合验收：（1）城市规划设计条件的落实情况；（2）城市规划要求配套的基础设施和公共设施的建设情况；（3）单项工程的工程质量验收情况；（4）拆迁安置方案的落实情况；（5）物业管理的落实情况。住宅小区等群体房地产开发项目实行分期开发的，可以分期验收。

相关规定

《中华人民共和国建筑法》；《城市房地产开发经营管理条例》（国务院令第710号）第16、17、18、19条；《建设工程质量管理条例》（国务院令第714号）；《建设工程勘察设计管理条例》（国务院令第293号）；《房屋建筑和市政基础设施工程竣工验收规定》（建质〔2013〕171号）；《建筑工程施工许可管理办法》（住房和城乡建设部令第42

号）；《房屋建筑和市政基础设施项目工程总承包管理办法》（建市规〔2019〕12 号）。

第二十八条　依法取得的土地使用权，可以依照本法和有关法律、行政法规的规定，作价入股，合资、合作开发经营房地产。

条文主旨

本条是关于以土地使用权入股，合资、合作开发经营房地产的规定。

立法背景

房地产开发尤其是综合开发，因为建设周期长、占压资金多，对于开发者而言，独立开发从经营的角度来看有时是不划算的，而且有的经营者可能由于种种原因无力独立开发，所以实践中往往有多种形式的联合开发，以土地使用权作价入股，合资、合作开发经营房地产，是其中的主要形式。

条文解读

一、以国有土地使用权作价入股

根据本条规定，依法取得的国有土地使用权，都可以依照本法和有关法律、行政法规的规定，作价入股。依法取得的国有土地使用权，包括依照土地管理法和本法的规定以划拨方式取得的国有土地使用权，也包括依照本法和《中华人民共和国城镇国有土地使用权出让和转让暂行条例》（国务院令第55号）的规定通过出让或者转让的方式取得的国有土地使用权。《中华人民共和国公司法》第二十七条规定，股东可以用土地使用权作价出资。对作为出资的土地使用权评估作价，核实财产，不得高估或者低估作价。法律、行政法规对评估作价有规定的，从其规定。依据《最高人民法院关于适用〈中华人民共和国公司法〉若干问题的规定（三）》规定，出资人以划拨土地使用权出资，或者以设定权利负担的土地使用权出资，公司、其他股东或者公司债权人主张认定出资人未履行出资义务的，人民法院应当责令当事人在指定的合理期间内办理土地变更手续或者解除权利负担；逾期未办理或者未解除的，人民法院应当认定出资人未依法全面履行出资义务。出资人以房屋、土地使用权或者需要办理权属登记的知识产权等财产出资，已经交付公司使用但未办理权属变更手续，公司、其他股东或者公司债权人主张认定出资人未履行出资义务的，人民法院应当责令当事人在指定的合理期间内办理权属变更手续；在前述期间内办理了权属变更手续的，人民法院应当认定其已经履行了出资义务；出资人主张自其实际交付财产给公司使用时享有相应股东权利的，人民法院应予支持。出资人以前款规定的财产出资，已经办理权属变更手续但未交付给公司使用，公司或者其他股东主张其向公司交付并在实际交付之前不享有相应股东权利的，人民法院应予支持。

关于以土地使用权部分期限出资的问题。在《关于“股东以土地使用权的部分年限对应价值作价出资，期满后收回土地是否构成抽逃出资”的答复》中，最高人民法院民二庭认为，根据我国公司法及相关法律法规的规定，股份有限公司设立时发起人可以用土地使用权出资。土地使用权不同于土地所有权，其具有一定的存续期间即年限，发起人将土地使用权出资实际是将土地使用权的某部分年限作价用于出资，发起人可以将土地使用权的全部年限作价用于出资，作为公司的资本。发起人将土地使用权的部分年限作价作为出资投入公司，在其他发起人同意且公司章程没有相反的规定时，并不违反法律法规的禁止性规定，此时发起人投入公司的资本数额应当是土地使用权该部分年限作价的价值。在该部分年限届至后，土地使用权在该部分年限内的价值已经为公司所享有和使用，且该部分价值也已经凝结为公司财产，发起人事实上无法抽回。因为土地使用权的剩余年限并未作价并用于出资，所以发起人收回土地使用权是取回自己财产的行为，这种行为与发起人出资后再将原先出资的资本抽回的行为具有明显的区别，不应认定为抽逃出资。发起人取回剩余年限的土地使用权后，公司的资本没有发生变动，所以无需履行公示程序。

此外，一般情况下，作价入股指的是以国有土地使用权作为公司的出资，因为只有公司的投资人，即股东，通过出资才持有公司的股权（份）。但此处应作扩张解释，“作价入股”不仅仅指以国有土地使用权作为公司的出资，我国合伙企业、个人独资企业等企业形式也允许用国有土地使用权出资。

二、以国有土地使用权合资、合作开发经营房地产

依照规定作价后的土地使用权，可以依照本法和有关法律、行政法规的规定，以合资的方式或合作的方式，开发经营房地产。

通过土地使用权的作价入股，以合资方式开发经营房地产，一般是一方提供土地，另一方或几方负责提供开发该土地所需的资金。各方的投入以股权的形式计算，组建共同经营、共负盈亏的合资企业，由该企业开发经营作价入股的土地。企业的经营成果依照各方在企业中的股权进行分配。这种合资企业通常以项目公司的形式组建。组建合资企业，其形式是有限责任公司或者股份有限公司的应当依照《中华人民共和国公司法》的规定成立，非公司形式的企业，依照有关的法律、行政法规的规定执行，如《中华人民共和国合伙企业法》等。

以合作方式开发经营的，同合资形式一样，也是一方提供土地，另外一方或几方提供资金。但是合作开发与合资开发最大的区别在于合作方式是契约型的，合资开发则是股权式的。在合作方式下，各方在开发经营活动中的权利与义务完全由合作开发合同约定，在合作开发合同中特别要约定，提供土地方的责任与提供资金方的责任，各方的收益分配比例，这个比例完全由各方商定，而可以不论其投入的多少。合作开发的经营，可以双方共同组建项目合作机构，也可以由一方负责项目的开发建设。如果是与外国投资者组建中外合作经营企业合作开发，还应当遵守《中华人民共和国外商投资法》等法律、法规的有关规定。

三、如何处理合作开发房地产合同中的纠纷

根据2005年《最高人民法院关于审理涉及国有土地使用权合同纠纷案件适用法律问题的解释》，应注意以下几个方面：

1. 合作开发房地产合同，是指当事人订立的以提供出让土地使用权、资金等作为共同投资，共享利润、共担风险合作开发房地产为基本内容的协议。合作开发房地产合同的当事人一方具备房地产开发经营资质的，应当认定合同有效。当事人双方均不具备房地产开发经营资质的，应当认定合同无效。但起诉前当事人一方已经取得房地产开发经营资质或者已依法合作成立具有房地产开发经营资质的房地产开发企业的，应当认定合同有效。

2. 土地使用权人未经有批准权的人民政府批准，以划拨土地使用权作为投资与他人订立合同合作开发房地产的，应当认定合同无效。但起诉前已经办理批准手续的，应当认定合同有效。

3. 投资数额超出合作开发房地产合同的约定，对增加的投资数额的承担比例，当事人协商不成的，按照当事人的过错确定；因不可归责于当事人的事由或者当事人的过错无法确定的，按照约定的投资比例确定；没有约定投资比例的，按照约定的利润分配比例确定。房屋实际建筑面积少于合作开发房地产合同的约定，对房屋实际建筑面积的分配比例，当事人协商不成的，按照当事人的过错确定；因不可归责于当事人的事由或者当事人过错无法确定的，按照约定的利润分配比例确定。房屋实际建筑面积超出规划建筑面积，经有批准权的人民政府主管部门批准后，当事人对超出部分的房屋分配比例协商不成的，按照约定的利润分配比例确定。对增加的投资数额的承担比例，当事人协商不成的，按照约定的投资比例确定；没有约定投资比例的，按照约定的利润分配比例确定。

4. 在下列情形下，合作开发房地产合同的当事人请求分配房地产项目利益的，不予受理；已经受理的，驳回起诉：（1）依法需经批准的房地产建设项目未经有批准权的人民政府主管部门批准；（2）房地产建设项目未取得建设工程规划许可证；（3）擅自变更建设工程规划。因当事人隐瞒建设工程规划变更的事实所造成的损失，由当事人按照过错承担。当事人违反规划开发建设的房屋，被有批准权的人民政府主管部门认定为违法建筑责令拆除，当事人对损失承担协商不成的，按照当事人过错确定责任；过错无法确定的，按照约定的投资比例确定责任；没有约定投资比例的，按照约定的利润分配比例确定责任。

5. 合作开发房地产合同约定仅以投资数额确定利润分配比例，当事人未足额交纳出资的，按照当事人的实际投资比例分配利润。合作开发房地产合同的当事人要求将房屋预售款充抵投资参与利润分配的，不予支持。

6. 合作开发房地产合同约定提供土地使用权的当事人不承担经营风险，只收取固定利益的，应当认定为土地使用权转让合同。合作开发房地产合同约定提供资金的当事人不承担经营风险，只分配固定数量房屋的，应当认定为房屋买卖合同。合作开发房地产合同约定提供资金的当事人不承担经营风险，只收取固定数额货币的，应当认定为借款合同。合作开发房地产合同约定提供资金的当事人不承担经营风险，只以租赁或者其他形式使用房屋的，应当认定为房屋租赁合同。

相关规定

《中华人民共和国公司法》第27条；《中华人民共和国合伙企业法》第16条；《最高人民法院关于审理涉及国有土地使用权合同纠纷案件适用法律问题的解释》。

第二十九条　国家采取税收等方面的优惠措施鼓励和扶持房地产开发企业开发建设居民住宅。

条文主旨

本条是关于国家重视居民住宅开发建设的规定。

立法背景

居民住宅既是人民基本的生活资料，也是个人的主要财产。保证住宅所有权的正确行使关系到人民的切身利益，也关系到一个国家的社会生活秩序。住宅紧缺与人民要求改善居住条件、居住环境的矛盾是世界各国普遍面临的社会问题。因此，保障人民的住宅权利，改善其居住条件和居住环境，对于维护社会稳定、促进经济发展具有重大意义。而本条规定正是我国重视居民住宅建设的重要体现。

条文解读

为了保障公民的住宅权利，改善广大居民的居住条件和居住环境，维护社会稳定，国家采取税收等方面的优惠措施鼓励和扶持房地产开发企业开发建设居民住宅。应当注意的是，这里的居民住宅是普通标准住宅，指按所在地一般民用住宅标准建造的居住用住宅，高级公寓、别墅、度假村等不属于普通标准住宅。我国对开发居民住宅的鼓励与扶持表现为：

1. 运用税收杠杆，即对高档开发项目实行重税负和增加税种，而对普通住宅项目实行减、免税。例如，《中华人民共和国土地增值税暂行条例》（国务院令第588号）第八条规定，对纳税人建造普通标准住宅出售的，其房地产增值额未超过扣除项目金额20%的予以免税。

2. 运用金融杠杆，即对高档开发项目不予贷款、减少贷款或者调高贷款利率并缩短还款年限，对普通住宅项目给予贷款、降低贷款利率并延长还款年限。

3. 运用地价杠杆，即对高档开发项目以招标或拍卖出让方式高价提供，对普通住宅项目以划拨或协议出让方式无偿或低价提供。

相关规定

《中华人民共和国土地增值税暂行条例》（国务院令第588号）第8条；《中华人民共和国土地增值税暂行条例实施细则》（财法字〔1995〕6号）第11条；《中华人民共和国契税暂行条例细则》（财法字〔1997〕52号）第12条；《关于个人出售住房所得征收个人所得税有关问题的通知》（财税字〔1999〕278号）；《国家税务总局关于个人住房转让所得征收个人所得税有关问题的通知》（国税发〔2006〕108号）；《财政部和国家税务总局关于土地增值税若干问题的通知》（财税〔2006〕21号）。

第三十条 房地产开发企业是以营利为目的，从事房地产开发和经营的企业。设立房地产开发企业，应当具备下列条件：

（一）有自己的名称和组织机构；

（二）有固定的经营场所；

（三）有符合国务院规定的注册资本；

（四）有足够的专业技术人员；

（五）法律、行政法规规定的其他条件。

设立房地产开发企业，应当向工商行政管理部门申请设立登记。工商行政管理部门对符合本法规定条件的，应当予以登记，发给营业执照；对不符合本法规定条件的，不予登记。

设立有限责任公司、股份有限公司，从事房地产开发经营的，还应当执行公司法的有关规定。

房地产开发企业在领取营业执照后的一个月内，应当到登记机关所在地的县级以上地方人民政府规定的部门备案。

条文主旨

本条是关于房地产开发企业的概念、设立条件以及设立程序的规定。

立法背景

房地产开发企业作为房地产开发和交易的主体，对我国房地产业的影响和作用是十分重要的，没有房地产开发企业对房地产的开发和经营活动，就没有我国房地产市场的繁荣，也就没有我国房地产业的发展。但是，房地产业是我国改革开放以来的一个新兴产业，其出现过热、过滥的现象，很大程度上是由于房地产开发企业过多、过乱引起的，一些不具备从事房地产开发企业资格的“皮包公司”在没有开发资金或者不具备房地产开发和经营能力的情况下从事房地产开发业务，炒卖土地，炒卖“楼花”，这些单位或者个人的行为既严重地扰乱了我国房地产市场的正常秩序，同时也给一些投机者非法获取暴利以可乘之机。因此，为了规范我国房地产市场，积极推动房地产业的发展，本条对房地产开发企业的设立规定了严格的条件。

条文解读

一、房地产开发企业的概念及特征

根据本条规定，房地产开发企业是以营利为目的，从事房地产开发和经营的企业。因此，房地产开发企业具有以下两个特征：

1. 房地产开发企业是以营利为目的的企业。所谓“以营利为目的”是指房地产开发企业在开发和经营活动中以获取最大限度的经济利益为目的。“以营利为目的”是房地产开发企业存活和发展的动力，对我国整个房地产业的发展也起到促进的作用。

2. 房地产开发企业从事的是房地产的开发和经营活动。所谓“房地产开发”是指房地产开发企业在依法取得国有土地使用权的土地上进行基础设施和房屋建设的行为；所谓“房地产经营”是指房地产开发企业从事的具体的经营和交易活动，包括房地产的转让、房地产的抵押和房屋的租赁等。

二、设立房地产开发企业应具备的条件

《中华人民共和国民法总则》第五十八条规定，法人应当依法成立。法人应当有自己的名称、组织机构、住所、财产或者经费。法人成立的具体条件和程序，应依照法律、行政法规的规定。设立法人，法律、行政法规规定须经有关机关批准的，依照其规定。结合民法总则的规定，设立房地产开发企业应当具备以下条件：

（一）有自己的名称和组织机构。

1. 任何房地产开发企业都必须有自己的名称，这是企业间相互区别的重要标志，也是设立房地产开发企业的一个必要条件。设立房地产开发企业，首先应当确定企业的名称，没有名称就不能得到社会的承认。

2. 房地产开发企业的组织机构是对内管理企业事务，对外代表企业从事民事活动的机构总称。企业的团体意志通过一定的组织机构才能产生出来，并且只能通过一定的组织机构才能具体实现。因此，任何房地产开发企业都要具备一定的组织机构。一般来说，房地产开发企业的组织机构主要包括：决策机构，即形成企业的意志，决定企业重大事务的机构，它是企业的最高权力机关，如股东会；执行机构，即负责贯彻执行决策机关的决议、指示，具体管理企业日常业务活动的机构，如董事会、厂长、经理等；监督机构，即对企业执行机构的活动进行监督的机构，如监事会。

（二）有固定的经营场所。房地产开发企业是从事房地产开发和经营的企业，因此必须有固定的经营场所。这既是设立房地产开发企业的一项重要条件，也是这种企业区别于那些虽有名称，但无固定经营场所的“皮包公司”或“幽灵公司”的一个重要标志。首先，房地产开发企业要有自己的经营场所，包括自有的和租赁的经营场所。其次，这种经营场所是固定的，即在相对长的一段时期内固定在一个地方。本法要求房地产开发企业有自己固定的经营场所，这有利于国家对这种企业的监督和管理，同时也便于保证公司的正常经营。

（三）有符合国务院规定的注册资本。由于房地产业是一种投资规模大，占用资金时间长的行业，因此房地产开发企业在进行房地产开发和经营活动中，必须拥有足够的资本，这是房地产开发企业进行正常业务活动的重要物质保证。一定数量的资本，是设立房地产企业的前提。根据《城市房地产开发经营管理条例》（国务院令第710号）第五条规定，设立房地产开发企业，应当有100万元以上的注册资本。此外，省、自治区、直辖市人民政府可以根据本地方的实际情况，对设立房地产开发企业的注册资本作出高于100万元的规定。

（四）有足够的专业技术人员。房地产业是一个专业性很强的行业，不仅需要懂经营、懂管理的经营管理人员，还需要有足够的专业技术人员，如工程师、经济师、会计师等。如果房地产开发企业没有足够的专业技术人员，不仅企业本身不能取得最大的经济效益，而且对于我国整个房地产业的发展也将产生十分不利的影响。为此，《城市房地产开发经营管理条例》（国务院令第710号）第五条明确规定，设立房地产开发企业，应当有四名以上持有资格证书的房地产专业、建筑工程专业的专职技术人员，两名以上持有资格证书的专职会计人员。省、自治区、直辖市人民政府可以根据本地方的实际情况，对设立房地产开发企业的专业技术人员的条件作出更高要求的规定。

（五）法律、行政法规规定的其他条件。本法在规定了设立房地产开发企业必须具备的以上四项条件的同时，还规定了一项条件，即法律、行政法规规定的其他条件。这样规定的目的是同其他法律、行政法规相衔接。比如，设立有限责任公司、股份有限公司，从事房地产开发经营的，还应当执行公司法的有关规定。外商投资设立房地产开发企业的，还应当依照外商投资企业法律、行政法规的规定，办理有关审批手续。

三、房地产开发企业的设立程序、备案及资质管理

根据本条第二款规定，设立房地产开发企业必须履行一定的法律程序，即向工商行政管理部门申请设立登记，经过工商行政管理部门的登记并颁发营业执照后才能依法从事房地产开发和经营活动。房地产开发企业的设立登记包括以下几项内容：

1. 企业的登记机关。2018 年 3 月，根据第十三届全国人民代表大会第一次会议批准的国务院机构改革方案，将国家工商行政管理总局的职责，国家质量监督检验检疫总局的职责，国家食品药品监督管理总局的职责，国家发展和改革委员会的价格监督检查与反垄断执法职责，商务部的经营者集中反垄断执法以及国务院反垄断委员会办公室等职责整合，组建国家市场监督管理总局，作为国务院直属机构。新组建的国家市场监督管理总局的一项重要职能就是负责市场主体统一登记注册。相应地，各地也组建市场监督管理局负责包括房地产企业在内的各类企业的注册登记。

2. 企业登记的主要事项。根据公司登记管理条例的规定，公司的登记事项包括：名称、住所、法定代表人、注册资本、企业类型、经营范围、营业期限、有限责任公司

股东或者股份有限公司发起人的姓名或者名称。公司的登记事项应当符合法律、行政法规的规定。不符合法律、行政法规规定的，公司登记机关不予登记。

3. 企业登记的步骤。设立房地产开发企业，应当向县级以上人民政府市场监督管理部门申请登记。市场监督管理部门对符合规定条件的，应当自收到申请之日起三十日内予以登记；对不符合条件的不予登记，并应当说明理由。市场监督管理部门在对设立房地产开发企业申请登记进行审查时，应当听取同级房地产开发主管部门的意见。

4. 房地产开发企业的备案。房地产开发企业应当自领取营业执照之日起三十日内，持下列文件到登记机关所在地的房地产开发主管部门备案：(1) 营业执照复印件；(2) 企业章程；(3) 验资证明；(4) 企业法定代表人的身份证明；(5) 专业技术人员的资格证书和聘用合同。

5. 房地产开发企业的资质管理。根据《城市房地产开发经营管理条例》(国务院令第710号) 和《房地产开发企业资质管理规定》(住房和城乡建设部令第45号) 的规定，房地产开发主管部门应当根据房地产开发企业的资产、专业技术人员和开发经营业绩等，对备案的房地产开发企业核定资质等级。房地产开发企业应当按照核定的资质等级，承担相应的房地产开发项目。未取得房地产开发资质等级证书的企业，不得从事房地产开发经营业务。房地产开发企业按照企业条件分为四个资质等级。房地产开发企业的资质实行年检制度。一级资质的房地产开发企业承担房地产项目的建设规模不受限制，可以在全国范围承揽房地产开发项目。二级资质及二级资质以下的房地产开发企业可以承担建筑面积25万平方米以下的开发建设项目，承担业务的具体范围由省、自治区、直辖市人民政府建设行政主管部门确定。各资质等级企业应当在规定的业务范围内从事房地产开发经营业务，不得越级承担项目。

四、设立有限责任公司和股份有限公司从事房地产开发经营的，还应当执行公司法的有关规定

根据我国公司法的规定，有限责任公司和股份有限公司都是企业法人。其中，有限责任公司，股东以认缴的出资额为限对公司承担责任，公司以其全部资产对公司的债务承担责任；股份有限公司，其全部资本分为等额股份，股东以其认购的股份为限对公司承担责任，公司以其全部资产对公司的债务承担责任。根据本款的规定，设立有限责任公司和股份有限公司从事房地产开发经营的，还应当执行公司法的有关规定。这就是说，设立有限责任公司和股份有限公司从事房地产开发经营，不仅要执行本条关于设立房地产开发企业的有关规定，同时还应执行公司法关于有限责任公司和股份有限公司的设立、治理结构、解散及清算等规定。

相关规定

《中华人民共和国公司法》；《中华人民共和国公司登记管理条例》（国务院令第666号）；《城市房地产开发经营管理条例》（国务院令第710号）第5～9条；《房地产开发企业资质管理规定》（住房和城乡建设部令第45号）。

第三十一条　房地产开发企业的注册资本与投资总额的比例应当符合国家有关规定。

房地产开发企业分期开发房地产的，分期投资额应当与项目规模相适应，并按照土地使用权出让合同的约定，按期投入资金，用于项目建设。

条文主旨

本条是关于房地产开发企业的注册资本和投资总额的规定。

立法背景

房地产行业属于资金密集型产业，需要巨额的资金投入，如果房地产开发企业的注册资本过低而投资总额过大，势必造成其投资风险巨大，给投资者、其他经营者及消费者带来巨大风险隐患。因此，本条规定房地产开发企业的注册资本与投资总额的比例应当符合国家有关规定。

条文解读

一、房地产开发企业的注册资本与投资总额的比例应当符合国家有关规定

房地产开发企业的注册资本就是企业在登记管理机构登记的资本总额。房地产开发企业的投资总额就是按照房地产开发合同规定的项目规模需要投入的基本建设资金和生产开发流动资金的总和。

二、分期开发房地产的，分期投资额应当与项目规模相适应

有些房地产开发项目由房地产开发企业分期开发，这时若分期投资额过小而分期项目规模过大，也将给其自身和他人带来巨大风险隐患，往往不能保证开发项目顺利完成。为此，本条第二款规定，房地产开发企业分期开发房地产的，其分期投资额就是指按土地使用权出让合同规定的每一阶段开发建设所需的资金总额，这一分期投资额当然要与开发的项目规模相适应，以保证每一开发阶段的开发计划顺利完成。

相关规定

《城市房地产开发经营管理条例》（国务院令第 710 号）第 13 条。

第四章　房地产交易

第一节　一 般 规 定

本节共五条，规定了以下五个方面的内容：一是房随地走以及地随房走的原则（第三十二条），二是房地产价格管理制度（第三十三条），三是房地产价格评估制度（第三十四条），四是房地产价格申报制度（第三十五条），五是房地产权属登记制度（第三十六条）。

第三十二条　房地产转让、抵押时，房屋的所有权和该房屋占用范围内的土地使用权同时转让、抵押。

条文主旨

本条是对于我国房地产交易中“房随地走”与“地随房走”原则的规定。

立法背景

房地产是一种特殊的商品，属于不动产，房屋一经建造，就立于该房屋占用范围内的土地之上，几乎不可能再行移动到另一幅土地之上。要使用房屋，就必然要使用该房屋占用范围内的土地，而要使用房屋占用范围内的土地，也必然要使用该房屋。因此，房屋所有权与该房屋占用范围内的土地使用权的享有者应当是同一个人。如果非要将房屋的使用权与该房屋占用范围内的土地使用权分开，即在使用房屋的同时不得使用该房屋占用范围内的土地，或者在使用房屋占用范围内的土地时不得使用该房屋，就会造成任何人都无法使用该房屋和土地的局面。同时，这也与我国城市土地国有制以及土地使用权出让和划拨制度不相适应，为此，本条规定了“房随地走”与“地随房走”基本原则。

条文解读

根据本条规定，在进行城市房地产转让、抵押时，土地之上房屋的所有权与该房屋占用范围内的土地使用权需要同时转让、抵押。

一、本条的基本含义

本条的调整对象是城市规划区内的国有土地使用权以及该国有土地上房屋的转让和抵押，具体而言，包括四个部分：(1) 城市规划区内的国有土地使用权的转让。城市规划区内的国有土地使用权，是一种用益物权，在《中华人民共和国物权法》中称为建设用地使用权。根据《国务院办公厅关于完善建设用地使用权转让、出租、抵押二级市场的指导意见》（国办发〔2019〕34 号）的规定，各类导致建设用地使用权转移的行为都视为建设用地使用权转让，包括买卖、交换、赠与、出资以及司法处置、资产处置、法人或其他组织合并或分立等形式涉及的建设用地使用权转移。(2) 城市规划区内的国有土地使用权的抵押。此种抵押属于权利抵押，在土地使用权上设立抵押权，是抵押人以其合法的土地使用权以不转移占有的方式向抵押权人提供债务履行担保的行为。(3) 该国有土地上房屋所有权的转让。各类导致房屋所有权转移的行为都视为房屋所有权转让，包括买卖、交换、赠与、出资以及司法处置、资产处置、法人或其他组织合并或分立等形式涉及的房屋所有权转移。(4) 以该国有土地上的房屋设立抵押权。这是指在房屋所有权的基础上设立抵押权，是抵押人即房屋所有权人以其合法的房屋所有权以不转移占有的方式向抵押权人提供债务履行担保的行为。

本条规定的“房随地走”以及“地随房走”原则，其基本含义可以理解为，(1) 与 (3) 必须同时进行，(2) 与 (4) 也必须同时进行。

本法第二条第一款已经明确“在中华人民共和国城市

规划区国有土地（以下简称国有土地）范围内取得房地产开发用地的土地使用权，从事房地产开发、房地产交易，实施房地产管理，应当遵守本法”。根据该条，本条的调整范围限定于城市规划区之内，国有土地之上。但是，在城市规划区之外的房地产交易活动，也可以根据本法第七十二条的规定，参照本法执行。

需要辨明的是，可以被转让和抵押的是房屋所有权与国有土地使用权，城市规划区内的国有土地所有权不可以转让与抵押。我国实行土地公有制，《中华人民共和国宪法》第十条第一款规定，城市的土地属于国家所有；第四款规定，任何组织不得侵占、买卖或者以其他形式非法转让土地。相应地，《中华人民共和国土地管理法》与《中华人民共和国物权法》中对此也作出了相应规定。因此，城市的国有土地所有权不能被转让。同时，如果在国有土地所有权上设置抵押权，在抵押权实现时，也会导致国有土地所有权的转让，因此抵押国有土地所有权也是被禁止的。

二、“房随地走”与“地随房走”原则的实践与理论基础

之所以确立“房随地走”与“地随房走”原则，要求在进行城市房地产转让、抵押时，土地之上房屋的所有权与该房屋占用范围内的土地使用权同时转让、抵押，是因为国有土地使用权与相应土地上的房屋所有权具有密不可

分的关系。

古今中外的立法、实务和理论都表明，土地上的建筑物、构筑物及其附属设施的所有权的存续必须拥有正当权源，该正当权源要么是土地所有权，要么是土地使用权。而在我国城市地区，根据本法第二章的规定，进行房地产建设时，必须通过转让或划拨的方式，取得城市土地的使用权，才可以在其上进行房地产开发，此种正当权源只能是国有土地使用权，或称为建设用地使用权。因此，房地产所有权与该房屋占用范围内的土地使用权是紧密联系，不可分割的，此种规则通常被称为“房地一体化”。

在“房地一体化”规则的基础上，产生了“房随地走”“地随房走”的规则。“地随房走”是指，房屋所有权转让或者抵押的，该房屋占用范围内的土地使用权须一并处分。“房随地走”是指，土地使用权转让或者抵押的，该土地上附着的房屋需一并处分。采取“地随房走”与“房随地走”的规则，是我国土地制度下的现实需要。如果不采取这两个规则，就可能出现土地使用权与土地之上附着的房屋所有权相分离的状况，导致拥有房屋所有权者实际使用土地却没有土地使用权，拥有土地使用权者却无法利用土地的状况，这种状况不仅容易导致纠纷，从宏观来看也将造成损失，违背我国土地制度的本意，将导致土地管理制度的混乱。

相关规定

《中华人民共和国物权法》第146、147、182条；《中华人民共和国担保法》第36条；《中华人民共和国城镇国有土地使用权出让和转让暂行条例》（国务院令第55号）第23、24、33条。

第三十三条　基准地价、标定地价和各类房屋的重置价格应当定期确定并公布。具体办法由国务院规定。

条文主旨

本条是关于房地产价格管理的规定。

立法背景

在本条立法前一段时期内，房地产价格比较混乱，有的地方低价出让国有土地使用权，造成国有资产流失，有的房地产经营企业通过各种不正当手段获取暴利，扰乱房地产市场秩序。面对这些乱象，为了加强国家宏观调控，维护市场秩序，保障房地产市场稳定、健康、有序、协调地发展，本条对房地产价格管理进行了规定。

条文解读

本条共包含三层含义：（1）需要实行价格管理的房地

产价格种类和范围。(2) 房地产价格的管理。(3) 具体办法的制定。

一、实行价格管理的房地产价格种类和范围

(一) 价格种类：基准地价、标定地价与房屋重置价格

1. 基准地价

基准地价，是指土地管理部门组织评估并经同级人民政府确认的，城镇所在地各级土地或均质地域中，商业、工业、住宅等土地利用类型的土地使用权单位面积平均价格。基准地价是国家对土地使用权价格进行宏观调控的依据，也是国家征收土地使用税，参与土地使用分配，防止各地竞相压价和地价不合理上涨的衡量标准。

2. 标定地价

标定地价，根据原国土资源部办公厅《关于加强公示地价体系建设和管理有关问题的通知》(国土资厅发〔2017〕27 号)，是指政府为管理需要确定的、符合一定条件的标准宗地土地权利价格，是宗地评估、地价管理和有关税费确定的重要依据。原国土资源部发布的《标定地价规程》(TD/T 1052 - 2017) 规定，标定地价是指政府为管理需要确定的，标准宗地在现状开发利用、正常市场条件、法定最高使用年期或政策规定年期下，某一估价期日的土地权利价格。该定义中的标准宗地是指在土地级别或均质地域基础上划定的，土地条件、土地利用状况等特征基本相似，地价水平接近的空间闭合区域中，土地条件、土地利用状

况等特征具有代表性，且利用状况相对稳定，地价水平能够起示范和比较标准作用的宗地。对于本定义要把握三点：（1）标定地价是具体的标准宗地的价格；（2）标准宗地是一定区域内具有代表性的宗地；（3）标定地价可用于评估宗地价格、地价管理以及有关税费确定。

3. 基准地价和标定地价的区别

基准地价与标定地价的区别在于：（1）基准地价是区域平均价，具有宏观性、稳定性，一般三年更新一次；标定地价为具体宗地的价格，具有微观性、变化性，一般一年更新一次。（2）相比于基准地价，在标定地价的评估中，考虑的因素更多，包括宗地面积、土地形状、土地利用状况、临街状况、土地开发程度、土地权利状况等，也更接近市场价格。

4. 房屋重置价格

房屋的重置价格，是指在当前的建筑技术、工艺水平、建筑材料价格、人工费用和运输费用等条件下，重新构建与原有房屋结构、式样、质量、功能基本相同的房屋所需要的费用。房屋重置价格可用于指导房地产交易市场、制订合理的土地出让价、作为制订有关房地产税费的依据，核定房地产资产价值。

（二）价格的确定公布及其意义

城市人民政府或其授权部门将会定期确定与公布基准地价、标定低价和各类房屋的重置价格，本法没有对确定与公布这三个价格的具体办法作出具体规定，而是规定由国务院规定具体办法。目前，原国土资源部已经发布《城镇土地分等定级规程》（GB/T 18507 – 2001）、《城镇土地估价规程》（GB/T 18508 – 2014）、《标定地价规程》（TD/T 1052 – 2017）等文件。

确定这三种价格，首先可以为评估提供依据，没有基准地价、标定地价与房屋重置价格，就不可能进行评估；其次可以为相关税费与补偿提供依据，契税是按照房产价格确定税额，基准地价和标定地价为确定房地产价格提供了依据，重置价格主要为拆迁补偿、分家析产等提供了依据，三种价格都为纳税提供了依据；最后可以为交易者、投资者提供市场导向，为城市规划、土地合理配给提供导向。

（三）实行房地产价格管理的范围

本法第二条第一款规定，在中华人民共和国城市规划区国有土地（以下简称国有土地）范围内取得房地产开发用地的土地使用权，从事房地产开发、房地产交易，实施房地产管理，应当遵守本法。第九条规定，城市规划区内的集体所有的土地，经依法征用转为国有土地后，该幅国有土地的使用权方可有偿出让。第七十二条规定，在城市规划区外的国有土地范围内取得房地产开发用地的土地使用权，从事房地产开发、房地产交易以及实施房地产管理，参照本法执行。因此，本条规定的基准地价、标定地价和各类房屋的重置价格，应当限于城市规划区内的国有土地和房屋。

二、房地产价格管理的内容

房地产价格管理的内容按照本条的规定，就是指城市人民政府或者其授权的部门定期确定和公布基准地价、标定地价和各类房屋的重置价格。所谓定期确定和公布，就是指城市人民政府或者其授权的部门应当根据经济和社会发展的情况，在一定的时期内评定基准地价、标定地价和各类房屋的重置价格，并予以公布。具体来讲，就是城市人民政府或者其授权的部门每隔一段时间，按照不同的土地级别、区域分别评估和测算的商业、工业、住宅等各类用地使用权的平均价格，并予以公布，即定期确定和公布基准地价；根据市场行情、地块大小、形状、容积率、微观区位和土地使用年限等条件评定的具体某块地块在某一时间的价格，并予以公布，即定期确定和公布标定地价；按照当前的建筑技术、工艺水平、建筑材料价格、人工和运输费用等条件，确定重新建造同类结构、式样、质量标准的房屋价格，并予以公布，即定期确定和公布各类房屋的重置价格。

三、具体管理办法的制定

为促进房地产价格管理的规范化，应当将基准地价、标定地价和各类房屋重置价格的确定和公布纳入法制化的轨道。根据本条的规定，基准地价、标定地价和各类房屋的重置价格确定与公布的具体办法由国务院规定。目前，在行政法规层面，城市房屋重置价格确定及公布办法、城市基准地价和标定地价确定及公布办法还没有出台。由于各地房地产市场发展程度不同，情况差异较大，国务院在制定具体办法时，也有可能授权地方人民政府作进一步的细化规定。

相关规定

《国务院办公厅关于完善建设用地使用权转让、出租、抵押二级市场的指导意见》（国办发〔2019〕34 号）。

第三十四条　国家实行房地产价格评估制度。

房地产价格评估，应当遵循公正、公平、公开的原则，按照国家规定的技术标准和评估程序，以基准地价、标定地价和各类房屋的重置价格为基础，参照当地的市场价格进行评估。

条文主旨

本条是对于我国房地产价格评估制度的规定。

立法背景

1987 年，我国开始实行土地的有偿使用和土地使用权转让，城市私有房屋的买卖日益活跃，国家也开始向个人出售公有房屋，房地产交易迅速发展起来。然而，由于我国未建立价格评估制度，房地产交易中存在纳税人瞒报、虚报房地产成交价格以逃税的现象，也存在低价出让土地使用权，导致国有资产流失的现象，同时，房地产抵押、投资入股、拆迁补偿、企业破产清算等，本身都有进行评估的需求。为了解决这些问题，保证房地产市场的健康发展，本条规定国家实行房地产价格评估制度。

条文解读

一、房地产价格评估制度的定义与价值

房地产价格评估制度，是指房地产评估人员遵循评估规则，依照评估程序，通过科学的评估方法，来推测并判断房地产可能的价格。

1. 房地产价格评估是提高交易效率的方法，在房地产交易市场上，交易双方可能为了交易价格争执不休，通过房地产交易机构确定一个公平合理的交易价格，可以有效指导双方当事人的交易，从而提高交易效率。

2. 房地产价格评估是国家对房地产交易进行宏观调控的重要手段，可以防止交易当事人瞒报交易价格，避免市场信号失真。

3. 房地产价格评估可以为税收提供依据。房地产相关税收，都要以房地产的价格为基础，房地产价格评估，可以为确定计税依据提供基础，也是税务机关说服纳税人的

有力工具。

4. 房地产价格评估也是房地产制度运行各个阶段的客观需要，房地产的抵押、租赁、互换、投资入股等都需要对房地产价格进行评估。

二、房地产价格评估应遵循公正、公平、公开的原则

公正原则是指，房地产价格评估中，估价人员必须公正对待每一个要求房地产价格评估的委托人，不得因为任何原因偏向任何一方当事人。例如，在房地产估价中，估价人员如与申办估价项目的当事人有直接利害关系，应当主动回避。

公平原则是指，在房地产价格评估中，各方当事人在权利义务上是平等的，不得要求任何一方承担不公平的义务。

公开原则是指，房地产价格评估的程序、标准等应当向社会公开，以便于社会公众知晓，公开原则是公平原则和公正原则的保证。

三、房地产价格评估的技术标准和程序

根据2015年《房地产估价规范》（GB/T 50291－2015），房地产市场估价应当依照下列程序进行：

1. 受理估价委托。当事人应当向估价机构递交估价委托书。估价机构或估价事务所收到估价委托书后，决定受理估价委托的，应与估价委托人订立书面估价委托合同。在受理估价委托之后，应根据估价项目的规模、难度和完成时间确定参加估价的注册房地产估价师的数量，并至少选派两名能胜任该估价工作的注册房地产估价师共同进行估价，且应明确其中一人为项目负责人。除应采取批量估价的项目外，每个估价项目应至少有一名注册房地产估价师全程参与受理估价委托，实地查勘估价对象，撰写估价报告等估价工作。

2. 确定估价基本事项。估价基本事项包括估价目的、价值时点、估价对象和价值类型，应在与估价委托人进行沟通及调查有关情况和规定的基础上确定，并应符合下列规定：

（1）估价目的应根据估价委托人真实、具体的估价需要及估价报告的预期用途或预期使用者确定，对其表述应具体、准确、简洁。

（2）价值时点应根据估价目的确定，采用公历表示，宜具体到日。回顾性估价和预测性估价的价值时点在难以具体到日且能满足估价目的需求的情况下，可到周或旬、月、季、半年、年等。

（3）估价对象应在估价委托人指定及提供有关情况和资料的基础上，根据估价目的依法确定，并应明确界定其财产范围和空间范围，不得遗漏或虚构。法律行政法规规定不得买卖、租赁、抵押、作为出资或进行其他活动的房地产，或征收不予补偿的房地产，不应作为相应估价目的的估价对象。对作为估价对象的，应在估价报告中根据估价目的分析，说明其进行相应买卖或租赁、抵押、作为出资等活动的合法性。

（4）价值类型应根据估价目的确定，并应包括价值或价格的名称、定义或内涵。

3. 编制估价作业方案。估价作业方案应在对估价项目进行分析的基础上编制，并应包括下列内容：

（1）估价工作的主要内容及质量要求，应包括拟采用的估价方法和估价技术路线，拟搜集的估价所需资料及其来源渠道等。

（2）估价工作的具体步骤及时间进度。

（3）估价工作的人员安排等。

4. 搜集估价所需资料。估价所需资料应针对估价项目进行搜集，并包括下列资料：

（1）反映估价对象区位、实物和权益状况的资料。

（2）估价对象及其同类房地产的交易、收益、成本等资料。

（3）对估价对象所在地区的房地产价值和价格有普遍影响的资料。

（4）对房地产价值和价格有普遍影响的资料。

对搜集的估价所需资料应进行检查。当估价委托人是估价对象权利人时，应查看估价对象的权属证明原件，并应将复印件与原件核对，不得仅凭复印件判断或假定估价对象的权属状况。

5. 实地查勘估价对象。估价对象的实地查勘应符合下列规定：

（1）应观察、询问、检查、核对估价对象的区位实物状况和权益状况。

（2）应拍摄反映估价对象内部状况、外部状况和周围环境状况的照片等影像资料，并应补充搜集估价所需的估价对象的其他资料。

（3）应制作实地查勘记录，并记载实地查勘的对象、内容、结果、时间和人员及其签名等，记载的内容应真实、客观、准确、完整、清晰。

当无法进入估价对象内部进行实地查勘时，应对估价对象的外部状况和区位状况进行实地查勘，并在估价报告中说明未进入估价对象内部进行实地查勘及其具体原因。对未进行实地查勘的估价对象内部状况，应作为估价假设中的依据不足假设在估价报告中说明。

6. 选用估价方法进行测算，确定估价结果，撰写估价报告。选用估价方法时，应根据估价对象及其所在地的房地产市场状况等客观条件，对比较法、收益法、成本法、假设开发法等估价方法进行适用性分析。

在估价中遇有难以解决的复杂、疑难、特殊的估价技术问题时，应寻求相关估价专家或单位提供专业帮助，并应在估价报告中说明。对估价对象的房屋安全、质量缺陷、环境污染、建筑面积、财务状况等估价专业以外的专业问题，经实地查勘，查阅现有资料或向相关专业领域的专家咨询后，仍难以作出常规判断和相应假设的，应建议估价委托人聘请具有相应资质资格的专业机构或专家先行鉴定或检测、测量、审计等，再以专业机构或专家出具的专业意见为依据进行估价，并应在估价报告中说明。

7. 审核估价报告，交付并保存。估价报告在交付估价委托人前，应对其内容和形式等进行审查核定，并应形成审核记录，记载审核的意见、结论、日期和人员及其签名。估价报告经审核合格后，应由不少于两名参加估价的注册房地产估价师签名及加盖房地产估价机构公章，并应按有关规定和估价委托合同约定交付估价委托人。估价报告交付估价委托人后，不得擅自改动、更换、删除或销毁下列估价资料：（1）估价报告；（2）估价委托书和估价委托合同；（3）估价所依据的估价委托人提供的资料；（4）估价项目来源和沟通情况记录；（5）估价对象实地查勘记录；（6）估价报告内部审核记录；（7）估价中的不同意见记录；（8）外部专业帮助的专业意见。

房地产估价机构应及时整理和保存估价资料，并应保存到估价服务的行为结束且不得少于十年，保存期限应自估价报告出具之日起计算。

四、房地产价格评估方法

在房地产价格评估中，应当以基准地价、标定地价和各类房屋的重置价格为基础，参照当地的市场价格进行评估。这是房地产价格评估方法必须遵守的基本原则。

具体而言，估价方法包括比较法、收益法、成本法、假设开发法等估价方法。估价对象的同类房地产有较多交易的，应选用比较法；估价对象或其同类房地产通常有租金等经济收入的，应选用收益法；估价对象可假定为独立的开发建设项目进行重新开发建设的，应选用成本法；当估价对象的同类房地产没有交易或交易很少，且估价对象或其同类房地产没有租金等经济收入时，应选用成本法；估价对象具有开发或再开发潜力且开发完成后的价值可采用除成本法以外的方法测算的，应选用假设开发法。当估价对象仅适用一种估价方法时，可只选用一种估价方法进行估价。当估价对象适用两种或两种以上估价方法时，宜同时选用所有适用的估价方法进行估价，不得随意取舍；当必须取舍时，应在估价报告中说明并陈述理由。

相关规定

《房地产估价机构管理办法》（原建设部令第 142 号，2015 年经住建部令第 24 号修正）第 1 ~ 56 条；《注册房地产估价师管理办法》（原建设部令第 151 号，2016 年经住建部令第 32 号修正）第 1 ~ 43 条；《房地产估价规范》（GB/T 50291 – 2015）。

第三十五条 国家实行房地产成交价格申报制度。

房地产权利人转让房地产，应当向县级以上地方人民政府规定的部门如实申报成交价，不得瞒报或者作不实的申报。

条文主旨

本条是对于房地产价格申报制度的规定。

立法背景

在本条立法之前，存在因企图避税而瞒报或不实申报房地产交易价格、签订阴阳合同等情况，这些问题在过去因为房地产价格较低而不突出，但是随着房地产价值观念的转变和房地产价格高企，这些问题变得越发突出。针对这一问题，各地采取了一些相应的措施，除了前一条所述的估价制度之外，房地产成交价格申报制度作为监管与调控手段也起了重要的作用。因此，本法吸收了这一经验，规定了房地产成交价格申报制度。

条文解读

一、本条规定的意义

按照本条规定，房地产权利人转让房地产，应当向县级以上人民政府规定的部门如实申报成交价，不得瞒报或者作不实的申报。本条规定有如下意义：

1. 与前述的房地产价格管理制度、房地产价格评估制度相互配合，共同为房地产市场的宏观调控提供参考，维护房地产市场秩序。房地产价格管理制度确定基准地价、标定地价与房屋重置价格，可以为合理确定土地使用权出让价格提供参考，打下房地产市场宏观调控的基础。房地产评估制度，贯穿土地出让、房屋买卖、抵押、租赁、作价入股、企业资产清算等过程，可以有效地指导市场交易。房地产价格申报制度，则将房地产交易中的实际价格上报国家相关部门，使得国家了解与掌握市场信息，对全国各地的土地使用情况有一个准确的了解，从而出台相应的宏观调控措施。

2. 有利于国家加强税收征收管理，保障国家税收收入。为了确保国家对每一笔房地产转让依法征税，防止瞒报价格，遏制偷税、漏税行为，需要实行房地产成交价格申报制度，以使国家能够对房地产交易依法征税。

二、本条规定的要点

对于本条规定，应当把握如下两点：

1. 在每一笔房地产交易中，房地产权利人转让房产，都应当向县级以上人民政府规定的部门如实申报交易价格，如果瞒报或者作不实的申报，有关部门将根据相关规定进行处理。目前国务院尚未出台对违法申报处罚的相关规定，但是有的地方性法规中已经进行了规定。例如，根据《湖北省实施〈中华人民共和国城市房地产管理法〉办法》第三十五条的规定，不申报房地产转让成交价、瞒报或者作不实申报的，由市、县房产管理部门责令限期申报成交价，可以并处转让房地产评估价格1%～2%的罚款。

2. 接受房地产权利人申报成交价格的部门，应当由县级以上地方人民政府规定。县级以上人民政府的范围，包括省级人民政府、设区的市人民政府和县级人民政府三级。

相关规定

《城市房地产转让管理规定》（原建设部令第45号，2001年经建设部令第96号修正）第14条。

第三十六条　房地产转让、抵押，当事人应当依照本法第五章的规定办理权属登记。

条文主旨

本条是关于房地产转让和抵押时办理权属登记的规定。

立法背景

在本条立法时，无论是土地管理部门还是房产管理部门，都是进行权属登记的部门，目前已经从各部门分别进行权属登记的制度转向不动产统一登记制度。

条文解读

一、本条规定的意义

按照本条的规定，国有土地使用权以及房屋所有权的转让和抵押，需要根据本法第五章的规定办理房地产权属登记。本条的意义在于：

1. 与我国的物权制度相协调。房地产属于不动产，我国对于因法律行为而发生的不动产物权变动，也即因当事人的意思自治而发生的物权变动，采登记形式主义。物权变动效力的发生，不仅需要依当事人的意思而成立的买卖、赠与、互易、抵押等合同或单独行为而生效，而且需要进行登记。对于非因法律行为而发生的物权变动，如因法律文书或者征收决定发生的物权变动，或者因继承或受遗赠发生的物权变动，或者因合法建造、拆除房屋等事实行为而发生的物权变动，虽然不以登记为发生物权变动效力的要件，但是之后若要处分该物权，依照法律规定需要办理登记的，未经登记，不发生物权效力。在办理物权变动登记之前，必须办理权属登记。因此，根据我国的不动产物权制度，本条以及本法第五章规定了房地产权属登记制度。

2. 提高房地产变动的公示程度，保护交易安全。不动产登记本质上是一种公示制度，在不动产物权变动中要求登记的原理在于，物权具有对世性以及排他性，影响范围大，为了确保第三人不受不测之损害，需要建立物权公示制度，使得物权状况明示于公众，从而确保交易安全。例如，当房地产原权利人已经在房地产上设置了抵押权，就需要办理抵押登记方能公示生效，因为只有公示之后，第三人才可能了解房地产上已经设置了抵押权，从而对是否继续设置劣后顺位的抵押权或者购买此房屋做慎重考虑。公示制度同时也为公信制度打下了基础，不动产物权变动既然以登记为公示方法，即使此类表征与真实的权利不符，对于信赖物权表征而为交易之人，法律仍然承认其具有与真实物权状况相同的法律效果，应当保护。公信原则最典型的反映是善意取得制度。例如，即使房地产权属登记错误，将本属于甲的房地产登记为属于乙，则乙将该房地产出卖给丙时，丙信赖房地产登记簿上的信息与乙交易，支付了合理对价，房地产也已经登记过户，则丙将善意取得房屋。公信原则是对交易安全进一步的保护，有利于维护市场交易秩序。

3. 具有产籍管理职能以及权属功能。一旦登记发证，登记权利人对房地产的权利就得到了国家的认可，可以起到定分止争的作用。同时，通过房地产权属登记制度，国家可以掌握房地产权属的现状和历史情况。

二、本条规定的要点

对于本条，应当把握如下几点：

1. 我国已经从各部门分别进行权属登记的制度转向不动产统一登记制度。在过去，不动产类型繁杂，牵涉到不同部门的业务领域，导致各种不同类型的不动产权属登记长期分散于国土、住房、农业、林业等部门，登记制度五花八门，管理制度各不相同，本法所涉及的城市房地产权属登记中，国有土地使用权登记由土地管理部门负责，房屋所有权登记则由住房管理部门负责。各部门分别登记的制度，增加了各部门之间的沟通成本，导致了不动产登记信息的不透明，给贪腐与暗箱操作留下了空间。为了解决这些问题，我国物权法自颁布起就提出建立不动产统一登记制度，只是多年间一直难以落实，2014 年，国务院出台了《不动产登记暂行条例》（原国务院令第 656 号，2019 年经国务院令第 710 号修正），明确规定国家实行不动产统一登记制度，确定国务院国土资源主管部门负责指导、监督全国不动产登记工作。县级以上人民政府应当确定一个部门为本行政区域的不动产登记机构，负责不动产登记工作，并接受上级人民政府不动产登记主管部门的指导、监督，从而建立起了统一的不动产登记制度。

2. 由于不动产登记制度的统一，在适用本法第五章的规定进行城市房地产权属登记时，应当有所变化。该章规定的登记模式仍然是各部门分别登记的模式，但是该章第六十一条第四款也考虑到了登记模式变化的可能，规定了“法律另有规定的，依照有关法律的规定办理”。因此，现在的城市房地产权属登记应当按照《中华人民共和国物权法》以及《不动产登记暂行条例》（原国务院令第 656 号，

2019 年经国务院令第 710 号修正）等规定办理。根据这两部法律法规，土地使用权以及房屋所有权的权属登记，不论是转让还是抵押，现在都应当由统一的不动产登记机构负责，不再分别由不同部门负责。

3. 在城市房地产权属登记中，按照《不动产登记暂行条例》（国务院令第 656 号，2019 年经国务院令第 710 号修正）相关规定，要求登记的内容应当包括：（1）不动产的坐落、界址、空间界限、面积、用途等自然状况；（2）不动产权利的主体、类型、内容、来源、期限、权利变化等权属状况；（3）涉及不动产权利限制、提示的事项；（4）其他相关事项。申请人应当提交以下材料：（1）登记申请书；（2）申请人、代理人身份证明文件、授权委托书；（3）相关的不动产权属来源证明文件、登记原因证明文件、不动产权属证书；（4）不动产界址、空间界限、面积等材料；（5）与他人利害关系的说明材料；（6）法律、行政法规以及不动产登记暂行条例实施细则规定的其他材料。对于具体需要的材料目录和示范文本，登记机构应在办公场所和门户网站公开。

相关规定

《中华人民共和国物权法》第 9 ~ 22、31、106 条；《不动产登记暂行条例》（国务院令第 656 号，2019 年经国务院令第 710 号修正）第 1 ~ 35 条；《土地登记规则》（〔1995〕

国土〔法〕字第184号）第1~49条；《中华人民共和国担保法》第41、44~45条。

第二节　房地产转让

本节共十条，规定了五个方面的内容：（1）房地产转让的概念（第三十七条）；（2）房地产转让的限制性规定（第三十八条）；（3）房地产转让的条件（第三十九条、第四十条）；（4）房地产转让合同的规定（第四十一条、第四十二条、第四十三条、第四十四条）；（5）商品房预售及其再转让（第四十五条、第四十六条）。

第三十七条　房地产转让，是指房地产权利人通过买卖、赠与或者其他合法方式将其房地产转移给他人的行为。

条文主旨

本条是关于房地产转让概念的规定。

立法背景

房地产转让是房地产交易中的重要内容，本条明确了转让的几种基本情形。房地产转让时，房屋所有权和该房屋占用范围内的土地使用权应同时转让。

条文解读

一、房地产转让概念

房地产转让，是指房地产权利人通过买卖、赠与或者其他合法方式将其房地产转移给他人的行为。理解这一概念，需要注意以下几点：第一，房地产转让的主体是房地产权利人，即合法拥有房屋所有权、土地使用权的自然人、法人和其他组织。第二，房地产转让的客体是房地产权利人合法拥有的房屋所有权和该房屋占用范围内的土地使用权。由于房屋与土地在物质形态上的紧密联系，房屋所有权和房屋占用范围内的土地使用权通常一起作为房地产转让法律关系的客体，同时转移，不可分割。第三，房地产转让的基本形式包括买卖、赠与，或者其他合法方式。

房地产交易和其他普通商品交易具有显著的区别：一是交易成本高，且交易周期比较长。二是交易过程中涉及的权利义务较多，受到的法律规制和行政管理因素较为复杂。三是房地产价值具有一定的浮动性，房产价值与地理位置、环境因素、国家政策、市场认知都密切相关。本条规定房地产转让的概念，有助于准确把握房地产交易的基本特点。

二、房地产转让的基本形式

按照本条规定，房地产转让的基本形式包括三类：房地产的买卖、赠与和其他合法方式。

（一）房地产买卖

房地产买卖是指出让人将房地产转移给受让人，受让人取得房地产产权并支付价款的民事法律行为。出让人应当是依法登记取得房地产权证书的房地产权利人。受让人可以是中华人民共和国境内外的自然人、法人和其他组织。房地产买卖具有一定的特殊性，为避免土地使用权利与地上建筑物分离处分导致权利主体间的权利发生冲突，更好地发挥两者的经济效用，我国采取土地和地上物“一体处分”的原则，房屋与土地不可分割，在取得房屋所有权的同时，也获得了房屋所占用土地的使用权。在交易中，有出让人将不属于单独所有的房产部分进行处分，侵犯了其他住户的合法权益，引发了民事纠纷。例如，出让人将房屋楼梯间的公共部分出卖或赠与给特定住户，侵犯了该栋楼所有住户对楼梯的自由通行权利，该处分行为无效。房地产买卖应签订书面房地产买卖合同，它是出卖人转移买卖标的物的所有权于买受人，买受人支付价款的合同。

房地产买卖合同具有以下法律特征：

1. 房地产买卖合同是有名合同。买卖合同在合同法分则中有明确规定，房地产买卖合同属于有名合同。房地产买卖事关社会公众利益，国家对此有较多规定，体现在《商品房销售管理办法》（建设部令第 88 号）、《城市商品房预售管理办法》（建设部令第 131 号）等规定中。例如，开发企业进行商品房预售，应当向房地产管理部门申请预售许可，取得《商品房预售许可证》。未取得《商品房预售许可证》的，不得进行商品房预售。

2. 房地产买卖合同是双务、有偿、诺成性合同。房地产买卖合同是一方转移所有权，另一方支付价款的合同，主要体现为土地使用权和房屋所有权的买卖。卖方负有交付标的物并转移房屋所有权和土地使用权的义务，买方负有向卖方支付价款的义务。商品房买卖合同为诺成性合同，买卖双方意思表示一致合同即成立，不以标的物或价款的交付为合同成立要件。

3. 房地产买卖合同是要式合同。房地产买卖合同往往标的价值巨大、权利义务关系复杂，部分房地产的交易对象、市场流通等方面也会受到限制。本法第四十一条规定房地产转让，应当签订书面转让合同，合同中应当载明土地使用权取得的方式。因此，房地产买卖合同的订立通常采用标准合同形式，我国房地产买卖合同也采用了登记备案制。根据《城市房地产开发经营管理条例》（国务院令第710号）第二十七条规定，商品房销售，当事人双方应当签订书面合同。合同应当载明商品房的建筑面积和使用面积、价格、交付日期、质量要求、物业管理方式以及双方的违约责任。

（二）房地产赠与

房地产赠与是指赠与人将其所有的房地产无偿转移给受赠人，受赠人同意接受的民事法律行为。赠与属于转移财产所有权的方式之一。在房地产赠与中，转让财产的一方为赠与人，接受财产的一方为受赠人。根据《中华人民共和国合同法》第一百八十五条规定，赠与合同是典型的单务、无偿合同。通常在赠与合同中，仅赠与人一方负有将其财产交付给受赠人的义务，而受赠人则不负有任何义务。赠与的财产依法需要办理登记等手续的，应当办理有关手续。将房地产赠与他人，应当向县级以上地方人民政府房产管理部门申请房产变更登记。动产的赠与以交付为物权转移的生效要件，不动产和需要登记的特殊动产的赠与以办理过户登记为物权转移的生效要件，交付不产生物权变动的效力。

实践中，关于婚前或婚姻关系存续期间，因赠与房地产发生纠纷的处理。《最高人民法院关于适用〈中华人民共和国婚姻法〉若干问题的解释（三）》（法释〔2011〕18号）第六条明确，婚前或者婚姻关系存续期间，当事人约定将一方所有的房产赠与另一方，赠与方在赠与房产变更登记之前撤销赠与，另一方请求判令继续履行的，人民法院可以按照合同法第一百八十六条的规定处理。依据此条司法解释，赠与房地产应按照本法第六十一条第三款的规定，向房产管理部门办理房产变更登记手续。否则，不能认定房产所有权已经转移，赠与人仍可以撤销赠与。但是如果夫妻之间的约定具有道德义务的性质，或者该约定已经公证，赠与方在赠与房产变更登记之前是不得撤销的。

（三）其他合法方式

其他合法方式在本法中未予以明确列举，实践中还包括交换、以房抵债等。根据《城市房地产转让管理规定》（建设部令第 96 号）第三条规定，其他合法方式，主要包括下列行为：（1）以房地产作价入股、与他人成立企业法人，房地产权属发生变更的；（2）一方提供土地使用权，另一方或者多方提供资金，合资、合作开发经营房地产，而使房地产权属发生变更的；（3）因企业被收购、兼并或合并，房地产权属随之转移的；（4）以房地产抵债的；（5）法律、法规规定的其他情形。在《北京市城市房地产转让管理办法》《上海市房地产转让办法》等地方政府规章中也比照上述做法，作了类似规定。

三、房地产转让的流程

《城市房地产转让管理规定》（建设部令第 96 号）第七条规定了房地产转让的流程：（1）房地产转让当事人签订书面转让合同；（2）房地产转让当事人在房地产转让合同签订后九十日内持房地产权属证书、当事人的合法证明、转让合同等有关文件向房地产所在地的房地产管理部门提出申请，并申报成交价格；（3）房地产管理部门对提供的有关文件进行审查，并在七日内作出是否受理申请的书面答复，七日内未作书面答复的，视为同意受理；（4）房地产管理部门核实申报的成交价格，并根据需要对转让的房地产进行现场查勘和评估；（5）房地产转让当事人按照规定缴纳有关税费；（6）房地产管理部门办理房屋权属登记手续，核发房地产权属证书。

四、国有土地使用权转让合同纠纷的处理

国有土地使用权转让应当遵守本法关于房地产转让的相关规定。最高人民法院于2005年颁布《关于审理涉及国有土地使用权合同纠纷案件适用法律问题的解释》，其中专门对国有土地使用权转让合同纠纷的审理作出规定。具体包括以下几点：

1. 土地使用权转让合同，是指土地使用权人作为转让方将出让土地使用权转让于受让方，受让方支付价款的协议。

2. 土地使用权人作为转让方与受让方订立土地使用权转让合同后，当事人一方以双方之间未办理土地使用权变更登记手续为由，请求确认合同无效的，不予支持。转让方未取得出让土地使用权证书与受让方订立合同转让土地使用权，起诉前转让方已经取得出让土地使用权证书或者有批准权的人民政府同意转让的，应当认定合同有效。

3. 土地使用权人作为转让方就同一出让土地使用权订立数个转让合同，在转让合同有效的情况下，受让方均要求履行合同的，按照以下情形分别处理：（1）已经办理土地使用权变更登记手续的受让方，请求转让方履行交付土地等合同义务的，应予支持；（2）均未办理土地使用权变更登记手续，已先行合法占有投资开发土地的受让方请求转让方履行土地使用权变更登记等合同义务的，应予支持；

(3) 均未办理土地使用权变更登记手续，又未合法占有投资开发土地，先行支付土地转让款的受让方请求转让方履行交付土地和办理土地使用权变更登记等合同义务的，应予支持；(4) 合同均未履行，依法成立在先的合同受让方请求履行合同的，应予支持。未能取得土地使用权的受让方请求解除合同、赔偿损失的，按照《中华人民共和国合同法》的有关规定处理。

4. 土地使用权人未经有批准权的人民政府批准，与受让方订立合同转让划拨土地使用权的，应当认定合同无效。但起诉前经有批准权的人民政府批准办理土地使用权出让手续的，应当认定合同有效。土地使用权人与受让方订立合同转让划拨土地使用权，起诉前经有批准权的人民政府同意转让，并由受让方办理土地使用权出让手续的，土地使用权人与受让方订立的合同可以按照补偿性质的合同处理。土地使用权人与受让方订立合同转让划拨土地使用权，起诉前经有批准权的人民政府决定不办理土地使用权出让手续，并将该划拨土地使用权直接划拨给受让方使用的，土地使用权人与受让方订立的合同可以按照补偿性质的合同处理。

相关规定

《城市房地产转让管理规定》（建设部令第 96 号）第 3、7 条；《中华人民共和国合同法》第 130～195 条。

第三十八条 下列房地产，不得转让：

（一）以出让方式取得土地使用权的，不符合本法第三十九条规定的条件的；

（二）司法机关和行政机关依法裁定、决定查封或者以其他形式限制房地产权利的；

（三）依法收回土地使用权的；

（四）共有房地产，未经其他共有人书面同意的；

（五）权属有争议的；

（六）未依法登记领取权属证书的；

（七）法律、行政法规规定禁止转让的其他情形。

条文主旨

本条是关于房地产转让限制的规定。

立法背景

为保障当事人的合法权益，维护房地产市场秩序，促进房地产业的健康发展，减少房地产交易中的纠纷，必须对有交易障碍的房地产进行限制，明确不得转让的具体情形。

条文解读

对于转让人而言，如果对意图转让的房地产未取得完全的处分权或者处分权受到限制，则不得自行转让。

一、以出让方式取得土地使用权的，不符合本法第三十九条规定的条件的

针对的是以出让方式取得土地使用权的房地产交易行为，主要作用在于防止国有土地使用权出让收入的减少和流失，加强对我国房地产业的管理和调控。

本法第三十九条规定，以出让方式取得土地使用权的，转让房地产时，应当符合下列条件：（1）按照出让合同约定已经支付全部土地使用权出让金，并取得土地使用权证书；（2）按照出让合同约定进行投资开发，属于房屋建设工程的，完成开发投资总额的25%以上，属于成片开发土地的，形成工业用地或者其他建设用地条件。转让房地产时房屋已经建成的，还应当持有房屋所有权证书。

以出让等有偿使用方式取得国有土地使用权的建设单位，按照国务院规定的标准和办法，缴纳土地使用权出让金等土地有偿使用费和其他费用后，方可使用土地。不符合转让条件的出让土地使用权不得再次进入房地产市场进行交易，否则容易引发“炒地皮”之风，致使国家的土地出让收入流失，造成房地产市场秩序的混乱。

二、司法机关和行政机关依法裁定、决定查封或者以其他形式限制房地产权利的

房地产权利被司法机关、行政机关进行限制，则房地产权利是不完整的，如果允许其进入市场进行交易，容易引发矛盾与纠纷，使得受让人不能顺利行使其权利。

1. 司法机关的限制。来自司法机关的限制通常体现在诉前保全、诉讼保全和强制执行的阶段。诉前保全是指利害关系人因情况紧急，不立即申请保全将会使其合法权益受到难以弥补的损害的，可以在提起诉讼或者申请仲裁前向被保全财产所在地、被申请人住所地或者对案件有管辖权的人民法院申请采取保全措施。诉讼保全是指法院对于可能因当事人一方的行为或者其他原因，使判决难以执行或者造成当事人其他损害的案件，根据对方当事人的申请，可以裁定对其财产进行保全、责令其作出一定行为或者禁止其作出一定行为；当事人没有提出申请的，人民法院在必要时也可以裁定采取保全措施。强制执行是指在执行阶段，被执行人未按执行通知履行法律文书确定的义务，人民法院有权查封、扣押、冻结、拍卖、变卖被执行人应当履行义务部分的财产。

房地产是不动产，基于其特性，在审判阶段和执行阶段的限制权利方式主要是查封。人民法院对不动产采取查封措施的主要目的是防止当事人转移财产，并在条件成就时将查封财产予以变现以保障胜诉当事人的权益。对不动产的查封应注重的要点有：（1）查封期限。查封不动产的期限不得超过三年。申请执行人申请延长期限的，人民法院应当在查封期限届满前办理续行查封手续，续行期限不得超过前款规定的期限，即可续行查封三年。人民法院也可以依职权办理续行查封手续。（2）查封方式。根据《最高人民法院关于人民法院民事执行中查封、扣押、冻结财产的规定》（法释〔2004〕15号）第九条规定，查封不动产的，人民法院应当张贴封条或者公告，并可以提取保存有关财产权证照。(3) 查封登记。查封已登记的不动产、特定动产及其他财产权，应当通知有关登记机关办理登记手续。地上建筑物和土地使用权的登记机关不是同一机关的，应当分别办理查封登记。未办理登记手续的，不得对抗其他已经办理了登记手续的查封行为。(4) 查封效力。查封地上建筑物的效力及于该地上建筑物使用范围内的土地使用权，查封土地使用权的效力及于地上建筑物，但土地使用权与地上建筑物的所有权分属被执行人与他人的除外。被执行人就已经查封的财产所作的移转、设定权利负担或者其他有碍执行的行为，不得对抗申请执行人。第三人未经人民法院准许占有查封的财产或者实施其他有碍执行的行为的，人民法院可以依据申请执行人的申请或者依职权解除其占有或者排除其妨害。(5) 查封的公示。人民法院的查封没有公示的，其效力不得对抗善意第三人。

2. 公安机关的限制。在办理刑事案件时，因侦查犯罪的需要，公安机关可以依法查封涉案的土地、房屋等不动产。根据最高人民法院、最高人民检察院、公安部等《关于印发〈公安机关办理刑事案件适用查封、冻结措施有关规定〉的通知》（公通字〔2013〕30号）第六条的规定，查封涉案财物需要国土资源、房地产管理、交通运输、农业、林业、民航等有关部门协助的，应当经县级以上公安机关负责人批准，制作查封决定书和协助查封通知书，明确查封财物情况、查封方式、查封期限等事项，送交有关部门协助办理，并及时告知有关当事人。涉案土地和房屋面积、金额较大的，应当经设区的市一级以上公安机关负责人批准，制作查封决定书和协助查封通知书。

3. 行政机关的限制。行政机关对不动产的查封主要体现在行政执法中。税务机关根据税收征收管理法第三十七条、第三十八条、第四十条的规定，实施查封时，对有产权证件的不动产，可以责令当事人将产权证件交税务机关保管，同时可以向有关机关发出协助执行通知书，有关机关在查封期间不再办理该不动产的过户手续。

三、被依法收回土地使用权的

土地使用权被国家依法收回之后，土地使用权终止，原权利人不再拥有土地使用权，故无权转让。在依法获得土地使用权之后，房地产权利人可以按照土地性质对土地开发使用，国家对土地使用者依法取得的土地使用权不能提前收回。但在特殊情况下，根据社会公共利益的需要，国家可以依照法律程序提前收回，并根据土地使用者已使用的年限和开发、利用土地的实际情况给予相应的补偿。国家可以提前收回的四类情形包括：（1）为实施城市规划进行旧城区改建以及其他公共利益需要，确需使用土地的；

（2）土地出让等有偿使用合同约定的使用期限届满，土地使用者未申请续期或者申请续期未获批准的；（3）因单位撤销、迁移等原因，停止使用原划拨的国有土地的；（4）公路、铁路、机场、矿场等经核准报废的。依照第一种情况收回国有土地使用权的，国家对土地使用权人应当给予适当补偿。

四、共有房地产，未经其他共有人书面同意的

首先，本项规定主要体现的是共有物的共有特性，对于共有物的分割或处分，应协商一致。如果允许共有人分割或处分共有财产，会使共有财产的功能丧失或者削弱，降低它的价值，甚至有可能给其他共有人造成损害。

其次，对于该项的理解，要区分“共有”与“公有”的概念。“共有”是指财产所有形式，“公有”是指社会经济制度；共有财产的主体是多个共有人，公有财产的主体是单一的，在我国为国家或集体组织。财产所有形式分为单独所有和共同所有两种。单独所有是指财产所有权的主体是单一的。共同所有是指由两个或两个以上的权利主体共同享有所有权。因此，不动产可以由两个以上单位、个人共有。

最后，对于共有房地产的处分应遵循物权法的规定。物权法第九十三条至第一百零五条详细规定了共有财产的管理和处分规则，并明确了共同所有包括按份共有和共同共有。对于按份共有的不动产，按份共有人按照其份额享有所有权；对于共同共有的不动产，共同共有人共同享有所有权。

物权法中关于共有财产的规定，有四个方面值得关注：(1) 按份共有的推定。如果共有人对共有的不动产没有约定为按份共有或者共同共有，或者约定不明确的，除共有人具有家庭关系等外，视为按份共有。按份共有人对共有的不动产或者动产享有的份额，没有约定或者约定不明确的，按照出资额确定；不能确定出资额的，视为等额享有。(2) 共有物的维持。共有人约定不得分割共有的不动产，以维持共有关系的，应当按照约定，但共有人有重大理由需要分割的，可以请求分割；没有约定或者约定不明确的，按份共有人可以随时请求分割，共同共有人在共有的基础丧失或者有重大理由需要分割时可以请求分割。因分割对其他共有人造成损害的，应当给予赔偿。(3) 协商一致或从约定的原则。处分共有的不动产，应当经占份额三分之二以上的按份共有人或者全体共同共有人同意，但共有人之间另有约定的除外。(4) 保护按份共有人的优先购买权。在共有关系存续期间，按份共有人有权转让其享有的不动产份额，其他共有人在同等条件下享有优先购买的权利。“同等条件下”是指其他共有人就购买该份额所给出的价格等条件与欲购买该份额的非共有人相同。

五、权属有争议的

权属争议包括房屋所有权和国有土地使用权的争议。

权属不明确、有争议则说明转让条件不具备。允许争议房地产的转让，将加剧下一步交易的复杂性和增加不稳定性，破坏正常的房地产市场秩序。

六、未依法登记领取权属证书的

我国实行的是土地使用权和房屋所有权登记发证制度，房屋所有权和该房屋占用范围内的土地使用权的确认和变更都将记载于不动产登记簿中。不动产登记簿是物权归属和内容的根据。根据物权法第九条规定，不动产物权的设立、变更、转让和消灭，经依法登记，发生效力；未经登记，不发生效力，但法律另有规定的除外。因此，我国实行的是物权公示原则，反映了不动产物权交易安全性和公正性的需要。不动产物权的设立、变更、转让和消灭只有在记载于不动产登记簿之后，才具有公示力和排他力。当事人订立了合法有效的房屋买卖合同后，只有依法办理了房屋所有权转让登记，才发生物权变动的法律后果。不动产权属证书是权利人享有该不动产物权的证明，是不动产登记簿所记载内容的外在表现形式。除有相反证据证明外，记载于不动产登记簿的人是该不动产的权利人，如果未依法取得权属证书，则法律上推定其不具有物权，但也有例外情形。例如，因人民法院、仲裁委员会的法律文书或者人民政府的征收决定等权力的行使，因继承或者受遗赠，因合法建造、拆除房屋等事实行为，也可以设立或者消灭物权。因此，物权法第三十一条规定，关于非依法律行为享有的不动产物权变动，处分该物权时，依照法律规定需要办理登记的，未经登记，不发生物权效力。

七、法律、行政法规规定禁止转让的其他情形

本项属于兜底条款。随着我国经济发展进入新常态、产业结构优化升级以及国家房地产政策的调整，现实生活中房地产市场的情况多变，限制房地产转让的情形有可能出现新的增减，故而作此规定。

例如，公有住房和经济适用住房在上市交易时有特殊的限制规定。这类住房是指城镇职工根据国家和县级以上地方人民政府有关城镇住房制度改革政策的规定，按照成本价（或者标准价）购买的公有住房，或者按照地方人民政府指导价购买的经济适用住房，包括安居工程住房和集资合作建设的住房。《建设部关于已购公有住房和经济适用住房上市出售管理暂行办法》（建设部第69号令）第五条规定了已购公有住房和经济适用住房不得上市出售的八种情形：(1）以低于房改政策规定的价格购买且没有按照规定补足房价款的；（2）住房面积超过省、自治区、直辖市人民政府规定的控制标准，或者违反规定利用公款超标准装修，且超标部分未按照规定退回或者补足房价款及装修费用的；(3）处于户籍冻结地区并已列入拆迁公告范围内的；（4）产权共有的房屋，其他共有人不同意出售的；(5）已抵押且未经抵押权人书面同意转让的；(6）上市出售后形成新的住房困难的；(7）擅自改变房屋使用性质的；

(8) 法律、法规以及县级以上人民政府规定其他不宜出售的。

相关规定

《中华人民共和国土地管理法》第54~55、58条;《城市房地产转让管理规定》(建设部令第96号) 第6条。

第三十九条 以出让方式取得土地使用权的,转让房地产时,应当符合下列条件:

(一) 按照出让合同约定已经支付全部土地使用权出让金,并取得土地使用权证书;

(二) 按照出让合同约定进行投资开发,属于房屋建设工程的,完成开发投资总额的百分之二十五以上,属于成片开发土地的,形成工业用地或者其他建设用地条件。

转让房地产时房屋已经建成的,还应当持有房屋所有权证书。

条文主旨

本条是关于以出让方式取得土地使用权后,转让房地产条件的规定。

立法背景

城市是地区的政治、经济和文化交流中心。改革开放以后，我国逐步放开了对人口流动的限制，并加快了城市化的进程。土地资源市场化使城市规模日益扩大，新城镇建设日益繁荣。为防止在房地产市场的投机带来房地产价格急剧提高，出现“炒地皮”现象，导致房地产市场的畸形发展，法律需要对房地产转让进行一定的限制。

条文解读

一、按照出让合同约定已经支付全部土地使用权出让金，并取得土地使用权证书

本项规定的是房地产转让应具备的前提条件。以出让方式取得土地使用权并进行房地产转让，是房地产市场中最普遍的现象。支付全部土地使用权出让金，说明房地产权利人已经有偿支付了土地使用权的对价。取得土地使用权证书，说明土地使用权获得了法律的承认。我国目前的国有土地使用权的出让采取的方式有招投标、挂牌、协议出让等。对于协议方式出让的土地使用权出让金，为防止出让方和受让方恶意串通，以极低的价格获取土地使用权，严重损害国家利益，司法解释专门作出了对应的规定。《最高人民法院关于审理涉及国有土地使用权合同纠纷案件适用法律问题的解释》（法释〔2005〕5号）第三条规定，经市、县人民政府批准同意以协议方式出让的土地使用权，土地使用权出让金低于订立合同时当地政府按照国家规定确定的最低价的，应当认定土地使用权出让合同约定的价格条款无效。当事人请求按照订立合同时的市场评估价格交纳土地使用权出让金的，应予支持；受让方不同意按照市场评估价格补足，请求解除合同的，应予支持。因此造成的损失，由当事人按照过错承担责任。

关于土地使用权证书未取得时订立转让合同的效力，上述司法解释第九条规定，转让方未取得出让土地使用权证书与受让方订立合同转让土地使用权，起诉前转让方已经取得出让土地使用权证书或者有批准权的人民政府同意转让的，应当认定合同有效。转让一方只有取得了土地使用权证书，才具有对外公示其为权利人的依据，才依法享有处分该土地使用权的权利。

对未支付完毕土地使用权出让金，但已取得土地使用权证的转让合同效力问题，《最高人民法院关于已经取得国有土地使用权证，但未交清土地使用权出让金的当事人所订立的房地产转让合同是否有效的答复》指出："土地受让人虽未全部交纳土地使用权出让金，但已取得国有土地使用权证书的，其与他人签订的房地产转让合同可以认定有效。"

二、按照出让合同约定进行投资开发，属于房屋建设工程的，完成开发投资总额的 25% 以上，属于成片开发土地的，形成工业用地或者其他建设用地条件

本项强调的是对转让的房地产，应当已经开发了土地并且初具规模。该规定主要是针对“炒地皮”现象所作出的限制性规定，督促开发者充分利用闲置土地，促进节约集约用地。规范房地产开发经营的行政法规主要为《城市房地产开发经营管理条例》(国务院令第 710 号)。

(一) 土地使用权转让合同效力的认定

对于不满足完成开发投资总额的 25% 以上或者属于成片开发土地的，未形成工业用地或者其他建设用地条件，此类转让合同是否有效？司法实践中曾经存在争议：第一种观点认为，只要不完全具备第三十八条规定的条件，即应认定转让合同无效，但如果在起诉前符合转让条件，可以认定转让合同有效，这样可有效规范土地交易行为，防止投机炒地，也符合当前的立法精神。第二种观点认为，该规定是针对土地受让者再行转让的资格条件的限制，主要规范的是房地产开发企业。该条并未明确规定不符合规定条件的，将导致合同无效。是否完成一定开发资本投入与转让土地使用权并无根本的利害冲突，使得合同继续有效并不会导致国家集体利益受损，此规定只是规范土地市场秩序的行政管理行为，不应因此导致民事合同的无效。基于此，《第八次全国法院民事商事审判工作会议（民事部分）纪要》第十三条

规定，《中华人民共和国城市房地产管理法》第三十九条第一款第二项规定并非效力性强制性规定，当事人仅以转让国有土地使用权未达到该项规定条件为由，请求确认转让合同无效的，不予支持。司法机关的观点认为转让的土地未达到25%以上的投资，属合同标的物的瑕疵，并不直接影响土地使用权转让合同的效力。

（二）开发投资总额和成片开发土地的认定

房地产项目的投资主要由三部分组成：一是为取得土地使用权而支付的土地使用权出让金；二是在土地上进行开发建设而投入的建设资金；三是因房地产开发向政府缴纳的各项税费、公共配套设施建设费等。

在《城市房地产转让管理规定》（建设部令第96号）第十条第一款第二项中，具体指明了成片开发土地的要求，即“……属于成片开发土地的，依照规划对土地进行开发建设，完成供排水、供电、供热、道路交通、通信等市政基础设施、公用设施的建设，达到场地平整，形成工业用地或者其他建设用地条件”。

（三）转让房地产开发项目的注意事项

转让房地产开发项目，转让人和受让人应当自土地使用权变更登记手续办理完毕之日起三十日内，持房地产开发项目转让合同到房地产开发主管部门备案。房地产开发企业转让房地产开发项目时，尚未完成拆迁补偿安置的，原拆迁补偿安置合同中有关的权利、义务随之转移给受让人。项目转让人应当书面通知被拆迁人。

三、转让房地产时房屋已经建成的，应持有房屋所有权证书

本款与本法第三十二条规定是一致的，房屋所有权和土地使用权不得分离。土地使用权转让时，如果该土地使用权范围内还未建成房屋，则转让的是土地使用权；如果已建成房屋，则按本款规定，还应当依法取得房屋所有权证书，将房屋所有权和该房屋占用范围内的土地使用权一并转让。根据《国务院办公厅关于完善建设用地使用权转让、出租、抵押二级市场的指导意见》(国办发〔2019〕34号）的要求，将各类导致建设用地使用权转移的行为都视为建设用地使用权转让，包括买卖、交换、赠与、出资以及司法处置、资产处置、法人或其他组织合并或分立等形式涉及的建设用地使用权转移。建设用地使用权转移的，地上建筑物、其他附着物所有权应一并转移。涉及房地产转让的，按照房地产转让相关法律法规规定，办理房地产转让手续。

相关规定

《城市房地产转让管理规定》（建设部令第96号）第9、10条；《最高人民法院关于审理涉及国有土地使用权合同纠纷案件适用法律问题的解释》(法释〔2005〕5号）第3条。

第四十条 以划拨方式取得土地使用权的，转让房地产时，应当按照国务院规定，报有批准权的人民政府审批。有批准权的人民政府准予转让的，应当由受让方办理土地使用权出让手续，并依照国家有关规定缴纳土地使用权出让金。

以划拨方式取得土地使用权的，转让房地产报批时，有批准权的人民政府按照国务院规定决定可以不办理土地使用权出让手续的，转让方应当按照国务院规定将转让房地产所获收益中的土地收益上缴国家或者作其他处理。

条文主旨

本条是关于以划拨方式取得土地使用权后，转让房地产条件的规定。

立法背景

以划拨方式取得土地使用权的，其土地使用权是国家划拨给土地使用者无偿使用的，土地使用者无需缴纳土地使用权出让金。为鼓励对土地的优化配置，应允许此类土地使用权进入市场，转化为有偿使用，其中获得的土地收益依法上缴国家。

条文解读

土地使用权划拨是经县级以上人民政府依法批准，在土地使用者缴纳补偿、安置等费用后将该幅土地交付其使用，或者将土地使用权无偿交付给土地使用者使用的行为。划拨土地时应经政府审查批准，因此转让时也同样交由政府审查批准。根据《关于完善建设用地使用权转让、出租、抵押二级市场的指导意见》（国办发〔2019〕34 号）规定，以划拨方式取得的建设用地使用权转让，需经依法批准，土地用途符合《划拨用地目录》的，可不补缴土地出让价款，按转移登记办理；不符合《划拨用地目录》的，在符合规划的前提下，由受让方依法依规补缴土地出让价款。

一、划拨土地经批准后可以转让

（一）转让合同效力

关于未经批准的划拨土地转让合同是否有效的问题。有观点认为，划拨土地使用权不得转让是国家法律、行政法规的强制性规定，不得违反；否则按照合同法第五十二条的规定，转让合同违反法律、行政法规强制性规定的，应当无效。也有观点认为，“应当”不属于法律的强制性规定，因此对于没有经过有批准权的人民政府审批的划拨土地转让合同不应认定无效。对于该争议，《最高人民法院关于审理涉及国有土地使用权合同纠纷案件适用法律问题的解释》（法释〔2005〕5 号）第十一条规定，土地使用权人未经有批准权的人民政府批准，与受让方订立合同转让划拨土地使用权的，应当认定合同无效。但起诉前经有批准权的人民政府批准办理土地使用权出让手续的，应当认定合同有效。因此，我们认为未经市、县人民政府批准的划拨土地使用权不得转让的规定属于国家法律的强制性规定，违反此规定的，应当认定合同无效。

（二）转让条件

根据《中华人民共和国城镇国有土地使用权出让和转让暂行条例》（国务院令第55号）第四十五条规定，符合下列条件的，经市、县人民政府土地管理部门和房产管理部门批准，其划拨土地使用权和地上建筑物、其他附着物所有权可以转让、出租、抵押：

1. 土地使用者为公司、企业、其他经济组织和个人；

2. 领有国有土地使用证；

3. 具有地上建筑物、其他附着物合法的产权证明；

4. 签订土地使用权出让合同，向当地市、县人民政府补交土地使用权出让金或者以转让、出租、抵押所获收益抵交土地使用权出让金。

（三）未经批准转让的处罚

考虑到划拨土地使用权是国家给予的一种特殊政策，具有取得的无偿性、权利的受限制性，划拨土地使用权人不能随意地处分其划拨土地使用权，因此在未经有批准权的人民政府批准前，不得转让划拨土地使用权。根据《中华人民共和国城镇国有土地使用权出让和转让暂行条例》（国务院令第55号）第四十六条规定，对未经批准擅自转让、出租、抵押划拨土地使用权的单位和个人，市、县人民政府土地管理部门应当没收其非法收入，并根据情节处以罚款。

二、可以不办理土地使用权出让手续的，应将土地收益上缴国家

国家是城镇国有土地的所有者，对国有土地实行有偿使用制度，土地收益上缴国家体现了国有土地有偿使用的原则。根据《城市房地产转让管理规定》（建设部令第96号）第十二条规定，符合可以不办理土地使用权出让手续的情形有：

1. 经城市规划行政主管部门批准，转让的土地用于建设国家机关用地和军事用地、城市基础设施用地和公益事业用地，国家重点扶持的能源、交通、水利等项目用地，法律、行政法规规定的其他用地的；

2. 私有住宅转让后仍用于居住的；

3. 按照国务院住房制度改革有关规定出售公有住宅的；

4. 同一宗土地上部分房屋转让而土地使用权不可分割转让的；

5. 转让的房地产暂时难以确定土地使用权出让用途、年限和其他条件的；

6. 根据城市规划土地使用权不宜出让的；

7. 县级以上人民政府规定暂时无法或不需要采取土地使用权出让方式的其他情形。

相关规定

《城市房地产转让管理规定》（建设部令第96号）第12条；《中华人民共和国城镇国有土地使用权出让和转让暂行条例》（国务院令第55号）第45条；《最高人民法院关于审理涉及国有土地使用权合同纠纷案件适用法律问题的解释》（法释〔2005〕5号）第11条。

第四十一条　房地产转让，应当签订书面转让合同，合同中应当载明土地使用权取得的方式。

条文主旨

本条是关于房地产转让合同的规定。

立法背景

房地产转让合同应当签订书面合同，这是房地产转让合同的必备形式要件。房地产转让合同涉及的财产价值重大，遵循平等、自愿、等价有偿的原则，其内容应全面、具体、明确，合同中应具有土地使用权取得方式的记载。

条文解读

一、房地产转让合同概念

房地产转让，是指房地产权利人通过买卖、赠与或者其他合法方式将其房地产转移给他人的行为。房地产转让合同是指房地产转让当事人之间签订的关于记载房地产转让权利、义务内容的协议。房地产转让时，房屋所有权和该房屋占用范围内的土地使用权同时转让。

二、房地产转让合同的内容

房地产转让合同必须以书面形式订立，载明合同标的、履行期限、价款、土地使用权取得方式等。虽然法律对房地产转让合同要求必须采用书面形式，但是未采用书面形式的，并不当然意味着合同无效。《中华人民共和国合同法》第三十六条规定，法律、行政法规规定或者当事人约定采用书面形式订立合同，当事人未采用书面形式但一方已经履行主要义务，对方接受的，该合同成立。当事人未以书面形式或者口头形式订立合同，但从双方的民事行为能够推定双方有订立合同意愿的，也认定是以合同法第十条第一款中的“其他形式”订立的合同。在房屋买卖中，常常出现以“商品房买卖认购书”等各种名义出现的各类协议。这类认购、订购、预订协议是预约还是本约，能否认定为商品房买卖合同?《最高人民法院关于审理商品房买卖合同纠纷案件适用法律问题的解释》（法释〔2003〕7号）第五条予以明确，商品房的认购、订购、预订等协议具备《商品房销售管理办法》（建设部令第88号）第十六条规定的商品房买卖合同的主要内容，并且出卖人已经按照约定收受购房款的，该协议应当认定为商品房买卖合同。

（一）签订主体

房地产转让合同应写明双方当事人的信息，包括姓名或者名称、住所、联系方式。

（二）房地产信息

转让的房地产，应写明房地产权属证书名称和编号、房地产坐落位置、面积、四至界限。具体而言包括房地产的坐落位置、部位、类型、结构、房屋朝向、门牌号码等。房屋附属设施是否一同转让也应注明。涉及的土地使用权应写明土地宗地号、土地使用权取得的方式及年限、房地产的用途或使用性质。

（三）房地产交易内容

写明房地产的成交价格及支付方式。支付方式通常分为一次性支付或分期支付。房地产的交付包括验收、接管，过户手续、税费缴纳，房地产权利证书的领取等。

（四）违约责任

主要为违约金和赔偿损失的约定。房屋买卖合同应当对预期违约、实际违约和不适当履行约定相关违约责任条款。常见违约情形包括逾期支付款项、逾期交房、逾期办理房产证件、交付的房屋质量不符合约定或法律规定、面积出现误差、变更设计规范未告知等。

三、禁止转让的情形

本法第三十八条规定了禁止转让的范围，主要包括：（1）以出让方式取得土地使用权的，不符合本法第三十九条规定的条件的；(2) 司法机关和行政机关依法裁定、决定查封或者以其他形式限制房地产权利的；(3) 依法收回土地使用权的；(4) 共有房地产，未经其他共有人书面同意的；(5) 权属有争议的；(6) 未依法登记领取权属证书的；(7) 法律、行政法规规定禁止转让的其他情形。

四、房地产转让中的注意要点

因土地使用权取得方式不同，房地产转让还应注意土地使用权的转让条件。

(一) 划拨取得土地使用权的转让条件

根据本法第四十条规定，以划拨方式取得土地使用权的，转让房地产时，应当按照国务院规定，报有批准权的人民政府审批。有批准权的人民政府准予转让的，应当由受让方办理土地使用权出让手续，并依照国家有关规定缴纳土地使用权出让金。有批准权的人民政府按照国务院规定决定可以不办理土地使用权出让手续的，转让方应当按照国务院规定将转让房地产所获收益中的土地收益上缴国家或者作其他处理。

根据《城市房地产转让管理规定》(建设部令第 96 号) 第十二条规定，可以不办理土地使用权出让手续的包括：(1) 经城市规划行政主管部门批准，转让的土地用于建设城市房地产管理法第二十四条规定的项目的；(2) 私有住宅转让后仍用于居住的；(3) 按照国务院住房制度改革有关规定出售公有住宅的；(4) 同一宗土地上部分房屋转让而土地使用权不可分割转让的；（5）转让的房地产暂时难以确定土地使用权出让用途、年限和其他条件的；（6）根据城市规划土地使用权不宜出让的；（7）县级以上人民政府规定暂时无法或不需要采取土地使用权出让方式的其他情形。

（二）出让取得土地使用权的转让条件

根据本法第三十九条的规定，以出让方式取得土地使用权的，转让房地产时应满足：（1）按照出让合同约定已经支付全部土地使用权出让金，并取得土地使用权证书；（2）按照出让合同约定进行投资开发，属于房屋建设工程的，完成开发投资总额的25%以上，属于成片开发土地的，形成工业用地或者其他建设用地条件。转让房地产时房屋已经建成的，还应当持有房屋所有权证书。

五、房地产转让合同的变更、解除

房地产转让合同中可以约定变更和解除合同的条款。除房地产转让合同中当事人之间约定的变更、解除事由外，还包括本法第二十条、第二十一条、第二十二条以及《中华人民共和国城镇国有土地使用权出让和转让暂行条例》（国务院令第55号）第十七条、第三十九条的情形。具体如下：

（一）国家提前收回

因公共利益需要，国家可以提前收回土地使用权。《国有土地上房屋征收与补偿条例》（国务院令第590号）第二条规定，为了公共利益的需要，征收国有土地上单位、个人的房屋，应当对被征收房屋所有权人给予公平补偿。

（二）国家强制收回

土地使用者应当按照土地使用权出让合同的规定和城市规划的要求，开发、利用、经营土地。根据《中华人民共和国城镇国有土地使用权出让和转让暂行条例》（国务院令第55号）第十七条第二款的规定，如果未按合同规定的期限和条件开发、利用土地的，市、县人民政府土地管理部门予以纠正，并根据情节可以给予警告、罚款直至无偿收回土地使用权的处罚。

（三）因土地灭失而终止

土地是房地产权利的客观载体，土地灭失主要指因不可抗拒的自然原因或其他人为原因，造成原土地地貌发生变化，导致土地利用价值消失或不可使用。土地为土地使用权的客体，土地灭失，土地使用权失去载体，因而终止消灭。

（四）土地使用权期限届满

土地使用权期限届满将导致土地使用权终止，房地产转让合同的基础丧失。因此，因土地使用权期限届满而使权利终止的情形包括住宅建设用地使用权期限届满时，房地产权利人放弃自动续期；非住宅的建设用地使用权期限届满时，权利人未依法申请续期或虽申请续期但未获批准。

相关规定

《城市房地产转让管理规定》（建设部令第96号）第7、8条；《城市房地产开发经营管理条例》（国务院令第710号）第27条。

第四十二条　房地产转让时，土地使用权出让合同载明的权利、义务随之转移。

条文主旨

本条是关于房地产转让原则的规定。

立法背景

房地产转让，必然涉及国家与原受让人的关系，以及原受让人与新受让人的关系。在房地产转让时，原受让人同时转让土地使用权出让合同中规定的权利义务，是转让的原则，在香港称为“认地不认人”原则。根据这一原则，土地使用权无论转让多少次，转移到谁手中，国家与土地使用者的关系不会受影响。这样规定是基于国家享有土地所有权，垄断土地一级市场，实行土地所有权与使用权两权分离制度而确立的。这既维护了国家土地所有权，又有利于规范房地产交易活动，维护正常的房地产市场秩序。

条文解读

本条所说土地使用权出让合同中随之转移的权利、义务主要有：

1. 取得规定地块使用权的权利和按约定的货币种类支付地价款及土地使用权税费的义务；

2. 投资开发、利用土地的权利和依照规定条件投资开发、利用土地，并符合城市规划等要求的义务；

3. 使用地上建筑物的权利和管理维修的义务；

4. 转让、抵押、出租土地使用权的权利和依法履行有关手续，并依法缴纳转让税费的义务；

5. 有续期使用土地的权利和补交续期地价款的义务；

6. 有对国家依法提前收回土地使用权要求给予补偿的权利和在土地使用权出让期满，将土地使用权及地上物无偿交给国家所有的义务等。

相关规定

《城市房地产转让管理规定》（建设部令第96号）第9条；《中华人民共和国城镇国有土地使用权出让和转让暂行条例》（国务院令第55号）第12、14条。

第四十三条 以出让方式取得土地使用权的，转让房地产后，其土地使用权的使用年限为原土地使用权出让合同约定的使用年限减去原土地使用者已经使用年限后的剩余年限。

条文主旨

本条是关于房地产转让后的土地使用权的使用年限计算规定。

立法背景

土地使用权使用年限，直接关系到国家对土地使用权的回收问题，关系到转让金的高低及土地使用权人的权益保护。因此，应对以出让方式取得的土地使用权在房地产转让后的使用年限的计算予以明确。

条文解读

一、计算公式

本条规定了房地产转让之后，土地使用权使用年限的具体计算方法，即以出让方式取得土地使用权的，土地使用权的使用年限 = 原合同约定的使用年限 - 已使用的年限。土地使用权出让最高年限由国务院规定，合同约定的使用年限不得超过最高年限。

二、土地使用权的使用年限届满的处理

（一）住宅建设用地使用权的续期

根据物权法第一百四十九条第一款规定，住宅建设用地使用权期间届满的，自动续期。《国土资源部办公厅关于妥善处理少数住宅建设用地使用权到期问题的复函》（国土资厅函〔2016〕1712号）答复了关于少数住宅用地使用权到期问题的请示，物权法第一百四十九条规定，住宅建设用地使用权期间届满的，自动续期。《中共中央国务院关于完善产权保护制度依法保护产权的意见》（中发〔2016〕28号）提出，"研究住宅建设用地等土地使用权到期后续期的法律安排，推动形成全社会对公民财产长久受保护的良好和稳定预期"。在尚未对住宅建设用地等土地使用权到期后续期作出法律安排前，少数住宅建设用地使用权期间届满的，可按以下过渡性办法处理：(1) 不需要提出续期申请。少数住宅建设用地使用权期间届满的，权利人不需要专门提出续期申请。(2) 不收取费用。市、县国土资源主管部门不收取相关费用。(3) 正常办理交易和登记手续。此类住房发生交易时，正常办理房地产交易和不动产登记手续，涉及"土地使用期限"仍填写该住宅建设用地使用权的原起始日期和到期日期，并注明："根据《国土资源部办公厅关于妥善处理少数住宅建设用地使用权到期问题的复函》（国土资厅函〔2016〕1712号）办理相关手续。"因此，住宅建设用地使用权期间届满的，自动续期。

（二）非住宅建设用地使用权的续期

非住宅建设用地的使用用途各不相同，有工业、教育、科技、文化、卫生、体育、商业、旅游、娱乐、综合用地等，不宜将自动续期作为非住宅建设用地使用权适用的一般原则。因此，物权法第一百四十九条第二款规定，非住宅建设用地使用权期间届满后的续期，依照法律规定办理。

根据《中华人民共和国城镇国有土地使用权出让和转让暂行条例》（国务院令第 55 号）第四十一条的规定，土地使用权期满，土地使用者可以申请续期。需要续期的，应当依照本条例第二章的规定重新签订合同，支付土地使用权出让金，并办理登记。非住宅建设用地使用权期限届满未续期，非住宅建设用地使用权终止。土地使用者也可以申请续期，由国家重新确定土地使用权出让年限。建设用地使用权期限届满指通过出让合同取得的建设用地使用权的期限届满，土地使用者需要继续使用土地的，应当至迟于届满前一年申请续期，除根据社会公共利益需要收回该幅土地的外，应当予以批准。经批准准予续期的，应当重新签订土地使用权出让合同，依照规定支付土地使用权出让金。土地使用权出让合同约定的使用年限届满，土地使用者未申请续期或者虽申请续期但依照前款规定未获批准的，土地使用权由国家无偿收回。非住宅建设用地使用权期间届满后，该土地上的房屋及其不动产的归属有约定的，按照约定；没有约定或者约定不明确的，依照法律、行政法规的规定办理。

相关规定

《中华人民共和国物权法》第149条；《中华人民共和国城镇国有土地使用权出让和转让暂行条例》（国务院令第55号）第12条。

第四十四条　以出让方式取得土地使用权的，转让房地产后，受让人改变原土地使用权出让合同约定的土地用途的，必须取得原出让方和市、县人民政府城市规划行政主管部门的同意，签订土地使用权出让合同变更协议或者重新签订土地使用权出让合同，相应调整土地使用权出让金。

条文主旨

本条是关于房地产转让之后，土地使用权用途变更的规定。

立法背景

土地利用涉及国民的根本利益，必须服从国家的统一管理。为保证经济社会可持续发展，我国实行严格的土地管理制度，而土地用途管制是土地管理制度的核心。土地用途的变更涉及城市管理、规划和布局建设，必须经原出让方和市、县人民政府城市规划行政主管部门的同意，方能变更用途。

条文解读

我国正处于城镇化、工业化快速发展阶段，城镇化率迅速提高，城镇用地需求量将在相当长时期内保持较高水平。为推进城乡统筹和区域一体化发展，拉动区域性基础设施用地的进一步增长，同时需要新增建设用地周转支撑。如果土地使用者需要改变原批准的土地用途、容积率等，必须依法报经市、县人民政府批准。对于原划拨用地，因发生土地转让、出租或改变用途后不再符合划拨用地范围的，应依法实行出让等有偿使用方式；对于出让土地，凡改变土地用途、容积率的，应按规定补交不同用途和容积率的土地差价。

一、土地用途变更程序

（一）取得原出让方同意

土地使用权转让合同是土地使用权人作为转让方将出让土地使用权转让于受让方，受让方支付价款的协议。它包括了出让地块的用途及规划要求。土地用途指的是土地的使用性质，包括开发、利用、经营等。根据《中华人民共和国城镇国有土地使用权出让和转让暂行条例》（国务院令第 55 号）第十二条规定，我国的土地用途分为五类：（1）居住用地；（2）工业用地；（3）教育、科技、文化、卫生、体育用地；（4）商业、旅游、娱乐用地；（5）综合或者其他用地。合同确定的是平等的民事主体之间的权利义务关系，是由出让人和受让人在充分协商的基础上共同签订的。如果受让方想要变更土地用途，则应与出让人取得一致意见，征得出让人同意。此外，《最高人民法院关于审理涉及国有土地使用权合同纠纷案件适用法律问题的解释》（法释〔2005〕5号）第六条也规定，受让方擅自改变土地使用权出让合同约定的土地用途，出让方请求解除合同的，应予支持。

（二）取得市、县人民政府城市规划行政主管部门同意

在城市规划区内城市国有土地使用权出让、转让必须符合城市规划，有利于城市经济社会的发展。国家依法实行国有土地有偿、有限期使用制度。对城市国有土地的用途通过在出让合同中明确约定的办法，严格加以限制。按照土地使用权出让合同约定的用途开发、利用该地块是土地使用权受让方的义务。国家通过编制土地利用总体规划，规定土地用途，将土地分为农用地、建设用地和未利用地。经依法批准的国土空间规划是各类开发、保护、建设活动的基本依据。根据土地管理法第五十六条规定，建设单位使用国有土地的，应当按照土地使用权出让等有偿使用合同的约定或者土地使用权划拨批准文件的规定使用土地；确需改变该幅土地建设用途的，应当经有关人民政府自然资源主管部门同意，报原批准用地的人民政府批准。其中，

在城市规划区内改变土地用途的，在报批前，应当先经有关城市规划行政主管部门同意。

二、土地使用权出让金的调整

土地使用权出让是国家将国有土地使用权在一定年限内出让给土地使用者，由土地使用者向国家支付土地使用权出让金的行为。以出让等有偿使用方式取得国有土地使用权的建设单位，按照国务院规定的标准和办法，缴纳土地使用权出让金等土地有偿使用费和其他费用后，方可使用土地。土地使用权出让金的计算标准与土地用途密切相关，因此如果土地用途发生改变，所对应的土地出让金数额也必将发生相应的变化。故本法规定在原合同变更或重新签订出让合同之后，相应调整土地使用权出让金。《最高人民法院关于审理涉及国有土地使用权合同纠纷案件适用法律问题的解释》（法释〔2005〕5号）第五条规定，受让方经出让方和市、县人民政府城市规划行政主管部门同意，改变土地使用权出让合同约定的土地用途，当事人请求按照起诉时同种用途的土地出让金标准调整土地出让金的，应予支持。

相关规定

《中华人民共和国土地管理法》第56条；《最高人民法院关于审理涉及国有土地使用权合同纠纷案件适用法律问题的解释》（法释〔2005〕5号）第5、6条。

第四十五条 商品房预售，应当符合下列条件：

（一）已交付全部土地使用权出让金，取得土地使用权证书；

（二）持有建设工程规划许可证；

（三）按提供预售的商品房计算，投入开发建设的资金达到工程建设总投资的百分之二十五以上，并已经确定施工进度和竣工交付日期；

（四）向县级以上人民政府房产管理部门办理预售登记，取得商品房预售许可证明。

商品房预售人应当按照国家有关规定将预售合同报县级以上人民政府房产管理部门和土地管理部门登记备案。

商品房预售所得款项，必须用于有关的工程建设。

条文主旨

本条是关于商品房预售条件的规定。

立法背景

商品房的出售分为两类：一类是商品房现售，另一类是商品房预售。商品房预售实行预售许可制度。过去因为种种原因，部分房地产开发企业在尚未取得土地使用权证书和建设工程规划许可证的情况下就开始预售商品房，导致大量违法行为出现。因此，为防止房地产市场出现哄抬地价，扰乱房地产市场秩序，法律必须规定商品房预售的规则，促进商品房预售活动的规范化。

条文解读

一、商品房预售的概念

（一）概念

根据《商品房销售管理办法》（建设部令第88号）第三条规定，商品房销售包括商品房现售和商品房预售。商品房现售，是指房地产开发企业将竣工验收合格的商品房出售给买受人，并由买受人支付房价款的行为。商品房预售，是指房地产开发企业将正在建设中的商品房预先出售给买受人，并由买受人支付定金或者房价款的行为。对应的商品房买卖合同也分为两类：商品房现售合同和商品房预售合同，合同标的物为已竣工和正在建设的房屋，即通常所说的现房和期房。商品房预售制度的初衷是通过缩短房地产企业资金回流的周期，来缓解房地产行业的资金困局，从而促进整个房地产市场的快速发展。

（二）特征

商品房预售是当前商品房买卖的重要形式，与现房买卖相比有以下特征：

1. 不确定性

商品房预售中的标的物通常是正在建设中的商品房，

商品房现售是已经竣工的房屋。因此，商品房预售具有不确定性。预售商品房又被称为期楼、“楼花”。“卖楼花”是房地产开发企业将正在建设中的房屋预先出售给买受人，由买受人支付定金或房价款的行为。“炒楼花”是预售商品房的再转让，即指商品房预购人将购买的未竣工的预售商品房再行转让的行为。

2. 风险性

商品房预售制度使得房地产开发企业在建设项目初期解决了资金问题，降低了企业的自有资金要求，有利于刺激房地产的投资和开发。但是当商品房还处在建设过程中，购房者就已经支付了全部或部分的房价款，并承担了未来的风险，包括存在工程烂尾、违法违规销售等管理风险，消费风险，社会风险，金融风险。

二、商品房预售的条件

我国对商品房预售实行预售许可制度。商品房预售条件及商品房预售许可证明的办理程序，按照本法、《城市房地产开发经营管理条例》（国务院令第710号）和《城市商品房预售管理办法》（建设部令第131号）等有关规定执行。商品房预售的主要条件有：

（一）已交付全部土地使用权出让金，取得土地使用权证书

我国对不动产物权登记原则上采用登记生效主义，未经不动产登记簿记载，不产生法律效力。只有进行登记，

土地使用权的设立行为才算完成。土地使用权证书是土地使用权存在的证明，也是权利人取得物权的标志，关系着权利人对土地是否享有占有、使用、收益的排他支配权。如果没有交付土地使用权出让金并取得土地使用权证书，则无法对土地依法进行开发建设。

（二）持有建设工程规划许可证

建设工程规划许可证是有关建设工程符合城乡规划要求准予进行施工建设的法律凭证。根据城乡规划法第四十条规定，在城市、镇规划区内进行建筑物、构筑物、道路、管线和其他工程建设的，建设单位或者个人应当向城市、县人民政府城乡规划主管部门或者省、自治区、直辖市人民政府确定的镇人民政府申请办理建设工程规划许可证。申请办理建设工程规划许可证，应当提交使用土地的有关证明文件、建设工程设计方案等材料。需要建设单位编制修建性详细规划的建设项目，还应当提交修建性详细规划。对符合控制性详细规划和条件的，由城市、县人民政府城乡规划主管部门或者省、自治区、直辖市人民政府确定的镇人民政府核发建设工程规划许可证。城市、县人民政府城乡规划主管部门或者省、自治区、直辖市人民政府确定的镇人民政府应当依法将经审定的修建性详细规划、建设工程设计方案的总平面图予以公布。该法第六十四条规定，未取得建设工程规划许可证或者未按照建设工程规划许可证的规定进行建设的，由县级以上地方人民政府城乡规划主管部门责令停止建设；

尚可采取改正措施消除对规划实施的影响的，限期改正，处建设工程造价 5% 以上 10% 以下的罚款；无法采取改正措施消除影响的，限期拆除，不能拆除的，没收实物或者违法收入，可以并处建设工程造价 10% 以下的罚款。

（三）按提供预售的商品房计算，投入开发建设的资金达到工程建设总投资的 25% 以上，并已经确定施工进度和竣工交付日期

该项规定主要在于防止“炒地皮”，破坏房地产市场开发秩序。商品房销售制度意味着商品房还在建设过程中时，购房者就已经支付了全部或部分的房价款，因此如果不对开发建设的投入资金作比例规定，未确定施工进度和竣工交付日期，就允许销售商品房，不可避免将发生大量的侵害购房者权益的情况。我国商品房预售市场起步较晚，全国各地的商品房发展不够平衡，部分城市和地区的商品房预售经营和管理活动还处于混乱状态。当房地产市场环境较好、房地产开发企业的资金充裕时，预售商品房可以按期交付。但是当开发建设资金不足时，则容易发生挪用资金导致项目资金链断裂，出现工程烂尾的现象。因此，应当对于投入开发建设的资金强制性地预设一定比例，并要求施工进度和竣工交付日期已经确定。

（四）向县级以上人民政府房产管理部门办理预售登记，取得商品房预售许可证明

《商品房销售管理办法》（建设部令第 88 号）第六条

规定，商品房预售实行预售许可制度。商品房预售条件及商品房预售许可证明的办理程序，按照《城市房地产开发经营管理条例》（国务院令第710号）和《城市商品房预售管理办法》（建设部令第131号）的有关规定执行。房地产开发企业申请预售许可需提交下列材料：（1）商品房预售许可申请表；（2）开发企业的《营业执照》和资质证书；（3）土地使用权证、建设工程规划许可证、施工许可证；（4）投入开发建设的资金占工程建设总投资的比例符合规定条件的证明；（5）工程施工合同及关于施工进度的说明；（6）商品房预售方案。预售方案应当说明预售商品房的位置、面积、竣工交付日期等内容，并应当附预售商品房分层平面图。房地产开发企业预售商品房时，应当向预购人出示商品房预售许可证明。关于商品房预售合同效力和补办商品房预售许可证明对合同效力的影响，《最高人民法院关于审理商品房买卖合同纠纷案件适用法律若干问题的解释》第二条规定，出卖人未取得商品房预售许可证明，与买受人订立的商品房预售合同，应当认定无效，但是在起诉前取得商品房预售许可证明的，可以认定有效。

三、合同登记备案

根据《城市房地产开发经营管理条例》（国务院令第710号）第二十六条第二款规定，房地产开发企业应当自商品房预售合同签订之日起三十日内，到商品房所在地的县级以上人民政府房地产开发主管部门和负责土地管理工作的部门备案。不动产登记涉及购房者的重大权益，为规范房地产企业房屋销售行为，维持房地产市场的正常秩序，房产管理部门需要对预售行为以备案的方式进行监督管理。《最高人民法院关于审理商品房买卖合同纠纷案件适用法律若干问题的解释》第六条规定，当事人以商品房预售合同未按照法律、行政法规规定办理登记备案手续为由，请求确认合同无效的，不予支持。当事人约定以办理登记备案手续为商品房预售合同生效条件的，从其约定，但当事人一方已经履行主要义务，对方接受的除外。

四、商品房预售资金专款专用

商品房预售资金是房地产开发企业将正在建设中的商品房出售给购房者，购房者按照商品房买卖合同约定支付的购房款。此款规定是为了保证预收款真正用于商品房的开发建设，不因资金短缺被挪作他用。《最高人民法院办公厅关于商品房预售款项目可否用于偿还公司股东个人债务有关问题意见的函》（法办函〔2016〕712 号）对此类问题，答复如下：“一、商品房预售资金属房地产开发企业所有，但不能用于偿还房地产开发企业股东个人债务。公司与其股东为不同民事主体，公司作为企业法人享有法人财产权，与股东个人财产相互独立。股东的责任财产包括对公司享有的股权，但不能以公司财产偿还股东个人债务。二、对商品房预售资金施行监管是商品房预售制度的重要组成部分，应当确保预售资金用于商品房工程建设。对于商品房预售资金能否以及如何查封、扣押和冻结等，涉及商品房预售资金的监管方式、监管效果，法院审判权、执行权行使，当事人诉权保护等诸多方面，比较复杂，需进一步加强调研，甄别不同情况后妥善处理。”

相关规定

《城市房地产开发经营管理条例》（国务院令第710号）第26条；《商品房销售管理办法》（建设部令第88号）第3、6~8条；《最高人民法院关于审理商品房买卖合同纠纷案件适用法律若干问题的解释》第2、6条。

第四十六条　商品房预售的，商品房预购人将购买的未竣工的预售商品房再行转让的问题，由国务院规定。

条文主旨

本条是关于商品房预售后的再行转让的规定。

立法背景

商品房预售后的再行转让是伴随着我国房地产市场繁荣发展的一种商业行为，但也产生了较多金融风险和消费者权益纠纷。故对于商品房预售后是否允许再行转让，本法作了灵活的规定。

条文解读

一、概念

商品房预售源于我国香港特别行政区，房地产业内称其为“卖楼花”。预售商品房的再转让，又被称为“炒楼花”，是指商品房预售法律关系中的购房人将所购买的尚未竣工的商品房再转让给他人的行为。预售商品房再转让行为是否合法，曾有争论。有观点认为，房地产炒家进入房地产市场进行风险投资，获得高额利润，助长了投机行为，使房价不合理上涨，城市房屋变得更为紧缺，应对此种行为予以坚决制止。1994 年 5 月 5 日，建设部副部长叶如棠在第八届全国人民代表大会常务委员会第七次会议上曾对本法的草案作了如下说明：对商品房预售的条件作了规定(草案第四十八条)。规定这些条件，是为了制止炒地皮的行为。至于是否允许“炒楼花”的问题，多数部门、地方认为，在当前情况下禁止“炒楼花”是必要的。因此，草案明确规定：“商品房预售的，商品房预购人不得将未竣工交付使用的预售商品房再行转让。”但在正式颁布的法律中，该条款又被修订为“商品房预售的，商品房预购人将购买的未竣工的预售商品房再行转让的问题，由国务院规定”。应当说明的是，商品房预售的交易方式是随着我国经济体制由计划经济向社会主义市场经济转轨应运而生的。人民群众对房屋的需求远远大于房地产供给，商品房现房销售的交易方式已经不能满足需求。当时由于缺乏统一的法律规定，社会各界对“楼花”转让问题的认识存在较大分歧。立法机关考虑到预售商品房转让在社会上已经普遍存在，通过进一步完善房地产交易登记制度，将其纳入房地产登记管理的范围和政府的监管之下，更有利于市场经济的发展，最后采取了由国务院进一步规定的灵活做法。

二、转让的要点

（一）转让行为的性质

预售商品房的再转让是商品房预售合同中的权利、义务的转让，为典型的合同转让行为，包括两种情形：第一种是购买人支付了全部的价款之后，将该预售商品房再转让给其他人，第二种是购买人支付了部分价款之后，将该预售商品房再转让给其他人。前者属于合同权利的转让，预售合同的债权让与；后者属于合同权利义务的概括转让，预售合同债权债务的一并转让。根据合同法第七十九条的规定，债权人可以将合同的权利全部或部分转让给第三人。债权人转让权利的，应当通知债务人。未经通知，该转让对债务人不发生效力。债务人将合同的义务全部或者部分转移给第三人的，应当经债权人同意。

（二）转让的效力

为解决预售商品房转让纠纷的法律问题，最高人民法院曾在 1995 年《关于审理房地产管理法施行前房地产开发经营案件若干问题的解答》（法发〔1996〕2 号）第二十八条至第三十条中，规定了预售商品房的转让问题。该司法解释性质文件虽然已经被废止，但其中提到转让合同效力的观点，仍可作为法律背景进行了解，它包括：（1）商品房的预售合同无效的，预售商品房的转让合同，一般也应当认定无效。（2）商品房预售合同的双方当事人，经有关主管部门办理了有关手续后，在预售商品房尚未实际交付前，预购方将购买的未竣工的预售商品房转让给他人，办理了转让手续的，可认定转让合同有效；没有办理转让手续的，在一审诉讼期间补办了转让手续，也可认定转让合同有效。（3）商品房预售合同的预购方，在实际取得预购房屋产权并持有房屋所有权证后，将房屋再转让给他人的，按一般房屋买卖关系处理。关于转让合同的效力，因之后合同法、民法总则相继出台，故应根据合同法第四十四条、第五十二条和民法总则第一百五十三条等规定进行具体判断。此外，国务院至今尚未出台预售商品房再转让方面的有关规定。从实践中的情况看，各地根据本地房地产市场的具体情况，作出不同的规定。例如，《北京市城市房地产转让管理办法》第四十四条规定了相关内容。

相关规定

《中华人民共和国物权法》第 180 条；《中华人民共和国合同法》第 79、84、88 条。

第三节　房地产抵押

本节共六条，规定了四个方面的内容：(1) 房地产抵押的定义（第四十七条）；(2) 房地产抵押权的设定和办理的手续（第四十八条、第四十九条）；(3) 房地产抵押合同（第五十条）；(4) 房地产抵押权人的优先受偿（第五十一条、第五十二条）。

第四十七条　房地产抵押，是指抵押人以其合法的房地产以不转移占有的方式向抵押权人提供债务履行担保的行为。债务人不履行债务时，抵押权人有权依法以抵押的房地产拍卖所得的价款优先受偿。

条文主旨

本条是关于房地产抵押定义的规定。

立法背景

抵押是最为重要的担保方式之一，被称为担保之王。我国法定的担保方式除抵押外，还有质押、保证、留置和定金。与其他担保方式相比，抵押的优势在于没有金钱支出的负担，也不用将抵押物转移给抵押权人占有。房地产抵押则是伴随着土地使用权制度改革和房地产业的发展，而产生的一种房地产利用方式，也是融资风险的一种防范措施。房地产价值巨大，由其作为债权担保之标的物，对于债权的实现甚为有利。本条从抵押物、抵押的特征、作用以及抵押权如何实现等方面明确了房地产抵押的定义。草案中该条原分列为两条，考虑到与当时施行的民法通则的一致性，合并为一条。

条文解读

抵押，是指债务人或第三人提供一定的财产作为债务担保。这里的财产可以是动产，也可以是不动产。如果提供担保的财产是房地产，那么就是本条所称的房地产抵押。在房地产抵押关系中，提供房地产担保债务履行的人称为抵押人；接受房地产抵押作为债务履行担保的人，也就是债权人，为抵押权人；前述房地产则为抵押物。抵押人可以是债务人本人，也可以是债务人以外的第三人。抵押权人、抵押人均可以是自然人、法人或其他组织。

房地产抵押的含义包括以下四个方面：

一、抵押的标的物：抵押人享有处分权的合法房地产

房地产的合法性主要体现在经过依法登记。如果是未经登记或权利存在争议的房地产，不能认定为合法的房地产。同时，抵押人应当对自己提供抵押的房地产享有合法的处分权，包括所有权和经营使用权。如果是没有处分权或者没有处分能力的人，即使是房地产的所有人，也不得设定房地产抵押权。物权法第九十七条规定处分共有的不动产或者动产以及对共有的不动产或者动产作重大修缮的，应当经占份额三分之二以上的按份共有人或者全体共同共有人同意，但共有人之间另有约定的除外。因此，对共有房地产设定抵押权原则上应当经三分之二以上的按份共有人或全体共同共有人同意。但根据《最高人民法院关于适用〈中华人民共和国担保法〉若干问题的解释》（法释〔2000〕44号）第五十四条的规定，其他共有人知道或应当知道而未提出异议的，视为同意，抵押有效。按份共有人仅以自己在共有房地产中享有的份额设定抵押的，依法有效。

二、抵押的基本特征：不转移房地产的占有

不转移占有是指抵押人仍保留房地产的占有权、使用权，无需像质押那样将财产交给抵押权人占有、控制。抵押期间，抵押人仍然可以正常居住、使用房地产，或将房地产出租、出借给他人居住使用。

三、抵押的作用：提供债务履行的担保

抵押人在自己的房地产上设定抵押的目的是向债权人提供担保，以保证自己或其他债务人履行债务，保障债权人的债权得以顺利实现。被担保的债权一般称为主债权。

抵押权与主债权之间具有从属性。（1）存在上的从属性。抵押权以主债权的存在为前提，被担保的主债权有效存在，房地产抵押权才能存在。主债权被确认无效或撤销，

房地产抵押权也随之失去效力。如果房地产抵押权先于主债权的发生而设立，那么主债权不成立或无效时，房地产抵押权也不发生效力。（2）处分上的从属性。物权法第一百九十二条规定：“抵押权不得与债权分离而单独转让或者作为其他债权的担保。债权转让的，担保该债权的抵押权一并转让，但法律另有规定或者当事人另有约定的除外。”这就是说，房地产抵押权随主债权的处分而发生转移或变化。抵押权不能离开主债权单独转让，抵押权人不能将主债权转让给他人却自己保留房地产抵押权，也不能自己保留主债权而将房地产抵押权转让给他人，更不能将主债权和房地产抵押权分别转让给不同的人。（3）消灭上的从属性。物权法第一百七十七条第一款规定，主债权消灭，担保物权消灭。因此，主债权如因得到清偿、提存、抵销或者免除而消灭，房地产抵押权就没有继续存在的必要，也随之一并消灭。但主债权如果部分消灭，并不导致房地产抵押权的部分消灭。

四、抵押的法律效果：债务人不履行债务时，抵押权人有权依法以抵押的房地产拍卖所得的价款优先受偿

抵押的法律效果也就是抵押权人依法享有的权利。当主债务履行期间届满，债务人不履行债务，包括全部不履行、部分不履行、客观上没有能力履行、主观上拒绝履行等应当履行而未履行的情形，债权人有权要求通过实现抵押权来获得债务清偿。

1. 房地产抵押权具有优先性。本条规定，抵押权人有权依法以抵押的房地产拍卖所得的价款优先受偿。这里所说的优先是指优先于其他普通的债权。当债务人负有多项债务，其中有设定抵押权的债务和未设定抵押权的债务时，那么未设定抵押权的债务均为普通债务，抵押权人有权就抵押房地产优先于其他普通债务的债权人获得清偿。仍有余额的，其他普通债务可按比例获得清偿。如果一项抵押房地产上有多项抵押权，那么债权一般按抵押权登记的先后顺序受偿。

2. 房地产抵押权具有物上代位性。所谓物上代位性，指抵押的房地产原有形态发生变化，房地产抵押权的效力及于抵押房地产的转化物。例如，抵押房地产被毁损，获得保险赔偿金，或者抵押房地产被拆迁获得拆迁补偿款，此保险赔偿金和拆迁补偿款就是抵押房地产的转化物，抵押权人可以对其行使抵押权以实现自己的债权。

3. 房地产抵押权具有追及性。追及性是指抵押权成立以后，不论抵押财产落入何人之手，抵押权人均可追及该抵押房地产行使抵押权。物权法第一百九十条规定，抵押权设立后抵押财产出租的，该租赁关系不得对抗已登记的抵押权。《最高人民法院关于适用〈中华人民共和国担保法〉若干问题的解释》（法释〔2000〕44 号）第六十七条规定，抵押权存续期间，抵押人转让抵押物未通知抵押权人或者未告知受让人的，如果抵押物已经登记的，抵押权人仍可以行使抵押权。换言之，认房不认人，无论抵押房地产由谁受让或承租，抵押权人均可对该房地产行使抵押权以实现自己的债权。

4. 房地产抵押权具有不可分性。主要表现在：（1）抵押房地产一部分转让给第三人时，抵押权不受影响，抵押权人仍得就抵押的全部房地产行使权利。（2）抵押房地产部分灭失，未灭失的抵押财产仍担保全部债权。（3）抵押房地产的范围不受价格的影响。抵押房地产的价格上涨时，抵押人无权要求使抵押房地产的一部分脱离抵押担保关系；抵押房地产的价格非因抵押人的责任而下降的，抵押权人也无权要求抵押人增加抵押财产。（4）主债权经分割或者部分转让的，抵押权不受影响，各债权人仍得就自己的债权份额行使抵押权。（5）主债权部分受偿的，抵押权人仍得就未受偿的债权部分对抵押财产的全部行使抵押权。（6）主债务经分割或者转让的，抵押权原则上也不受影响。《最高人民法院关于适用〈中华人民共和国担保法〉若干问题的解释》（法释〔2000〕44 号）第七十二条第二款规定："主债务被分割或者部分转让的，抵押人仍以其抵押物担保数个债务人履行债务。但是，第三人提供抵押的，债权人许可债务人转让债务未经抵押人书面同意的，抵押人对未经其同意转让的债务，不再承担担保责任。"物权法第一百七十五条第二款规定："第三人提供担保，未经其书面同意，债权人允许债务人转移全部或者部分债务的，担保人不再承担相应的担保责任。”因此，抵押权人就抵押财产全部行使抵押权有一个例外情形，即债务人未经提供抵押的第三人书面同意就转移或分割债务。

相关规定

《中华人民共和国物权法》第97、170、172～175、177、179、190～191、239条；《中华人民共和国担保法》第33条；《最高人民法院关于适用〈中华人民共和国担保法〉若干问题的解释》（法释〔2000〕44号）第54、67、72条；《城市房地产抵押管理办法》（建设部令第98号）第3条。

第四十八条　依法取得的房屋所有权连同该房屋占用范围内的土地使用权，可以设定抵押权。

以出让方式取得的土地使用权，可以设定抵押权。

条文主旨

本条是关于设定抵押权的房地产范围的规定。

立法背景

本条第一款明确房屋所有权应当连同房屋占用范围内的土地使用权一并设定抵押，目的在于贯彻房地权利主体一致的原则。本条第二款仅规定以出让方式取得的土地使用权可以设定抵押权。主要是为了避免房产交易中国有土地收益的流失，对划拨方式取得的土地使用权设定抵押有必要进行限制，因此另立条文进行规范。

条文解读

一、依法取得的房屋所有权连同该房屋占用范围内的土地使用权，可以设定抵押权

1. 依法取得的房屋所有权。房屋所有权的取得，同其他财产所有权的取得一样，可以分为原始取得和继受取得。但是房屋与土地又不同于其他财产，它们属于不动产，所有权的取得，要依法律、法规规定办理一定的手续，如向房管部门办理登记。原始取得，是指不以他人的权利和意思为根据，而根据法律规定直接取得所有权。主要有以下四种情况：（1）依法新建房屋；（2）依法没收房屋，这里指依照法律规定强制收归国有的房屋；（3）收归国有的无主房屋，无主房屋是指没有所有人或所有人不明的房屋；（4）合法添附的房屋，指经依法审批加层、翻建、扩充的房屋。继受取得，是指通过某种法律行为或事件，从原所有人那里取得房屋所有权。通常有以下几种方式：（1）因房屋买卖的法律行为而取得；（2）因房屋赠与或互换的法律行为而取得；（3）因接受继承或遗赠房屋的法律行为而取得。房屋所有权自登记手续完成后取得，但法律另有规定的除外，如物权法第二十九条规定，因继承或受遗赠取

得物权的，自继承或受遗赠开始时发生效力。房屋所有权与该房屋占用范围内的土地使用权必须是依法取得的，才可以设定抵押权。如果是非法取得的，或者对该房屋没有所有权，则不能对该房屋设定抵押权。

2. 房屋所有权连同该房屋占用范围内的土地使用权可以设定抵押权。房屋与土地具有不可分性，本法第三十二条规定“房地产转让、抵押时，房屋的所有权和该房屋占用范围内的土地使用权同时转让、抵押”，说的就是房地一体这一特点。我国立法在处理房地产抵押中土地使用权与地上建筑物的关系时，也始终坚持两者不可分的原则，即土地使用权与其地上建筑物一同抵押，因此素有“地随房走”“房随地走”的说法。这里的“地随房走”，是指以地上建筑物抵押的，该建筑物占用范围内的建设用地使用权一并抵押。这是因为，房屋必须建造在土地之上，房屋转让时其所占用范围内的土地使用权也须一并转让，当抵押权人为实现抵押权而拍卖房屋时，房屋占用范围内的土地使用权也应一并拍卖。因此法律作出一并抵押的规定。而所谓“房随地走”，是指以建设用地使用权抵押的，该土地上的建筑物一并抵押。房屋虽然本质上并不是土地的组成部分，土地使用权可以单独设定抵押，但如果用于抵押的建设用地上附着有地上建筑物，地上建筑物未抵押的情形下，抵押权人行使抵押权时可能面临无法对地上建筑物行使权利的局面，严重影响抵押物交换价值的实现。因此，法律规定以建设用地使用权抵押时，地上的建筑物一并抵押。对此，物权法和担保法均有进一步的明确规定。《中华人民共和国物权法》第一百八十二条规定，以建筑物抵押的，该建筑物占用范围内的建设用地使用权一并抵押。以建设用地使用权抵押的，该土地上的建筑物一并抵押。抵押人未依照前款规定一并抵押的，未抵押的财产视为一并抵押。第一百八十三条规定，乡镇、村企业的建设用地使用权不得单独抵押。以乡镇、村企业的厂房等建筑物抵押的，其占用范围内的建设用地使用权一并抵押。《中华人民共和国担保法》第三十六条规定，以依法取得的国有土地上的房屋抵押的，该房屋占用范围内的国有土地使用权同时抵押。以出让方式取得的国有土地使用权抵押的，应当将抵押时该国有土地上的房屋同时抵押。乡（镇）、村企业的土地使用权不得单独抵押。以乡（镇）、村企业的厂房等建筑物抵押的，其占用范围内的土地使用权同时抵押。

二、以出让方式取得的土地使用权，可以设定抵押权

以出让方式取得土地使用权，是指土地使用者向国家交付土地使用权出让费用，国家将土地使用权在一定的年限内让予土地使用者。国有土地使用权出让的方式包括协议、招标、拍卖等。这里所说的“以出让方式取得”是指土地使用权的来源，而非要求抵押人直接缴纳出让金所获得的土地使用权，也可以是抵押人从他人处受让的出让土地使用权。出让的土地使用权属于土地使用者的一项权益，具有一定的期限和确定的转让价值，因此可以用于抵押，可以连同地上建筑物一并抵押，在地上尚未形成建筑物的情况下也可以单独抵押。

与以出让方式取得的土地使用权相对应的，是以划拨方式取得的土地使用权。因此，可能有人会误认为以划拨方式取得的土地使用权不可抵押。《中华人民共和国物权法》第一百八十条规定“债务人或者第三人有权处分的下列财产可以抵押……（二）建设用地使用权”并没有区分取得土地使用权的方式，城市房地产管理法第五十一条也确认了划拨土地使用权的抵押权，因此以划拨方式取得的土地使用权亦可设定抵押，但在办理手续与实现程序上与以出让方式取得的土地使用权有所不同。

三、预售商品房的抵押

物权法第一百八十条规定，正在建造的建筑物、船舶、航空器可以设定抵押权。因此预售商品房可以设定抵押。根据《城市房地产抵押管理办法》（建设部令第98号）第二十条、第二十五条和第二十七条规定，预购商品房抵押贷款的，商品房开发项目必须符合房地产转让条件并取得商品房预售许可证。房地产抵押，抵押当事人应当签订书面抵押合同。以预购商品房抵押贷款的，须提交生效的预购房屋合同。房地产抵押合同应当载明下列主要内容：（1）抵押人、抵押权人的名称或者个人姓名、住所；（2）主债权的种类、数额；(3) 抵押房地产的处所、名称、状况、建筑面积、用地面积以及四至等；(4) 抵押房地产的价值；(5) 抵押房地产的占用管理人、占用管理方式、占用管理责任以及意外损毁、灭失的责任；(6) 债务人履行债务的期限；(7) 抵押权灭失的条件；(8) 违约责任；(9) 争议解决方式；(10) 抵押合同订立的时间与地点；(11) 双方约定的其他事项。

四、不得设定抵押的房地产范围

在明确可以设定抵押权的房地产范围的同时，我国相关法律法规也对不得设定抵押的房地产作出了具体规定。

《中华人民共和国物权法》第一百八十三条规定："乡镇、村企业的建设用地使用权不得单独抵押。以乡镇、村企业的厂房等建筑物抵押的，其占用范围内的建设用地使用权一并抵押。"《城市房地产抵押管理办法》(建设部令第98号) 第八条规定："下列房地产不得设定抵押：(一) 权属有争议的房地产；(二) 用于教育、医疗、市政等公共福利事业的房地产；(三) 列入文物保护的建筑物和有重要纪念意义的其他建筑物；(四) 已依法公告列入拆迁范围的房地产；(五) 被依法查封、扣押、监管或者以其他形式限制的房地产；(六) 依法不得抵押的其他房地产。"

相关规定

《中华人民共和国物权法》第180、182～184条；《中华人民共和国担保法》第34、36、37条；《城市房地产抵押管理办法》（建设部令第98号）第8条。

第四十九条　房地产抵押，应当凭土地使用权证书、房屋所有权证书办理。

条文主旨

本条是关于办理房地产抵押手续的规定。

条文解读

一、房地产抵押以登记为生效要件

抵押权系担保物权，属于物权的一种。我国物权法对抵押权采取登记生效主义和登记对抗主义相结合的原则。所谓登记生效主义，是指登记是抵押权成立的必要条件，不经登记的抵押权不具有效力。所谓登记对抗主义，是未经登记并不影响抵押权的效力，但不发生公信力，不能对抗善意第三人。物权法第一百八十条及第一百八十七条规定，当事人以（1）建筑物和其他土地附着物；（2）建设用地使用权；（3）以招标、拍卖、公开协商等方式取得的荒地等土地承包经营权；（4）正在建造的建筑物抵押的，应当办理抵押登记。抵押权自登记时设立。其他财产的抵押，自抵押合同生效时设立，未经登记的不能对抗善意第三人。根据担保法的规定，以林木、企业的设备或其他动产抵押，也需经登记才发生效力，但物权法对该类财产的抵押未作登记生效的规定。鉴于物权法明确“担保法与本法的规定不一致的，适用本法”，因此需要登记生效的抵押权应以物权法规定的内容为准。

综上，设立房地产抵押权以登记为生效的要件，抵押当事人应当到房地产所在地的房地产管理部门办理抵押登记，房地产抵押权自登记之日起设立。

二、办理抵押登记应当提供的材料

办理抵押登记时，抵押人应当提供土地使用权证书、房屋所有权证书，一方面表明其对抵押的房地产享有合法的处分权，另一方面登记部门也需要对权利证书进行核验，以保障登记的房地产抵押权具有效力，并在权利证书上作抵押事项记载，以达到公示的目的。

《中华人民共和国担保法》第四十四条规定：“办理抵押物登记，应当向登记部门提供下列文件或者其复印件：（一）主合同和抵押合同；（二）抵押物的所有权或者使用权证书。”

《城市房地产抵押管理办法》（建设部令第98号）规定：“办理房地产抵押登记，应当向登记机关交验下列文件：（一）抵押当事人的身份证明或法人资格证明；（二）抵押登记申请书；（三）抵押合同；（四）《国有土地使用权证》《房屋所有权证》或《房地产权证》，共有的房屋还必须提交《房屋共有权证》和其他共有人同意抵押的证明；（五）可以证明抵押人有权设定抵押权的文件与证明材料；（六）可以证明抵押房地产价值的资料；（七）登记机关认为必要的其他文件。登记机关应当对申请人的申请进行审核。凡权属清楚、证明材料齐全的，应当在受理登记之日起7日内决定是否予以登记，对不予登记的，应当书面通知申请人。以依法取得的房屋所有权证书的房地产抵押的，登记机关应当在原《房屋所有权证》上作他项权利记载后，由抵押人收执。并向抵押权人颁发《房屋他项权证》。以预售商品房或者在建工程抵押的，登记机关应当在抵押合同上作记载。抵押的房地产在抵押期间竣工的，当事人应当在抵押人领取房地产权属证书后，重新办理房地产抵押登记。"

三、房地产抵押因故未能办理抵押登记的法律后果

1. 因登记部门的原因致使当事人无法办理抵押登记的法律后果。《最高人民法院关于适用〈中华人民共和国担保法〉若干问题的解释》第五十九条规定："当事人办理抵押物登记手续时，因登记部门的原因致使其无法办理抵押物登记，抵押人向债权人交付权利凭证的，可以认定债权人对该财产有优先受偿权。但是，未办理抵押物登记的，不得对抗第三人。"

2. 因无法定登记机构致使未办理抵押登记的法律后果。有部分物，法律并未禁止抵押，但因无法定的登记机构而无法进行登记，如公路、大坝等，出于增进信用的必要，当事人依然可能就此类标的物约定抵押担保。当事人可以主张就标的物折价、变卖或拍卖的价款进行受偿，但该权利不具有对抗第三人的效力以及优先性。

3. 因抵押物灭失或抵押物转让给他人等原因不能办理抵押登记的法律后果。不动产抵押合同依法成立，但未办理抵押登记手续，债权人有权请求抵押人办理抵押登记手续。如因抵押物灭失以及抵押物转让给他人等原因不能办理抵押登记，债权人可以请求抵押人以抵押物的价值为限承担责任，但其范围不得超过抵押权有效设立时抵押人所应当承担的责任。

相关规定

《中华人民共和国物权法》第 178、180、187 条；《中华人民共和国担保法》第 41 ~ 44 条；《最高人民法院关于适用〈中华人民共和国担保法〉若干问题的解释》第 59 条；《城市房地产抵押登记管理办法》（建设部令 98 号）第 30 ~ 35 条。

第五十条　房地产抵押，抵押人和抵押权人应当签订书面抵押合同。

条文主旨

本条是关于房地产抵押应当签订书面合同的规定。

立法背景

随着经济发展，房地产作为抵押担保的融资活动日趋活跃，同时因抵押借贷引发的纠纷也日益增多。为规范交易秩序，本条对房地产抵押权的设立提出签订书面合同的形式要求，旨在明确抵押双方的权利义务，保障抵押权的顺利实现。同时，抵押合同也是办理抵押登记的必要材料。

条文解读

一、房地产抵押合同的概念

房地产抵押合同，是指债务人或者第三人不转移对房地产的占有，将房地产作为债权的担保而与债权人达成的有明确权利义务关系的书面协议。

二、房地产抵押合同的法律特征

（一）*房地产抵押合同是要式合同*

要式合同与非要式合同的区别在于，前者必须以采取特定形式为成立要件，后者则不以采取特定形式为成立要件。本法以及担保法均规定抵押人和抵押权人应当以书面形式订立抵押合同，可见抵押合同属于要式合同。抵押合同是不转移标的物的占有，在将来不特定的时候实现权利的合同，鉴于口说无凭、权利难以实现，因此法律规定不采用口头形式。实践当中，房地产抵押合同，可以是抵押人与抵押权人单独签订书面的抵押合同，也可以是在主债权相关合同或文书上载明抵押的条款，这是书面抵押合同的另一种表现形式。抵押合同的签订仅在合同当事人之间产生债的效力，抵押权自依法登记后设立。

（二）房地产抵押合同是一种从合同

根据合同之间的主从关系，可将合同分为主合同和从合同。主合同是指不依赖其他合同而能独立存在的合同。从合同则是指必须以其他合同的存在为前提才能成立的合同。房地产抵押合同必须以设立主债务的合同存在为前提，随着主债务的消灭而终止。

（三）房地产抵押合同的标的物具有特定性

房地产抵押合同的标的物只能是房屋或土地使用权，房屋和土地使用权具有不可移动性以及不可替代性，抵押合同只能用抵押的特定房屋或土地使用权来履行，因此其合同标的物具有特定性。

（四）房地产抵押合同是诺成性合同

根据合同的成立是否以交付标的物为要件，可将合同分为实践性合同和诺成性合同。实践性合同是除当事人意思表示一致外，还必须交付标的物才能成立的合同，而诺成性合同是当事人意思表示一致即可成立合同。房地产抵押合同不要求交付房地产，双方意思表示达成一致即成立，故为诺成性合同。

三、房地产抵押合同应当载明的内容

根据《城市房地产抵押管理办法》（建设部令第98

号）第二十六条、第二十八条、第二十九条规定，房地产抵押合同应当载明下列主要内容：（1）抵押人、抵押权人的名称或者个人姓名、住所；（2）主债权的种类、数额；（3）抵押房地产的处所、名称、状况、建筑面积、用地面积以及四至等；（4）抵押房地产的价值；（5）抵押房地产的占用管理人、占用管理方式、占用管理责任以及意外损毁、灭失的责任；（6）债务人履行债务的期限；（7）抵押权灭失的条件；（8）违约责任；（9）争议解决方式；（10）抵押合同订立的时间与地点；（11）双方约定的其他事项。以在建工程抵押的，抵押合同还应当载明以下内容：（1）《国有土地使用权证》《建设用地规划许可证》和《建设工程规划许可证》编号；（2）已缴纳的土地使用权出让金或需缴纳的相当于土地使用权出让金的款额；（3）已投入在建工程的工程款；（4）施工进度及工程竣工日期；（5）已完成的工作量和工程量。抵押权人要求抵押房地产保险的，以及要求在房地产抵押后限制抵押人出租、转让抵押房地产或者改变抵押房地产用途的，抵押当事人也应当在抵押合同中载明。

相关规定

《中华人民共和国物权法》第 185 条；《中华人民共和国担保法》第 38 ~ 39 条；《城市房地产抵押管理办法》（建设部令第 98 号）第 25 ~ 26、28 ~ 29 条。

第五十一条 设定房地产抵押权的土地使用权是以划拨方式取得的，依法拍卖该房地产后，应当从拍卖所得的价款中缴纳相当于应缴纳的土地使用权出让金的款额后，抵押权人方可优先受偿。

条文主旨

本条是关于以划拨方式取得土地使用权的房地产抵押权实现的规定。

立法背景

土地出让金的前身是土地使用费，它是指国有土地使用者，按规定向国家交付的使用土地的费用。土地使用费的征收对象包括一切使用城市国有土地的事业单位、全民所有制企业、集体所有制企业、中外合资经营企业、外商独资经营企业和个人。1990 年，国务院发布施行《中华人民共和国城镇国有土地使用权出让和转让暂行条例》（国务院令第 55 号），把收取土地使用费的做法有计划有步骤地改为收取土地使用权出让金。土地使用权出让金实质上是地价款，受土地市场调节。作为土地使用者，依照国家有关规定缴纳土地出让金是一项法定义务。因此，抵押人以划拨的国有土地使用权抵押的，在拍卖该土地使用权后，所得价款首先应当依法缴纳土地出让金。

条文解读

本条规定了以划拨方式取得土地使用权的房地产抵押权的实现。房地产抵押权的实现是指债务履行期间届满，债务人不履行债务时，抵押权人依照法律规定的程序处分抵押的房地产，以处分所得的价款使自己的债权优先获得受偿。但如果设定房地产抵押权的土地使用权是以划拨方式取得的，则实现抵押权的程序要求与普通的房地产抵押权有所区别。

一、房地产抵押权实现的方式

实现抵押权有三种方式：折价、变卖或者拍卖抵押物，以所得价款优先受偿。担保法第五十三条规定："债务履行期届满抵押权人未受清偿的，可以与抵押人协议以抵押物折价或者以拍卖、变卖该抵押物所得的价款受偿；协议不成的，抵押权人可以向人民法院提起诉讼。抵押物折价或者拍卖、变卖后，其价款超过债权数额的部分归抵押人所有，不足部分则由债务人清偿。"该条规定抵押权实现有折价、拍卖、变卖等三种方式，明确在协议和诉讼两种途径的基础上，抵押权人可根据自己的情况选择实现抵押权的方式。

"折价"是指抵押权人与抵押人协议处分抵押物，将抵押物折算成货币价值，并按此价值将抵押物转让予抵押权人充抵债权。抵押物折价超过债权数额的部分由抵押权人返还给抵押人，不足部分则由债务人清偿。"变卖"是指用一般的买卖方法将抵押物出卖给第三人，抵押权人就卖得的价金优先受偿。抵押物的折价、变卖都应参照市场价格，由抵押当事人协商进行。“拍卖”则是指以公开竞价的形式，将特定物品或者财产的权利，转让给最高应价者的买卖方式。拍卖是抵押权实行的各种方式中使用最为普遍的一种。根据拍卖的性质不同，又分两种：一为公法上的拍卖，由法院主持进行，为强制执行的一种形式；二为商业拍卖，由抵押权人委托拍卖机构进行。

本法第四十七条以及本条均只提到了拍卖的抵押权实现方式，未提及折价和变卖的方式，但担保法、物权法均规定了上述三种抵押权实现方式。《最高人民法院关于能否将国有土地使用权折价抵偿给抵押权人问题的批复》（法释〔1998〕25号）亦明确：“在依法以国有土地使用权作抵押的担保纠纷案件中，债务履行期届满抵押权人未受清偿的，可以通过拍卖的方式将土地使用权变现。如果无法变现，债务人又没有其他可供清偿的财产时，应当对国有土地使用权依法评估。人民法院可以参考政府土地管理部门确认的地价评估结果将土地使用权折价，经抵押权人同意，将折价后的土地使用权抵偿给抵押权人，土地使用权由抵押权人享有。”因此，房地产抵押权的实现也可以通过拍卖、折价和变卖三种方式进行。

二、房地产抵押权实现的程序

根据《城市房地产抵押管理办法》（建设部令第98号）

第四十一条规定，抵押权人有权要求处分抵押房地产以实现债权时，抵押当事人可以协商通过拍卖等合法方式处分抵押房地产。协议不成的，抵押权人可以向人民法院提起诉讼。可见，抵押权实现的程序是由抵押权人与抵押人先行协议，协议程序能够就抵押房地产处分达成一致意见的，抵押权可按协议的方案予以实现。如果抵押当事人之间不能达成协议，则可经过诉讼程序，在人民法院的主持下实现抵押权。

《城市房地产抵押管理办法》（建设部令第98号）第四十七条规定："处分抵押房地产所得金额，依下列顺序分配：（一）支付处分抵押房地产的费用；（二）扣除抵押房地产应缴纳的税款；（三）偿还抵押权人债权本息及支付违约金；（四）赔偿由债务人违反合同而对抵押权人造成的损害；（五）剩余金额交还抵押人。处分抵押房地产所得金额不足以支付债务和违约金、赔偿金时，抵押权人有权向债务人追索不足部分。"

三、划拨方式取得的土地使用权上抵押权实现的特殊性

该特殊性主要体现在，处分抵押房地产所得价款的分配顺序，与普通的房地产抵押权不同。

本条规定："设定房地产抵押权的土地使用权是以划拨方式取得的，依法拍卖该房地产后，应当从拍卖所得的价款中缴纳相当于应缴纳的土地使用权出让金的款额后，抵押权人方可优先受偿。”因此，划拨土地的房地产抵押权实现时，拍卖房地产所得价款，应当先用于向国家缴纳土地出让金，余款再按普通的房地产抵押分配顺序予以分配。换言之，如果设定房地产抵押权的土地使用权是以划拨方式取得的，那么抵押权人仅对缴纳土地出让金以后的拍卖余款享有优先受偿权。

相关规定

《中华人民共和国担保法》第56条；《城市房地产抵押管理办法》（建设部令第98号）第41、45、47条。

第五十二条　房地产抵押合同签订后，土地上新增的房屋不属于抵押财产。需要拍卖该抵押的房地产时，可以依法将土地上新增的房屋与抵押财产一同拍卖，但对拍卖新增房屋所得，抵押权人无权优先受偿。

条文主旨

本条是关于房地产抵押合同签订后地上新增房屋问题的规定。

立法背景

抵押土地上新增的房屋不属于抵押财产，但须一并拍卖、区别受偿。这既体现了抵押双方当事人的意思自治，又维护了房地一体的原则。

条文解读

依照本法第四十七条规定，房地产抵押并不转移房地产的占有，因此抵押人仍然有权占有、使用抵押的房地产，当然也有权在已抵押的土地上开发建设房地产，如建造房屋、增加基础设施等。

本条规定房地产抵押合同签订后，土地上新增的房屋不属于抵押财产。所谓土地上新增房屋有两种情形：一种是以房屋作抵押，签订抵押合同以后，房屋所占用土地上新建了其他房屋；另一种是单独以土地使用权作抵押，签订抵押合同以后，该土地上新建了房屋。抵押物必须是目前现实存在的财产或财产权益。而抵押合同签订时，这些建筑物尚不存在，因此并不在抵押合同约定的抵押物范围之内，不属于抵押财产。抵押权人行使抵押权时也不应包括这些土地上新增的房屋。

但新增的房屋位于设定抵押的土地之上，两者不可分。如果拍卖时将新增房屋隔离出来，则可能导致房屋权利主体与土地权利主体不一致，房屋的价值无法充分实现，也可能影响抵押权人对抵押物权利的行使。考虑到这一特殊情况，从而规定抵押权人需要拍卖抵押物时，可以将土地上新增的房屋一并拍卖。这一规定有利于实现抵押房地产交换价值的最大化。但土地上新增的房屋毕竟不属于抵押财产，故本条同时规定新增房屋拍卖所得的价款，抵押权人无权优先受偿。为此，拍卖抵押房地产时应对原抵押房地产和新增房地产进行分别计价，以便分清抵押权人可优先受偿的价款范围。

相关规定

《中华人民共和国担保法》第55条。

第四节　房 屋 租 赁

本节共四条，规定了三个方面的内容：(1) 房屋租赁的定义（第五十二条）；(2) 房屋租赁合同（第五十三条）；(3) 住宅用房和生产、经营用房的租赁（第五十四条、第五十五条）。

第五十三条　房屋租赁，是指房屋所有权人作为出租人将其房屋出租给承租人使用，由承租人向出租人支付租金的行为。

条文主旨

本条是关于房屋租赁定义的规定。

立法背景

本条从房屋租赁双方当事人的权利与义务角度明确了房屋租赁的定义。本法草案原规定“房屋所有权人将其房屋租赁，应当经房产管理部门批准”，后在审议过程中删除，体现了对房屋所有权人处分权的充分保障。

条文解读

房屋租赁，按照本条规定是指房屋所有权人作为出租人将其房屋出租给承租人使用，由承租人向出租人支付租金的行为。把握房屋租赁的定义，应注意以下几个问题：

一、交付房屋给他人使用并收取租金的一方为出租人

出租人是房屋租赁法律关系的一方主体。本条仅规定房屋所有权人作为出租人。但实践中，房屋的经营者也可为出租人，较为常见的是写字楼的所有者将整幢楼交与某公司经营，该公司以自己的名义将写字楼分租给不同的房屋消费者占有使用，并收取相应租金。此外，国有房屋的出租人是国家授权行使出租、管理等权利的单位或法人，代表国家行使所有权。

二、得到房屋使用权并支付租金的一方为承租人

承租人是房屋租赁法律关系中的另一方主体，可以是自然人，也可以是法人或其他组织。承租人支付租金获得房屋的占有权、使用权，但不享有处分权。承租人如果转租房屋，或者装修扩建房屋，均需征得出租人的同意。根据《最高人民法院关于审理城镇房屋租赁合同纠纷案件具体应用法律若干问题的解释》（法释〔2009〕11号）第十三条、第十六条的规定，未经出租人同意转租房屋的，出租人可主张解除合同或认定转租合同无效；未经同意装饰装修或者扩建的，出租人可以请求承租人恢复原状或者赔偿损失。

三、出租人并没有丧失房屋的所有权，但处分权受到一定的限制

在租赁关系中，承租人只取得了对房屋的占有、使用权，而房屋的所有权仍然属于出租人。换言之，出租只是转移了房屋的使用权，并没有转移房屋的所有权，实现了房屋所有权与使用权的分离。房屋买卖是将房屋的所有权和使用权一并转移，一次性实现了房屋的价值，而房屋出租则是转移一定期限内的房屋使用权，且可以多次向不同的对象进行转移，属于一种零星出售使用价值逐步实现房屋价值的方式。

房屋租赁关系存续期间，房屋所有权人的处分权受到一定程度的限制：

1. 买卖不破租赁。根据《最高人民法院关于审理城镇房屋租赁合同纠纷案件具体应用法律若干问题的解释》（法释〔2009〕11号）第二十条的规定，租赁期间，房屋所有权人可将房屋的所有权通过买卖、赠与等方式转移给第三人。但房屋所有权人的变更，并不能影响房屋租赁关系的存续，只是租赁关系的主体发生了变化，新的房屋所有权人代替原房屋所有权人成为出租人，租赁合同继续有效。但以下情形或当事人另有约定的除外：（1）房屋在出租前已设立抵押权，因抵押权人实现抵押权发生所有权变动的；（2）房屋在出租前已被人民法院依法查封的。

2. 承租人享有优先购买权。合同法第二百三十条规定："出租人出卖租赁房屋的，应当在出卖之前的合理期限内通知承租人，承租人享有以同等条件优先购买的权利。"但部分情形例外。《最高人民法院关于审理城镇房屋租赁合同纠纷案件具体应用法律若干问题的解释》（法释〔2009〕11号）第二十四条规定，具有下列情形之一，承租人主张优先购买房屋的，人民法院不予支持：（1）房屋共有人行使优先购买权的；（2）出租人将房屋出卖给近亲属，包括配偶、父母、子女、兄弟姐妹、祖父母、外祖父母、孙子女、外孙子女的；（3）出租人履行通知义务后，承租人在十五日内未明确表示购买的；（4）第三人善意购买租赁房屋并已经办理登记手续的。

相关规定

《中华人民共和国合同法》第212、230条；《最高人民法院关于审理城镇房屋租赁合同纠纷案件具体应用法律若干问题的解释》（法释〔2009〕11号）第1、13、16、20～24条。

第五十四条 房屋租赁，出租人和承租人应当签订书面租赁合同，约定租赁期限、租赁用途、租赁价格、修缮责任等条款，以及双方的其他权利和义务，并向房产管理部门登记备案。

条文主旨

本条是关于房屋租赁合同的形式及主要条款的规定。

立法背景

房屋租赁是房地产市场常见的交易方式，因房屋租赁引发的纠纷和诉讼也多见。规定房屋租赁应当签订书面合同，载明法定条款，并向房产管理部门进行登记备案，旨在加强对房屋租赁市场的规范管理，促进其健康发展。

条文解读

一、房屋租赁合同的概念

房屋租赁合同，是指出租人与承租人签订的在一定期限以内把房屋交给承租人使用，承租人向出租人交付一定租金的协议。

二、房屋租赁合同的主要内容

合同法第二百一十三条规定："租赁合同的内容包括租赁物的名称、数量、用途、租赁期限、租金及其支付期限和方式、租赁物维修等条款。"

《商品房屋租赁管理办法》（住房和城乡建设部令第6号）第七条规定：“房屋租赁当事人应当依法订立租赁合同。房屋租赁合同的内容由当事人双方约定，一般应当包括以下内容：（一）房屋租赁当事人的姓名（名称）和住所；（二）房屋的坐落、面积、结构、附属设施，家具和家电等室内设施状况；（三）租金和押金数额、支付方式；（四）租赁用途和房屋使用要求；（五）房屋和室内设施的安全性能；（六）租赁期限；（七）房屋维修责任；（八）物业服务、水、电、燃气等相关费用的缴纳；（九）争议解决办法和违约责任；（十）其他约定。房屋租赁当事人应当在房屋租赁合同中约定房屋被征收或者拆迁时的处理办法。建设（房地产）管理部门可以会同工商行政管理部门制定房屋租赁合同示范文本，供当事人选用。”

三、房屋租赁合同的登记备案程序

（一）登记备案的期限要求

《商品房屋租赁管理办法》（住房和城乡建设部令第6号）第十四条规定：“房屋租赁合同订立后三十日内，房屋租赁当事人应当到租赁房屋所在地直辖市、市、县人民政府建设（房地产）主管部门办理房屋租赁登记备案。房屋租赁当事人可以书面委托他人办理租赁登记备案。”

（二）登记备案应提交的材料

根据《商品房屋租赁管理办法》（住房和城乡建设部令第6号）第十五条规定，办理房屋租赁登记备案，房屋租赁当事人应当提交下列材料：(1) 房屋租赁合同；(2) 房屋租赁当事人身份证明；(3) 房屋所有权证书或者其他合法权属证明；(4) 直辖市、市、县人民政府建设（房地产）主管部门规定的其他材料。

（三）房屋租赁登记备案证明

根据《商品房屋租赁管理办法》（住房和城乡建设部令第6号）第十六条、第十七条规定，对符合要求的，直辖市、市、县人民政府建设（房地产）主管部门应当在三个工作日内办理房屋租赁登记备案，向租赁当事人开具房屋租赁登记备案证明。房屋租赁登记备案证明应当载明出租人的姓名或者名称，承租人的姓名或者名称、有效身份证件种类和号码，出租房屋的坐落、租赁用途、租金数额、租赁期限等。

（四）房屋租赁登记备案证明遗失或内容变化

根据《商品房屋租赁管理办法》（住房和城乡建设部令第6号）第十八条、第十九条规定，房屋租赁登记备案证明遗失的，应当向原登记备案的部门补领。房屋租赁登记备案内容发生变化、续租或者租赁终止的，当事人应当在三十日内，到原租赁登记备案的部门办理房屋租赁登记备案的变更、延续或者注销手续。

相关规定

《中华人民共和国合同法》第213条；《商品房屋租赁管理办法》（住房和城乡建设部令第6号）第7、14~19条。

第五十五条 住宅用房的租赁，应当执行国家和房屋所在城市人民政府规定的租赁政策。租用房屋从事生产、经营活动的，由租赁双方协商议定租金和其他租赁条款。

条文主旨

本条是关于住宅用房与生产、经营活动用房租赁的规定。

立法背景

本条分别对住宅用房和生产、经营用房的租赁作了原则性的规定。本法草案原对租赁的期限、续租、公房租赁期满收回等均作了规定，后考虑到当时职工住房基本是公房，也无租赁期限限制等因素，在审议过程中予以删除，仅作原则性规定，相关问题留待住房制度改革过程中逐步解决。《中华人民共和国合同法》《公共租赁住房管理办法》(住房和城乡建设部令第11号）等对相关租赁问题进一步作了规范。

条文解读

一、住宅用房的租赁

所谓住宅用房，是指供家庭居住使用的房屋。本条规定，住宅用房的租赁应当执行国家和房屋所在城市人民政府规定的租赁政策。这里的“租赁政策”，包括国家的法律、行政法规、地方性法规、规章以及其他规范性文件中有关住宅用房租赁的规定和要求。

城市住宅用房种类较多，按照来源和性质的不同，可分为商品房、自建房、房改房、经济适用房、廉租房、公租房、安置房等。按照现行政策，城市住宅用房大致可分为两大类：一类是商品性住房，主要是居民通过市场渠道购房的商品房，也包括按照国家政策实施已取得产权的房改房等；另一类是保障性住房，是由政府向城市中低收入家庭提供的具有社会保障性质的住房，包括经济适用房、廉租房、公租房等。对于这两类不同性质住房的租赁，国家实行不同的政策。

（一）商品性住房的租赁

商品性住房租赁，由出租人与承租人在遵循平等、自愿、合法和诚实信用原则的基础上，经过协商并签订租赁合同建立租赁关系。商品性住房租赁，应当遵守《中华人民共和国合同法》《最高人民法院关于审理城镇房屋租赁合同纠纷案件具体应用法律若干问题的解释》等，相关规定如下：

1. 租赁合同效力问题

根据《最高人民法院关于审理城镇房屋租赁合同纠纷案件具体应用法律若干问题的解释》（法释〔2009〕11 号）第二条至第四条规定，出租人就未取得建设工程规划许可证或者未按照建设工程规划许可证的规定建设的房屋，与承租人订立的租赁合同无效。但在一审法庭辩论终结前取得建设工程规划许可证或者经主管部门批准建设的，应当认定有效。出租人就未经批准或者未按照批准内容建设的临时建筑，与承租人订立的租赁合同无效。但在一审法庭辩论终结前经主管部门批准建设的，认定有效。租赁期限超过临时建筑的使用期限，超过部分无效。但在一审法庭辩论终结前经主管部门批准延长使用期限的，延长使用期限内的租赁期间有效。当事人以房屋租赁合同未按照法律、行政法规规定办理登记备案手续为由，请求人民法院确认合同无效的，一般得不到支持。当事人约定以办理登记备案手续为房屋租赁合同生效条件的，从其约定。但当事人一方已经履行主要义务，对方接受的除外。

2. 承租人可解除租赁合同的情形

根据《最高人民法院关于审理城镇房屋租赁合同纠纷案件具体应用法律若干问题的解释》（法释〔2009〕11 号）第八条规定，租赁房屋被司法机关或者行政机关依法查封；租赁房屋权属有争议；租赁房屋具有违反法律、行政法规关于房屋使用条件强制性规定情况等，导致租赁房屋无法使用，承租人有权请求解除合同。

3. 租赁期限

《中华人民共和国合同法》第二百一十四条、第二百一十五条规定：“租赁期限不得超过二十年。超过二十年的，超过部分无效。租赁期间届满，当事人可以续订租赁合同，但约定的租赁期限自续订之日起不得超过二十年。租赁期限六个月以上的，应当采用书面形式，当事人未采用书面形式的，视为不定期租赁。”

《中华人民共和国合同法》第二百三十二条规定，当事人对租赁期限没有约定或者约定不明确，依照该法第六十一条的规定仍不能确定的，视为不定期租赁。当事人可以随时解除合同，但出租人解除合同应当在合理期限之前通知承租人。

4. 房屋转租

《中华人民共和国合同法》第二百二十四条规定：“承租人经出租人同意，可以将租赁物转租给第三人。承租人转租的，承租人与出租人之间的租赁合同继续有效，第三人对租赁物造成损失的，承租人应当赔偿损失。承租人未经出租人同意转租的，出租人可以解除合同。”

《最高人民法院关于审理城镇房屋租赁合同纠纷案件具体应用法律若干问题的解释》（法释〔2009〕11 号）第十六条第一款规定：“出租人知道或应当知道承租人转租，但在六个月内未提出异议，其以承租人未经同意为由请求解除合同或者认定转租合同无效的，人民法院不予支持。”

5. 共同居住人的居住权

《中华人民共和国合同法》第二百三十四条规定：“承租人在房屋租赁期间死亡的，与其生前共同居住的人可以按照原租赁合同租赁该房屋。”

6. 关于续租

《中华人民共和国合同法》第二百三十六条规定：“租赁期间届满，承租人继续使用租赁物，出租人没有提出异议的，原租赁合同继续有效，但租赁期限为不定期。”

（二）保障性住房的租赁

保障性住房是与商品性住房相对的一个概念，指政府为中低收入且住房困难的家庭所提供的限定标准、限定价格或者租金的住房，包括经济适用房、廉租住房和公共租赁住房。

因经济适用房是由城市低收入住房困难家庭以政府限定的价格购买，购房人拥有有限产权，因此不存在承租的问题。所谓廉租住房，是指政府以租金补贴或实物配租的方式，向符合城镇居民最低生活保障标准且住房困难的家庭提供社会保障性质的住房。所谓公共租赁住房，是指国家提供政策支持，限定建设标准和租金水平，面向符合规定条件的城镇中等偏下收入住房困难家庭、新就业无房职工和在城镇稳定就业的外来务工人员出租的保障性住房。根据住房和城乡建设部、财政部、国家发展和改革委员会《关于公共租赁住房和廉租住房并轨运行的通知》（建保〔2013〕178 号），从 2014 年起，各地公共租赁住房和廉租住房并轨运行，并轨后统称为公共租赁住房。公共租赁住房的租赁政策性较强，各省、市均出台了自己的公共租赁住房管理办法。国家层面公共租赁住房的相关政策，主要依据是《公共租赁住房管理办法》（住房和城乡建设部令第11号）和《公共租赁住房资产管理暂行办法》（财资〔2018〕106号）。

1. 申请公共租赁住房的承租人条件。根据《公共租赁住房管理办法》（住房和城乡建设部令第11号）第七条、第八条的规定，申请公共租赁住房，应当符合以下条件：（1）在本地无住房或者住房面积低于规定标准；（2）收入、财产低于规定标准；（3）申请人为外来务工人员的，在本地稳定就业达到规定年限。具体条件由直辖市和市、县级人民政府住房保障主管部门根据本地区实际情况确定，报本级人民政府批准后实施并向社会公布。对在开发区和园区集中建设面向用工单位或者园区就业人员配租的公共租赁住房，用人单位可以代表本单位职工申请。

2. 公共租赁住房申请的审核与复核。《公共租赁住房管理办法》（住房和城乡建设部令第11号）第九条规定："市、县级人民政府住房保障主管部门应当会同有关部门，对申请人提交的申请材料进行审核。经审核，对符合申请条件的申请人，应当予以公示，经公示无异议或者异议不成立的，登记为公共租赁住房轮候对象，并向社会公开；对不符合申请条件的申请人，应当书面通知并说明理由。申请人对审核结果有异议，可以向市、县级人民政府住房保障主管部门申请复核。市、县级人民政府住房保障主管部门应当会同有关部门进行复核，并在15个工作日内将复核结果书面告知申请人。”

3. 公共租赁住房的轮候与配租。《公共租赁住房管理办法》（住房和城乡建设部令第11号）第十条至第十四条规定，对登记为轮候对象的申请人，应当在轮候期内安排公共租赁住房。轮候期由直辖市和市、县级人民政府住房保障主管部门根据本地区经济发展水平和公共租赁住房需求，合理确定，一般不超过五年。公共租赁住房房源确定后，市、县级人民政府住房保障主管部门应当制定配租方案并向社会公布。轮候对象可以到主管部门进行意向登记。经复审通过的轮候对象，由市、县级人民政府住房保障主管部门采取综合评分、随机摇号等向社会公开的方式，确定配租对象与配租排序，并予以公示。公示无异议或者异议不成立的，配租对象按照配租排序选择公共租赁住房。复审通过的轮候对象中享受国家定期抚恤补助的优抚对象、孤老病残人员等，可以优先安排公共租赁住房。配租结果应当向社会公开。

4. 公共租赁住房的续租。根据《公共租赁住房管理办法》（住房和城乡建设部令第11号）第十八条及第三十条规定，公共租赁住房租赁期限一般不超过五年。租赁期届满需要续租的，承租人应当在租赁期满三个月前向市、县级人民政府住房保障主管部门提出申请。市、县级人民政府住房保障主管部门应当会同有关部门对申请人是否符合条件进行审核。经审核符合条件的，准予续租，并签订续租合同。未按规定提出续租申请的承租人，租赁期满应当腾退公共租赁住房；拒不腾退的，公共租赁住房的所有权人或者其委托的运营单位可以向人民法院提起诉讼，要求承租人腾退公共租赁住房。

5. 公共租赁住房的退回与腾退。《公共租赁住房管理办法》（住房和城乡建设部令第 11 号）第二十七条规定："承租人有下列行为之一的，应当退回公共租赁住房：（一）转借、转租或者擅自调换所承租公共租赁住房的；（二）改变所承租公共租赁住房用途的；（三）破坏或者擅自装修所承租公共租赁住房，拒不恢复原状的；（四）在公共租赁住房内从事违法活动的；（五）无正当理由连续 6 个月以上闲置公共租赁住房的。承租人拒不退回公共租赁住房的，市、县级人民政府住房保障主管部门应当责令其限期退回；逾期不退回的，市、县级人民政府住房保障主管部门可以依法申请人民法院强制执行。"

《公共租赁住房管理办法》（住房和城乡建设部令第 11 号）第三十一条规定："承租人有下列情形之一的，应当腾退公共租赁住房：（一）提出续租申请但经审核不符合续租条件的；（二）租赁期内，通过购买、受赠、继承等方式获得其他住房并不再符合公共租赁住房配租条件的；（三）租赁期内，承租或者承购其他保障性住房的。承租人有前款规定情形之一的，公共租赁住房的所有权人或者其委托的运营单位应当为其安排合理的搬迁期，搬迁期内租金按照合同约定的租金数额缴纳。搬迁期满不腾退公共租赁住房，承租人确无其他住房的，应当按照市场价格缴纳租金；承租人有其他住房的，公共租赁住房的所有权人或者其委托的运营单位可以向人民法院提起诉讼，要求承租人腾退公共租赁住房。”

此外，《公共租赁住房管理办法》（住房和城乡建设部令第 11 号）第二十九条规定：“承租人累计 6 个月以上拖欠租金的，应当腾退所承租的公共租赁住房；拒不腾退的，公共租赁住房的所有权人或者其委托的运营单位可以向人民法院提起诉讼，要求承租人腾退公共租赁住房。”

二、生产、经营用房的租赁

生产、经营用房，是指用来从事生产、经营活动的房屋，也称生产性、经营性用房。生产性用房，即工业用房，指直接用于生产或为生产配套的各种房屋，如厂房、车间、仓库、手工作坊等，也包括辅助用房及附属设施用房。经营性用房，即商业用房，指各类商店、门市部、饮食店、粮油店、菜场、理发店、照相馆、浴室、旅社、招待所等从事商业和为居民生活服务的房屋，也包括写字楼等办公用房。

本条规定“……租用房屋从事生产、经营活动的，由租赁双方协商议定租金和其他租赁条款”。因租用他人房屋从事生产、经营性活动，是一种营利性活动，与租用住宅不同，应当贯彻当事人之间平等协商、公平交易的原则。租金标准，双方的权利义务、违约条款等，均可以由双方根据市场行情，秉承意思自治的原则协商议定。但双方无约定或约定不明的情形下，同样受《中华人民共和国合同法》及《最高人民法院关于审理城镇房屋租赁合同纠纷案件具体应用法律若干问题的解释》等相关规定调整。

相关规定

《中华人民共和国合同法》第13章；《最高人民法院关于审理城镇房屋租赁合同纠纷案件具体应用法律若干问题的解释》（法释〔2009〕11号）；《公共租赁住房管理办法》（住房和城乡建设部令第11号）；《公共租赁住房资产管理暂行办法》（财资〔2018〕106号）。

第五十六条 **以营利为目的，房屋所有权人将以划拨方式取得使用权的国有土地上建成的房屋出租的，应当将租金中所含土地收益上缴国家。具体办法由国务院规定。**

条文主旨

本条是关于以划拨方式取得使用权的国有土地上建成房屋出租的规定。

立法背景

本条对房屋所有权人出租划拨土地上所建房屋获取收

益作出了限制，与划拨土地使用权抵押权实现应先上缴土地出让金一样，均体现了对国家土地收益的保障。

条文解读

一、以划拨方式取得使用权的国有土地上建成的房屋可以出租

建设用地使用权人依法对国家所有的土地享有占有、使用和收益的权利，有权利用该土地建造建筑物、构筑物及其附属设施。因此，划拨土地使用权人同样有权在相应的划拨土地上建造建筑物、构筑物等。我国曾对划拨土地上建成房屋的出租转让等作出限制和审批的要求，1990 年施行的《中华人民共和国城镇国有土地使用权出让和转让暂行条例》（国务院令第 55 号）第四十五条第一款、第四十六条明确："符合下列条件的，经市、县人民政府土地管理部门和房产管理部门批准，其划拨土地使用权和地上建筑物、其他附着物所有权可以转让、出租、抵押：（一）土地使用者为公司、企业、其他经济组织和个人；（二）领有国有土地使用证；（三）具有地上建筑物、其他附着物合法的产权证明；（四）依照本条例第二章的规定签订土地使用权出让合同，向当地市、县人民政府补交土地使用权出让金或者以转让、出租、抵押所获收益抵交土地使用权出让金。对未经批准擅自转让、出租、抵押划拨土地使用权的单位和个人，市、县人民政府土地管理部门应当没收其非

法收入，并根据情节处以罚款。”2019 年，国务院办公厅又出台了《关于完善建设用地使用权转让、出租、抵押二级市场的指导意见》（国办发〔2019〕34 号）提出，以划拨方式取得的建设用地使用权出租的，应按照有关规定上缴租金中所含土地收益，纳入土地出让收入管理。宗地长期出租，或部分用于出租且可分割的，应依法补办出让、租赁等有偿使用手续。建立划拨建设用地使用权出租收益年度申报制度，出租人依法申报并缴纳相关收益的，不再另行单独办理划拨建设用地使用权出租的批准手续。

鉴此，从 2019 年开始，划拨土地使用权出租已明确不需要单独办理审批手续。允许房屋所有权人将其划拨土地上建成的房屋出租，也是其行使处分权的一种形式。

二、以划拨方式取得使用权的国有土地上建成房屋出租的租金收益的处理

由于房屋所有权人对房屋占用土地享有使用权，因而其出租房屋的租金中包含了土地收益。此处所称的土地收益，一般指城市土地收益，是以城市土地条件为基础而产生的超额纯收益。纯收益是总收益扣除生产经营过程中已消耗的生产资料和劳动力的补偿费用后的余额。它包含非土地纯收益和土地收益两个部分。影响非土地纯收益的是劳动力的社会经济技术条件；影响土地收益的则是土地本身的条件，如土地的位置、在市场机制作用下能否形成垄断性等。城市土地收益归土地所有者占有时，城市土地收益就取得了地租的属性。比如，房屋所有权人取得使用权的土地处于繁华地带，这一地区经过开发建设，已建成一系列附属设施，从而抬高了本地区的地价，即级差地租。级差地租的收益，是城市土地收益的一种特殊形式，是指城市土地收益以土地位置为基础而形成的超额纯收益。这种位置差别主要表现为环境差别和运距差别。人们利用城市土地不是利用它的肥力或其地下矿藏，而是利用土地的空间位置。城市中位置有利的地段，环境繁华，交通便捷，通信方便，既节省费用，又能加快资金周转，故能获得更大超额利润。这种由城市土地的位置因素为基础而形成的超额纯收益，就是通常所说的城市土地级差收益。我国城市土地属于国家所有，土地使用者获得的城市土地级差收益，应以级差地租形式缴给国家。这是因为，级差地租是国家投资在该地区进行建设所形成的，房屋所有权人对此并没有任何投资。所以，这部分收益应当上缴国家，实际上也是国家的投资得以回收。

至于出租人如何将租金中所含的土地收益上缴国家，本条授权国务院制定具体办法。2019 年，国务院办公厅出台了《关于完善建设用地使用权转让、出租、抵押二级市场的指导意见》（国办发〔2019〕34 号）提出，以划拨方式取得的建设用地使用权出租的，应按照有关规定上缴租金中所含的土地收益，纳入土地出让收入管理。宗地长期出租，或部分用于出租且可分割的，应依法补办出让、租赁等有偿使用手续。建立划拨建设用地使用权出租收益年度申报制度。

相关规定

《关于完善建设用地使用权转让、出租、抵押二级市场的指导意见》(国办发〔2019〕34号)第3条。

第五节　中介服务机构

本节共三条，规定了以下三个方面的内容：一是房地产中介服务机构的范围与类型（第五十七条）；二是房地产中介服务机构应具备的条件（第五十八条）；三是国家实行房地产价格评估人员资格认证制度（第五十九条）。

第五十七条　房地产中介服务机构包括房地产咨询机构、房地产价格评估机构、房地产经纪机构等。

条文主旨

本条是关于房地产中介服务机构范围与类型的规定。

立法背景

随着房地产交易的蓬勃发展，房地产中介服务机构大量出现，其中，部分机构的服务质量低下，甚至存在违法违规操作现象，需要进行监管，而本条划定房地产中介机构的范围，确定其不同的类型，是对其进行监管的基础。

条文解读

房地产中介服务包括信息咨询、价格评估与经纪代理等，相应地产生了三类中介机构，也就是房地产咨询机构、房地产价格评估机构以及房地产经纪机构。

一、房地产咨询机构

房地产咨询是指为房地产活动当事人提供法律法规、政策、信息、技术等方面服务的经营活动。房地产咨询机构，主要的业务就是为房地产活动中有咨询需求的当事人提供相关服务，具体包括：（1）信息咨询服务。比如，收集、整理与提供各地待出让或抵押的土地使用权和房屋的数量与质量、地价与房价的变动情况以及房地产相关法规和政策的变动等信息；（2）方案设计服务。此种服务主要是向房地产开发商提供，包括代为研究投资开发方案、设计项目规划方案等业务。

二、房地产估价机构

房地产价格评估，亦称房地产估价，是指遵循评估规则，依照评估程序，通过科学的评估方法，来推测并判断房地产可能的价格。根据《房地产估价机构管理办法》（原建设部令第142号，2015年经住建部令第24号修正）的规定，房地产评估机构，或称房地产估价机构，是指依法设立并取得房地产估价机构资质，从事房地产估价活动的中介服务机构。房地产估价活动的具体范围，包括土地、建筑物、构筑物、在建工程、以房地产为主的企业整体资产、企业整体资产中的房地产等各类房地产评估，以及因转让、抵押、房屋征收、司法鉴定、课税、公司上市、企业改制、企业清算、资产重组、资产处置等需要进行的房地产评估。房地产估价机构从事房地产估价活动，应当坚持独立、客观、公正的原则，执行房地产估价规范和标准，房地产估价机构依法从事房地产估价活动，不受行政区域、行业限制，任何组织或个人不得非法干预房地产估价活动和估价结果。

房地产估价机构的资质分为三级，都由省、自治区人民政府住房城乡建设主管部门、直辖市人民政府房地产主管部门负责房地产估价机构资质许可。一级资质房地产估价机构可以从事各类房地产估价业务。二级资质房地产估价机构可以从事除公司上市、企业清算以外的房地产估价业务。三级资质房地产估价机构可以从事除公司上市、企业清算、司法鉴定外的房地产估价业务。此外，新设立的中介机构申请房地产估价机构资质的，应当核定为三级资质，设一年的暂定期。暂定期内的三级资质房地产估价机构可以从事除公司上市、企业清算、司法鉴定、房屋征收、在建工程抵押以外的房地产估价业务。

房地产估价业务应当由房地产估价机构统一接受委托，

收取费用。房地产估价师不得以个人名义承揽估价业务，分支机构应当以设立该分支机构的房地产估价机构名义承揽估价业务。房地产估价机构及执行房地产估价业务的估价人员与委托人或者估价业务相对人有利害关系的，应当回避。

房地产估价机构承揽房地产估价业务，应当与委托人签订书面估价委托合同。估价委托合同应当包括下列内容：(1）委托人的名称或者姓名和住所；(2）估价机构的名称和住所；(3）估价对象；(4）估价目的；(5）价值时点；(6）委托人的协助义务；(7）估价服务费及其支付方式；(8）估价报告交付的日期和方式；(9）违约责任；(10）解决争议的方法。

房地产估价机构未经委托人书面同意，不得转让受托的估价业务。经委托人书面同意，房地产估价机构可以与其他房地产估价机构合作完成估价业务，以合作双方的名义共同出具估价报告。

房地产估价机构不得有以下行为：(1）涂改、倒卖、出租、出借或者以其他形式非法转让资质证书；(2）超越资质等级业务范围承接房地产估价业务；(3）以迎合高估或者低估要求、给予回扣、恶意压低收费等方式进行不正当竞争；(4）违反房地产估价规范和标准；(5）出具有虚假记载、误导性陈述或者重大遗漏的估价报告；(6）擅自设立分支机构；(7）未经委托人书面同意，擅自转让受托的估价业务；(8）法律、法规禁止的其他行为。

房地产估价报告应当由房地产估价机构出具，加盖房地产估价机构公章，并有至少两名专职注册房地产估价师签字。房地产估价机构应当妥善保管房地产估价报告及相关资料。房地产估价报告及相关资料的保管期限自估价报告出具之日起不得少于十年。保管期限届满而估价服务的行为尚未结束的，应当保管到估价服务的行为结束为止。

三、房地产经纪机构

房地产经纪，是指房地产经纪机构和房地产经纪人员为促进房地产交易，向委托人提供房地产居间、代理等服务并收取佣金的行为。房地产经纪机构，是依法设立，从事上述活动的中介服务机构。根据《房地产经纪管理办法》(原住建部、发改委、人社部令第 8 号，2016 年经住建部、发改委、人社部令第 29 号修正）的规定，设立房地产经纪机构和分支机构，应当具有足够数量的房地产经纪人员。房地产经纪人和房地产经纪人协理应当通过每年全国统一组织的考试。

房地产经纪机构及其分支机构应当在其经营场所醒目位置公示下列内容：(1）营业执照和备案证明文件；(2）服务项目、内容、标准；(3）业务流程；(4）收费项目、依据、标准；(5）交易资金监管方式；(6）信用档案查询方式、投诉电话以及 12358 价格举报电话；（7）政府主管部门或者行业组织制定的房地产经纪服务合同、房屋买卖合同、房屋租赁合同示范文本；(8）法律、法规、规章规定的其他事项。分支机构还应当公示设立该分支机构的房地产经纪机构的经营地址及其联系方式。房地产经纪机构代理销售商品房项目的，还应当在销售现场明显位置明示商品房销售委托书和批准销售商品房的有关证明文件。

房地产经纪机构接受委托提供房地产信息、实地看房、代拟合同等房地产经纪服务的，应当与委托人签订书面房地产经纪服务合同。房地产经纪服务合同应当包含下列内容：(1) 房地产经纪服务合同双方当事人的姓名（名称）、住所等情况和从事业务的房地产经纪人员情况；(2) 房地产经纪服务的项目、内容、要求以及完成的标准；(3) 服务费用及其支付方式； (4) 合同当事人的权利和义务；(5) 违约责任和纠纷解决方式。房地产经纪机构提供代办贷款、代办房地产登记等其他服务的，应当向委托人说明服务内容、收费标准等情况，经委托人同意后，另行签订合同。

房地产经纪服务实行明码标价制度。房地产经纪机构应当遵守价格法律、法规和规章规定，在经营场所醒目位置标明房地产经纪服务项目、服务内容、收费标准以及相关房地产价格和信息。房地产经纪机构不得收取任何未予标明的费用；不得利用虚假或者使人误解的标价内容和标价方式进行价格欺诈；一项服务可以分解为多个项目和标准的，应当明确标示每一个项目和标准，不得混合标价、捆绑标价。房地产经纪机构未完成房地产经纪服务合同约定事项，或者服务未达到房地产经纪服务合同约定标准的，不得收取佣金。两家或者两家以上房地产经纪机构合作开展同一宗房地产经纪业务的，只能按照一宗业务收取佣金，不得向委托人增加收费。

房地产经纪机构签订的房地产经纪服务合同，应当加盖房地产经纪机构印章，并由从事该业务的一名房地产经纪人或者两名房地产经纪人协理签名。房地产经纪机构签订房地产经纪服务合同前，应当向委托人说明房地产经纪服务合同和房屋买卖合同或者房屋租赁合同的相关内容，并书面告知下列事项：（1）是否与委托房屋有利害关系；（2）应当由委托人协助的事宜、提供的资料；（3）委托房屋的市场参考价格；（4）房屋交易的一般程序及可能存在的风险；（5）房屋交易涉及的税费；（6）经纪服务的内容及完成标准；（7）经纪服务收费标准和支付时间；（8）其他需要告知的事项。

房地产经纪机构根据交易当事人需要提供房地产经纪服务以外的其他服务的，应当事先经当事人书面同意并告知服务内容及收费标准。书面告知材料应当经委托人签名（盖章）确认。房地产经纪机构与委托人签订房屋出售、出租经纪服务合同，应当查看委托出售、出租的房屋及房屋权属证书，委托人的身份证明等有关资料，并应当编制房屋状况说明书。经委托人书面同意后，方可以对外发布相应的房源信息。房地产经纪机构与委托人签订房屋承购、承租经纪服务合同，应当查看委托人身份证明等有关资料。

委托人与房地产经纪机构签订房地产经纪服务合同，委托人未提供规定资料或者提供资料与实际不符的，房地产经纪机构应当拒绝接受委托。

房地产交易当事人约定由房地产经纪机构代收代付交易资金的，应当通过房地产经纪机构在银行开设的客户交易结算资金专用存款账户划转交易资金。交易资金的划转应当经过房地产交易资金支付方和房地产经纪机构的签字和盖章。

房地产经纪机构和房地产经纪人员不得有下列行为：(1) 捏造散布涨价信息，或者与房地产开发经营单位串通捂盘惜售、炒卖房号，操纵市场价格；(2) 对交易当事人隐瞒真实的房屋交易信息，低价收进高价卖（租）出房屋赚取差价；(3) 以隐瞒、欺诈、胁迫、贿赂等不正当手段招揽业务，诱骗消费者交易或者强制交易；(4) 泄露或者不当使用委托人的个人信息或者商业秘密，谋取不正当利益；(5) 为交易当事人规避房屋交易税费等非法目的，就同一房屋签订不同交易价款的合同提供便利；(6) 改变房屋内部结构分割出租；(7) 侵占、挪用房地产交易资金；(8) 承购、承租自己提供经纪服务的房屋；(9) 为不符合交易条件的保障性住房和禁止交易的房屋提供经纪服务；(10) 法律、法规禁止的其他行为。

房地产经纪机构应当建立业务记录制度，如实记录业务情况。房地产经纪机构应当保存房地产经纪服务合同，保存期不少于五年。房地产经纪行业组织应当制定房地产经纪从业规程，逐步建立并完善资信评价体系和房地产经纪房源、客源信息共享系统。房地产经纪机构和房地产经纪人员应当按照规定提供真实、完整的信用档案信息。

相关规定

《房地产估价机构管理办法》（原建设部令第142号，2015年经住建部令第24号修正）第1~56条；《房地产经纪管理办法》（原住建部、发改委、人社部令第8号，2016年经住建部、发改委、人社部令第29号修正）第1~40条。

第五十八条 房地产中介服务机构应当具备下列条件：

（一）有自己的名称和组织机构；

（二）有固定的服务场所；

（三）有必要的财产和经费；

（四）有足够数量的专业人员；

（五）法律、行政法规规定的其他条件。

设立房地产中介服务机构，应当向工商行政管理部门申请设立登记，领取营业执照后，方可开业。

条文主旨

本条是关于房地产中介服务机构设立条件和程序的规定。

立法背景

我国已经颁布了《中华人民共和国公司法》，在公司法中，除对少数涉及国家安全、重大公共利益的公司设立采核准主义，要求经过行政机关的审批许可方可登记设立外，对于一般的公司设立都采取准则主义，只要符合法律规定的要件即可登记设立公司。考虑到房地产中介服务机构大多以公司形式存在，本法对房地产中介服务机构设立的规定参考了公司法中的规定，采准则主义。

条文解读

一、设立房地产中介服务机构的条件

（一）有自己的名称和组织机构

房地产中介服务机构的名称是设立房地产中介服务机构的登记事项，是房地产中介服务机构特定化的标志，房地产中介服务机构可以以其名称区别于其他民事主体，同时，名称也是房地产中介服务机构商誉的一部分。

房地产中介服务机构是通过内部组织机构的活动进行运作的，组织机构的建立可以使房地产中介服务机构具有意思能力、执行能力，便于对外实施行为，进行经营活动。

（二）有固定的服务场所

要求房地产中介服务机构有固定服务场所的意义在于：（1）以确保房地产中介服务机构经营的真实性，防止其成

为“皮包公司”或者“幽灵公司”；（2）可以确定诉讼管辖地；（3）确定法律文书或其他函件收送的地点；（4）确定具有管辖权的登记、税收等其他管理机构；（5）确定债务履行地等。

（三）有必要的财产和经费

必要的财产和经费是房地产中介服务机构赖以进行业务经营的物质条件，也是其承担财产义务和责任的物质保证。但是，对于房地产中介服务机构的设立，不存在强制性的注册资本要求。

（四）有足够数量的专业人员

房地产咨询、评估和经纪业务，都是专业性很强的活动，需要足够的专业技术人员的支撑，才能提供有价值的服务，为了保护房地产领域消费者的合法权益，要求房地产中介机构中有足够数量的专业人员。

（五）法律、行政法规规定的其他条件

房地产中介服务机构设立的过程中，需要满足的其他条件与房地产中介服务机构的形态有一定关系。例如，如果要设立公司形态的房地产中介服务机构，则需要遵守《中华人民共和国公司法》与《中华人民共和国公司登记管理条例》（原国务院令第156号，2016年经国务院令第666号修正）的规定；如果设立合伙形态的房地产中介服务机构，则需要遵守《中华人民共和国合伙企业法》和《中华人民共和国合伙企业登记管理办法》（原国务院令第

236号，2019年经国务院令第709号修正）的规定；等等。

二、设立房地产中介服务机构的程序

按照本条规定，设立房地产中介服务机构，需要向市场监管部门申请设立登记，领取营业执照后，方可开业。由于我国对房地产中介服务机构的设立采准则主义，因此只需要符合法律规定的条件，即可向市场监管部门申请设立，市场监管部门所签发的营业执照上的日期，就是房地产中介服务机构的成立日期。凭管理部门颁发的营业执照，可以进行刻制公章、建立银行账户、申请纳税登记活动。

相关规定

《中华人民共和国公司法》第23～29、76～92条；《中华人民共和国合伙企业法》第14～19条；《中华人民共和国公司登记管理条例》（国务院令第156号，2016年经国务院令第666号修正）第1～25条；《中华人民共和国合伙企业登记管理办法》（原国务院令第236号，2019年经国务院令第709号修正）第1～17条；《中华人民共和国个人独资企业法》第8～11条；《个体工商户条例》（原国务院令第596号，2016年经国务院令第666号修正）第2、8条。

第五十九条　国家实行房地产价格评估人员资格认证制度。

条文主旨

本条是关于房地产价格评估人员资格认证制度的规定。

立法背景

随着房地产市场的日益活跃，房地产价格评估变得越来越重要，不仅关系到房地产交易当事人的利益，而且关系到国家土地使用权出让价格以及税收征收等，为了加强对房地产价格评估人员的管理，规范房地产价格评估人员的行为，维护公共利益和房地产估价市场秩序，国家根据从事房地产价格评估活动需要的专业技能、专业知识，对房地产价格评估人员进行审查，确认其具有与从事房地产价格评估活动相适应的专业技能、专业知识。

条文解读

本条是关于房地产价格评估人员资格认证制度的原则性规定。目前，我国房地产价格评估人员要以房地产估价师的名义从事房地产估价业务，需要两个步骤：第一，应当通过全国房地产估价师执业资格考试或者资格认定、资格互认，取得中华人民共和国房地产估价师执业资格；第二，在取得执业资格后，要按照《注册房地产估价师管理办法》（原建设部令第151号，2016年经住建部令第32号修正）的规定注册，取得中华人民共和国房地产估价师注册证书，方能以房地产估价师的名义执业。

一、取得执业资格

要取得房地产估价师执业资格，一共有三种方式：

第一种是执业资格考试的方式，在满足报考要求的条件下，参加全国统一的房地产估价师执业资格考试，取得高于合格标准的成绩，便可以取得房地产估价师执业资格，具体的考试组织办法由《房地产估价师执业资格考试实施办法》（建房〔1995〕147号）规定。

第二种是资格互认的方式，这一方式目前仅适用于香港测量师，2003年，中国房地产估价师学会和香港测量师学会签署了互认协议，通过资格互认，可以分别取得对方的执业资格，因此香港测量师可以通过资格互认取得内地房地产估价师执业资格。

第三种是资格认定的方式，这一方法目前已经不再使用，其主要存在于房地产估价师考试和注册办法出台之前，1993年，原建设部和原人事部共同发布《关于认定“房地产估价师”有关问题的通知》（建房字第27号），在当时的房地产估价人员中，对已经具有丰富实践经验、精通估价理论、熟悉掌握估价技巧的优秀专业人员，由原建设部和原人事部共同认定为“房地产估价师”，以代替当时从事房地产估价工作的经济师、工程师等称谓。

二、取得中华人民共和国房地产估价师注册证书

根据《注册房地产估价师管理办法》（原建设部令第151号，2016年经住建部令第32号修正）规定，取得执业资格的人员，应当受聘于一个具有房地产估价机构资质的单位，经注册后方可从事房地产估价执业活动。注册房地产估价师的注册条件为：（1）取得执业资格；（2）达到继续教育合格标准；（3）受聘于具有资质的房地产估价机构；（4）无该办法第十四条规定不予注册的情形。申请注册的，应当向国务院住房城乡建设主管部门提出注册申请。

注册证书是房地产估价师的执业凭证，注册有效期为三年。注册有效期满需继续执业的，应当在注册有效期满三十日前申请延续注册，延续注册的，注册有效期为三年。注册房地产估价师变更执业单位，应当与原聘用单位解除劳动合同，并按《注册房地产估价师管理办法》（原建设部令第151号，2016年经住建部令第32号修正）第八条规定的程序办理变更注册手续，变更注册后延续原注册有效期。取得执业资格的人员，申请在新设立房地产估价机构、分支机构执业的，应当在申报房地产估价机构资质或者分支机构备案的同时，办理注册手续。

申请人有下列情形之一的，不予注册：（1）不具有完全民事行为能力的；（2）刑罚尚未执行完毕的；（3）因房地产估价及相关业务活动受到刑事处罚，自刑事处罚执行完毕之日起至申请注册之日止不满五年的；（4）因前项规

定以外的原因受刑事处罚，自刑事处罚执行完毕之日起至申请注册之日止不满三年的；（5）被吊销注册证书，自被处罚之日起至申请注册之日止不满三年的；（6）以欺骗、贿赂等不正当手段获准的房地产估价师注册被撤销，自被撤销注册之日起至申请注册之日止不满三年的；（7）申请在两个或者两个以上房地产估价机构执业的；（8）为现职公务员的；（9）年龄超过65周岁的；（10）法律、行政法规规定不予注册的其他情形。

注册房地产估价师有下列情形之一的，其注册证书失效：（1）聘用单位破产的；（2）聘用单位被吊销营业执照的；（3）聘用单位被吊销或者撤回房地产估价机构资质证书的；（4）已与聘用单位解除劳动合同且未被其他房地产估价机构聘用的；（5）注册有效期满且未延续注册的；（6）年龄超过65周岁的；（7）死亡或者不具有完全民事行为能力的；（8）其他导致注册失效的情形。

有下列情形之一的，注册房地产估价师应当及时向国务院住房城乡建设主管部门提出注销注册的申请，交回注册证书，国务院住房城乡建设主管部门应当办理注销手续，公告其注册证书作废：（1）有本办法第十五条所列情形发生的；（2）依法被撤销注册的；（3）依法被吊销注册证书的；（4）受到刑事处罚的；（5）法律、法规规定应当注销注册的其他情形。注册房地产估价师有前款所列情形之一的，有关单位和个人有权向国务院住房城乡建设主管部门举报；县级以上地方人民政府建设（房地产）主管部门应当及时报告国务院住房城乡建设主管部门。

相关规定

《注册房地产估价师管理办法》（原建设部令第151号，2016年经住建部令第32号修正）第1~16条。

第五章　房地产权属登记管理

本章共四条，规定了四个方面的问题：一是概括确立房地产权属登记发证制度（第六十条）；二是规定了办理房地产权属登记的主管机关和程序（第六十一条）；三是对房地产抵押登记的规定（第六十二条）；四是对统一发放房地产权属证书的例外规定（第六十三条）。

第六十条　国家实行土地使用权和房屋所有权登记发证制度。

条文主旨

本条是关于房地产权属登记发证制度的规定。

立法背景

房地产权属登记是房地产管理的核心，也是现代房地产制度的基础。房地产产权制度、交易制度、管理制度的确立，都要依赖房地产权属登记制度。

条文解读

房地产权属登记，又叫房地产登记，是指房地产产权登记机关对房地产权利人、房地产权利性质、房地产权利来源、取得时间、变更情况和房地产的面积、结构、用途、位置等，在专门的簿册中进行记载，依法确认房地产权属关系的行为。本条即确定了我国的房地产权属登记制度。

一、房地产权属登记制度的功能

房地产权属登记制度一方面可以维护国家利益，利于城市管理和税收征收，另一方面可以保护民事主体的交易安全，维护市场交易秩序。此制度具有以下三个方面的功能：

1. 权利确认功能

房地产权属登记制度的权利确认功能，是指房地产权属登记能确认房地产权利归属状态，经登记的房地产权利受国家强制力保护，可以对抗权利人以外的任何人。一般情况下，登记机构无需确认权利的合法性、真实性，而只需确认申请人是否依法提交申请材料且这些材料是否符合法律规定的予以登记的标准。确认的后果，是按照当事人的申请将不动产权利或者其他依法应当记载的事项，记载于登记簿。

产权的归属是从事产权交易的前提和基础，如果没有有效的手段向社会昭示权利的存在，不仅会使权利人自己对权利的界限产生模糊认识，也会使第三人对权利人的权利认识不清，进而无法在权利受到侵犯时进行有效的救济。登记制度就可以有效解决权利存在状况模糊的问题。同时，不动产登记资料作为法定书证，具有较高的证据效力，除非有证据证明不动产登记簿的记载与真实权利状态不符，否则法院审理不动产纠纷案件时可直接依据不动产登记簿裁判，减少调查取证的难度。

2. 权利公示功能

房地产权属登记制度的权利公示功能，是指房地产权属登记公开了房地产权利变动状况，公布给社会公众和利益相关人，从而保障房地产交易的安全。第三人乃至社会公众可以通过登记知悉当前不动产权利的归属及变动状况，从而更好地履行尊重他人不动产物权的义务，也可作为自己是否进行某种法律行为的判断依据，进而维护不动产的占有秩序和交易安全，切实保障权利人和第三人的利益。

登记的公示公信效力，主要来源于国家的信誉和行为，通过国家出面登记，以国家的信誉做保障，使社会全体对其产生一致信赖。尤其在我国现阶段市场体制仍不健全、信用体系尚未完全建立的情况下，房地产登记制度的公示对减少纠纷起到了重要作用。

3. 管理功能

房地产权属登记制度的管理功能，是指房地产权属登记能够实现国家的管理意图，是国家干预房地产资源开发和利用、防止房地产资源滥用和浪费的有效手段。一方面，通过登记建立产籍资料，进行产籍管理，可以为国家的宏观经济和社会发展规划提供一定的依据，也为国家对房地产税收的监管奠定基础；另一方面，通过登记审查相关权利设立、变更、终止的合法性，还可以取缔违反法律、法规和社会公共利益的行为，确保国家法律法规的贯彻执行和城乡规划的落实。

二、房地产权属登记制度的效力

《中华人民共和国物权法》建立、健全了不动产物权变动登记生效为主、登记对抗为辅、不经登记生效为例外的三项制度。我国的登记具有强制性，登记对不动产物权变动的效力可以分为三种情况：

1. 一般情况下，不动产经登记生效。物权法第六条规定："不动产物权的设立、变更、转让和消灭，应当依照法律规定登记……"第九条第一款规定："不动产物权的设立、变更、转让和消灭，经依法登记，发生效力；未经登记，不发生效力，但法律另有规定的除外。"由此不动产物权登记作为物权变动生效要件的效力得以确立，从而结束了对不动产物权登记效力的争议。

2. 某些情况下，登记仅是不动产物权产生对抗效力的要件。出于我国农村不动产登记的实际状况，物权法第一百二十九条、第一百五十八条对不动产物权登记的效力也作了例外规定，用益物权中的土地承包经营权的互换、转让以及地役权，不经登记不得对抗第三人。

3. 例外情况下，不经登记也可以发生不动产物权变动。物权法第九条第二款、第二十八条至第三十条规定，某些不动产物权效力的变动不以登记为要件：一是规定依法属于国家所有的自然资源，所有权可以不登记；二是规定因人民法院、仲裁委员会的法律文书或者人民政府的征收决定等，导致物权设立、变更、转让或者消灭的，自法律文书或者人民政府的征收决定等生效时发生效力；三是规定因继承或者受遗赠取得物权的，自继承或者受遗赠开始时发生效力；四是规定因合法建造、拆除房屋等事实行为设立或者消灭物权的，自事实行为成就时发生效力。上述规定属于非因法律行为取得、设立、丧失及变更不动产物权的情形，不以登记为生效要件。尽管如此，根据物权法第三十一条的规定，以上述第二种至第四种方式取得物权的，在处分该物权时，依照法律规定仍需要办理登记，未经登记，不发生物权效力。

三、房地产权属登记制度的分类

《中华人民共和国物权法》确定了包括房地产在内的不动产统一登记基本制度。依据物权法、不动产登记暂行条例的相关规定，房地产登记一般可分为初始登记、变更登记、转移登记、注销登记、更正登记、异议登记、预告登记、查封登记等。其具体含义如下：

1. 初始登记，是最初取得房地产所进行的登记。初始登记分为土地使用权的初始登记和新建房屋所有权的登记。一般先进行土地使用权的初始登记，待建筑物及附着物竣工验收后，再进行建筑物及附着物的所有权登记。如原来未进行土地使用权初始登记的，则这两种登记可一并进行。

2. 变更登记，是房屋所有权没发生实质性的变动，仅房屋本身发生变动如房屋改建、扩建及拆除部分或房屋析产、房主姓名更改而引起变化的，应办理的登记。

3. 转移登记，是指在房地产转让时，房屋所有权和土地使用权发生实质性变动，如买卖、赠与、交换等，应向县级以上地方人民政府不动产登记机构申请登记。

4. 注销登记，是指因房屋灭失、土地使用权年限届满、他项权利终止等原因导致不动产权利消灭的，权利人向不动产登记机构申请的登记事项。建设用地使用权消灭的，应当及时办理注销登记；已经登记的宅基地使用权转让或者消灭的，已经登记的地役权变更、转让或者消灭的，应当及时办理变更登记或注销登记。

5. 更正登记，权利人、利害关系人认为不动产登记簿记载的事项错误的，可以申请更正登记。不动产登记簿记载的权利人书面同意更正或者有证据证明登记确有错误的，登记机构应当予以更正。

6. 异议登记，认为不动产登记簿记载的事项确有错误，而不动产登记簿记载的权利人不同意更正的，利害关系人可以申请异议登记。登记机构予以异议登记的，申请人在异议登记之日起十五日内不起诉，异议登记失效。异议登记不当，造成权利人损害的，权利人可以向申请人请求损害赔偿。

7. 预告登记，是指当事人签订买卖房屋或者其他不动产物权的协议，为保障将来实现物权，按照约定可以向登记机构申请的登记。预告登记后，未经预告登记的权利人同意，处分该不动产的，不发生物权效力。预告登记后，债权消灭或者自能够进行不动产登记之日起三个月内未申请登记的，预告登记失效。

8. 查封登记，是被执行人因继承、判决或者强制执行等原因获得房地产权利，且尚未办理登记手续的，由执行法院向登记机关提供被执行人取得财产所依据的继承证明、生效判决书或者执行裁定书及协助执行通知书，由登记机关对该房屋的权属直接进行登记，然后再予以查封。

申请人在办理不动产登记时需要提交的材料，可参照《不动产登记暂行条例》（国务院令第 656 号，2019 年经国务院令第 710 号修正）第十六条的规定："申请人应当提交下列材料，并对申请材料的真实性负责：（一）登记申请书；（二）申请人、代理人身份证明材料、授权委托书；（三）相关的不动产权属来源证明材料、登记原因证明文件、不动产权属证书；（四）不动产界址、空间界限、面积等材料；（五）与他人利害关系的说明材料；（六）法律、行政法规以及本条例实施细则规定的其他材料。不动产登记机构应当在办公场所和门户网站公开申请登记所需材料目录和示范文本等信息。”而具体到不同类型的登记，其需要提交的材料稍有不同，详细规定可见《不动产登记暂行条例实施细则》（国土资源部令第63号）和《土地登记规则》[国土（法）字第184号]。

相关规定

《中华人民共和国物权法》第6、9、28、29、30、31、129、158条；《不动产登记暂行条例》（国务院令第656号，2019年经国务院令第710号修正）第16条；《不动产登记暂行条例实施细则》（国土资源部令第63号）；《土地登记规则》[国土（法）字第184号]。

第六十一条 **以出让或者划拨方式取得土地使用权，应当向县级以上地方人民政府土地管理部门申请登记，经县级以上地方人民政府土地管理部门核实，由同级人民政府颁发土地使用权证书。**

在依法取得的房地产开发用地上建成房屋的，应当凭土地使用权证书向县级以上地方人民政府房产管理部门申请登记，由县级以上地方人民政府房产管理部门核实并颁发房屋所有权证书。

房地产转让或者变更时，应当向县级以上地方人民政府房产管理部门申请房产变更登记，并凭变更后的房屋所有权证书向同级人民政府土地管理部门申请

土地使用权变更登记，经同级人民政府土地管理部门核实，由同级人民政府更换或者更改土地使用权证书。

法律另有规定的，依照有关法律的规定办理。

条文主旨

本条是关于房地产权属登记机关及程序的规定。

立法背景

我国城市房地产登记实行房屋所有权与土地使用权分别登记的制度，因此对其相对应的主管部门和登记程序作了规定。

条文解读

本条中，第一款是对国有土地使用权权属登记的规定，第二款是对新建房屋所有权登记的规定，第三款是对房地产权属变更登记的规定，第四款是例外规定。其具体内容如下：

一、国有土地使用权登记

国有土地使用权登记，是指土地管理部门根据依法取得国有土地使用权的单位和个人的申请，按照法定程序对其国有土地使用权进行审查核实、注册登记、核发国有土地使用权证书的一种制度。无论是以出让方式还是以划拨方式取得的国有土地使用权，都应当办理权属登记。其登记程序主要有以下三个步骤：

1. 登记申请

土地权属登记程序，依照《不动产登记暂行条例实施细则》（国土资源部令第63号）和《城镇地籍调查规程》办理。按规定，土地登记必须由权利人提出申请，有以下两个要件：

（1）申请人。土地权利人是土地登记的申请人。土地登记应当由交易双方当事人共同申请，但是国有土地使用权、集体土地所有权、集体土地使用权的初始登记，非因法律行为而取得土地权利的登记、更正登记或者异议登记，土地权利证书的补发或者换发等情况，可以单方申请。两个以上土地使用权人共同使用一宗土地的，可以分别申请土地登记。某些情况下，当事人可以由代理人代理申请登记，包括未成年人的土地权利由其监护人代为申请登记，以及其他当事人委托代理人申请土地登记的情况。代理境外申请人申请土地登记的，授权委托书和被代理人身份证明应当经依法公证或者认证。

（2）申请登记应当提交的文件。申请人申请土地登记，应当根据不同的登记事项提交下列材料：土地登记申请书；申请人身份证明材料；土地权属来源证明；地籍调查表、宗地图及宗地界址坐标；土地出让价款、土地租金、相关费用等缴纳凭证；地上附着物权属证明；法律、法规规定的完税或者减免税凭证等。申请人申请土地登记，应当如实向不动产登记机构提交有关材料和反映真实情况，并对申请材料实质内容的真实性负责。

2. 不动产登记机构的受理与审核

根据《不动产登记暂行条例》（国务院令第656号，2019年经国务院令第710号修正）第十七条的规定，不动产登记机构收到不动产登记申请材料，应当分别按照下列情况办理：(1) 属于登记职责范围，申请材料齐全、符合法定形式，或者申请人按照要求提交全部补正申请材料的，应当受理并书面告知申请人；(2) 申请材料存在可以当场更正的错误的，应当告知申请人当场更正，申请人当场更正后，应当受理并书面告知申请人；(3) 申请材料不齐全或者不符合法定形式的，应当当场书面告知申请人不予受理并一次性告知需要补正的全部内容；(4) 申请登记的不动产不属于本机构登记范围的，应当当场书面告知申请人不予受理并告知申请人向有登记权的机构申请。不动产登记机构未当场书面告知申请人不予受理的，视为受理。

不动产登记机构受理土地登记的申请后，可以对申请登记的土地进行实地查看，一般基于以下缘由：(1) 房屋等建筑物、构筑物所有权首次登记；(2) 在建建筑物抵押权登记；(3) 因不动产灭失导致的注销登记；(4) 不动产登记机构认为需要实地查看的其他情形。对可能存在权属争议，或者可能涉及他人利害关系的登记申请，不动产登记机构也可以向申请人、利害关系人或者有关单位进行调查。不动产登记机构应当自受理登记申请之日起三十个工作日内办结不动产登记手续，法律另有规定的除外。

3. 不动产登记机构的处理

不动产登记机构应当根据审查结果，作出登记或不登记的行为。对于符合要求的，不动产登记机构按照法律规定办理登记手续。基于传统习惯，我国在实践中普遍存在向权利人发放权属证书的做法，权属证书具有不公开、真实性可能存在问题的缺陷，因此不动产权属证书记载的事项与不动产登记簿不一致的，除有证据证明不动产登记簿确有错误外，以不动产登记簿为准。

土地权属有争议的、土地违法违规行为尚未处理或者正在处理的、未依法足额缴纳土地有偿使用费和其他税费的、申请登记的土地权利超过规定期限或其他依法不予登记的情况，登记机关应不予登记，并书面告知申请人不予登记的理由。

二、新建房屋所有权登记

新建房屋所有权登记，是指房产管理部门根据房屋所有权人的申请，依照法定程序对其房屋所有权进行审查核实、注册登记、办理房屋所有权证书的一种制度。房屋所有权登记的程序一般经过申请、受理、审核、登记发证四项，必要时，应有公告。具体如下：

1. 申请

房屋应当按照基本单元进行登记。根据《不动产登记暂行条例实施细则》（国土资源部令第 63 号）第三十五条的规定，申请国有建设用地使用权及房屋所有权首次登记的，应当提交下列材料：（1）不动产权属证书或者土地权属来源材料；（2）建设工程符合规划的材料；（3）房屋已经竣工的材料；（4）房地产调查或者测绘报告；（5）相关税费缴纳凭证；（6）其他必要材料。申请登记材料应当提供原件，不能提供原件的，应当提交经有关机关确认与原件一致的复印件。

2. 受理

申请人提交的申请登记材料齐全且符合法定形式的，应当予以受理，并出具书面凭证。申请人提交的申请登记材料不齐全或者不符合法定形式的，应当不予受理，并一次性告知申请人需要补正的内容。

3. 审核

房屋登记机构应当查验申请登记材料，并根据不同登记申请就申请登记事项是不是申请人的真实意思表示、申请登记房屋是否为共有房屋、房屋登记簿记载的权利人是否同意更正，以及申请登记材料中需进一步明确的其他有关事项询问申请人。询问结果应当经申请人签字确认，并归档保存。房屋登记机构认为申请登记房屋的有关情况需要进一步证明的，可以要求申请人补充材料。

4. 登记发证

房屋权属证书是权利人享有房屋权利的证明，包括《房屋所有权证》《房屋他项权证》等。需要注意的是，为了应对我国城镇建筑物区分所有权制度的发展，《不动产登记暂行条例实施细则》（国土资源部令第63号）规定，办理房屋所有权首次登记时，申请人应当将建筑区划内依法属于业主共有的道路、绿地、其他公共场所、公用设施和物业服务用房及其占用范围内的建设用地使用权一并申请登记为业主共有。业主转让房屋所有权的，其对共有部分享有的权利依法一并转让。

三、房地产权属变更登记

房地产作为商品处于不断流转之中，所以对房地产的登记管理除了静态的登记之外，还要建立起动态的登记，房地产的变更登记就是一种动态的管理手段。

根据本条第三款的规定，需要办理房地产变更登记的主要原因有两个：一是房地产转让，二是房地产变更。房地产转让，是指房地产权利人通过买卖、赠与、交换或者其他合法方式将其房地产转移给他人的行为。通常发生房地产转让的法律事实主要有：买卖、交换、赠与、继承、析产、调拨、法院判决、仲裁机构仲裁裁决等。房地产变更，是指房地产因扩建、改建、增建、翻建以及拆除、自然灾害等原因发生的房地产增减的情况，以及房地产权利人的名称或者姓名改变，原来设定的负担或者权利终止、消灭等情况。

房地产的转让或者变更情况的发生，导致房地产的现状与原有的房地产登记状况不符。房地产变更登记的目的在于保证房地产登记的现实性，保证房地产权利人和有关第三人的合法权益不受侵犯。

四、房地产权属登记的特殊规定

本条第四款是对与其他法律衔接的规定："法律另有规定的，依照有关法律的规定办理。"这一规定的意思是在其他法律另有关于房屋或土地权属登记的规定时，在该法适用范围内，按照该法的规定办理。

相关规定

《土地登记规则》[国土（法）字第184号]；《不动产登记暂行条例实施细则》（国土资源部令第63号）；《城镇地籍调查规程》。

第六十二条 **房地产抵押时，应当向县级以上地方人民政府规定的部门办理抵押登记。**

因处分抵押房地产而取得土地使用权和房屋所有权的，应当依照本章规定办理过户登记。

条文主旨

本条是关于房地产抵押登记的规定。

立法背景

房地产抵押涉及金额较大，可能对金融秩序产生重大影响，因此对房地产的抵押登记作了专门规定。

条文解读

一、房地产抵押的设立登记

本条第一款是对设立房地产抵押的程序性规定。房地产抵押登记，是指房地产权利人以其支配的房地产设定抵押后，依照法定的程序申请不动产登记机构，在登记簿上作的记载。房地产抵押登记还包括抵押变更登记、抵押权转让登记、抵押权注销登记。抵押房地产，是房地产权利人处分其权利的一种形式，也是在市场经济条件下作为保证交易安全经常发生的一种行为。设定抵押权的房地产如果不能公示于社会，对于保障房地产交易安全极为不利，为了防止房地产权利人隐瞒这种有瑕疵的房地产权利，将其进行转让，法律上创设了房地产抵押登记这种制度。依据《中华人民共和国物权法》第一百八十条及第一百八十七条、《中华人民共和国担保法》第四十一条至第四十四条、《不动产登记暂行条例实施细则》（国土资源部令第63号）第六十五条至第七十八条的规定，可以明确以下内容：

可以申请办理房地产抵押登记的财产为：建设用地使用权；建筑物和其他土地附着物；海域使用权；以招标、拍卖、公开协商等方式取得的荒地等土地承包经营权；正在建造的建筑物；法律、行政法规未禁止抵押的其他不动产。

我国对房地产抵押登记的效力，采登记生效主义与登记对抗主义相结合的原则，以下列四项做抵押的，抵押权自登记时设立：（1）建筑物和其他土地附着物；（2）建设用地使用权；（3）以招标、拍卖、公开协商等方式取得的荒地等土地承包经营权；（4）正在建造的建筑物。而其他财产的抵押，自抵押合同生效时设立，未经登记的不能对抗善意第三人。

二、处分抵押房地产后的过户登记

本条第二款规定，处分抵押房地产后，必须办理过户登记。如果被抵押的房地产保证的债务不能按时履行，需要处分抵押的房地产时，就会发生土地使用权与房屋所有权的转移。这时应当按照本条第二款的规定办理房地产变更登记，第二款所称“依照本章规定办理过户登记”，即依照本法第六十一条第三款的规定办理房地产变更登记。

相关规定

《中华人民共和国物权法》第180、187条；《中华人民共和国担保法》第41～44条；《不动产登记暂行条例实施细则》（国土资源部令第63号）第65～78条。

第六十三条　经省、自治区、直辖市人民政府确定，县级以上地方人民政府由一个部门统一负责房产管理和土地管理工作的，可以制作、颁发统一的房地产权证书，依照本法第六十一条的规定，将

房屋的所有权和该房屋占用范围内的土地使用权的确认和变更，分别载入房地产权证书。

条文主旨

本条是关于统一发放房地产权属证书的规定。

立法背景

此条订立前，我国的房地产管理实行“两制分开、两证分开”的制度，存在极大的不合理性，房产、地产分别登记造成两套机构互相扯皮、互相牵制，导致政府办事效率低下和重复收费，给广大群众造成诸多不便。为了简化办事程序，体现执政为民的理念，本法允许将房、地产权证书统一制作、颁发。

条文解读

一、立法对房、地产权证书统一制作、颁发的肯定及引导

我国的土地管理和房产管理分别属于国务院两个部门的职责，因此本法第六十条对房地产权属登记作出了实行土地使用权登记发证和房屋所有权登记发证分别进行的规定，这主要是为了适应本法制定时我国土地与房产分部门管理体制的现实。但在立法时，一些地方在土地管理制度改革过程中，组建了统一负责房产管理和土地管理工作的

部门，形成了土地、房产统一管理的体制。在这种体制之下，房地产权属证书是土地与房屋记载的合一，当事人只需办一次手续领一个证。可以说，这种房地产管理体制代表了我国房地产管理体制改革的方向，为了在法律上兼顾地方上的这种管理体制现状，也为了发挥法律对房地产管理体制改革的引导作用，肯定这种体制，本条允许县级以上地方人民政府由一个部门统一负责房产管理和土地管理工作的，可以制作、颁发统一的房地产权证书。

二、现已建立的不动产统一登记制度

长期以来，我国不动产登记弊端丛生，国家一直酝酿进行改革。2007 年 10 月 1 日起实施的《中华人民共和国物权法》第十条规定，国家实行统一的房地产登记制度，为统一的房地产登记制度提供了依据。2013 年 11 月 20 日，国务院总理李克强主持召开国务院常务会议，决定整合不动产登记职责。会议指出，整合不动产登记职责、建立不动产统一登记制度，是国务院机构改革和职能转变方案的重要内容，也是完善社会主义市场经济体制、建设现代市场体系的必然要求。2015 年 3 月 1 日，我国全面启用统一的不动产登记簿证样式，《不动产登记暂行条例》（国务院令第 656 号，2019 年经国务院令第 710 号修正）也正式开始实施，2016 年 1 月 1 日又出台了《不动产登记暂行条例实施细则》（国土资源部令第 63 号），对不动产统一登记制度进行了不断细化。

依据现行法律法规，不动产登记簿应以宗地或者宗海为单位编成，一宗地或者一宗海范围内的全部不动产单元具有唯一编码，编入一个不动产登记簿，进行统一登记与管理。而被纳入登记的不动产权利包括以下十项：集体土地所有权；房屋等建筑物、构筑物所有权；森林、林木所有权；耕地、林地、草地等土地承包经营权；建设用地使用权；宅基地使用权；海域使用权；地役权；抵押权；法律规定需要登记的其他不动产权利。

《不动产登记暂行条例》（国务院令第656号，2019年经国务院令第710号修正）规定了不动产统一登记的管理机关，即国务院国土资源主管部门负责指导、监督全国不动产登记工作。县级以上地方人民政府应当确定一个部门为本行政区域的不动产登记机构，负责不动产登记工作，并接受上级人民政府不动产登记主管部门的指导、监督。还进一步规定国务院国土资源主管部门应当会同有关部门建立统一的不动产登记信息管理基础平台，以实现不动产登记信息在各行政区划、各行政管理部门之间的共享，发挥不动产统一登记的功能。

近年来，不动产统一登记制度的登记机构、登记簿册、登记依据和信息平台“四统一”改革目标已经全面实现，登记的统一化、电子化工作持续推进，制度红利进入集中释放阶段。但土地登记、房产登记都是十分艰巨的工作，将其合二为一给相关管理部门带来了非常大的工作量，从

2015年到现在仍有部分衔接工作未完成，不动产统一登记制度还需完善。

相关规定

《中华人民共和国物权法》第10条；《不动产登记暂行条例》（国务院令第656号，2019年经国务院令第710号修正）；《不动产登记暂行条例实施细则》（国土资源部令第63号）。

第六章　法律责任

本章共8条，规定了违反本法应承担的法律责任。一是擅自出让或者擅自批准出让国有土地使用权用于房地产开发的法律责任（第六十四条）；二是擅自从事房地产开发的法律责任（第六十五条）；三是违法转让以出让方式取得土地使用权的法律责任（第六十六条）；四是违法转让以划拨方式取得土地使用权的房地产的法律责任（第六十七条）；五是违法预售商品房的法律责任（第六十八条）；六是擅自从事房地产中介服务业务的法律责任（第六十九条）；七是向房地产开发企业非法收费的法律责任（第七十条）；八是管理部门工作人员玩忽职守、滥用职权、索贿、受贿的法律责任（第七十一条）。

第六十四条　违反本法第十一条、第十二条的规定，擅自批准出让或者擅自出让土地使用权用于房地产开发的，由上级机关或者所在单位给予有关责任人员行政处分。

条文主旨

本条是关于擅自出让或者擅自批准出让国有土地使用权用于房地产开发的法律责任的规定。

立法背景

一方面，我国土地资源紧张，从事房地产开发却需要占用大量土地。为了防止某些地方政府为了发展经济大量圈占耕地等土地资源，应当对政府行为有所规范。另一方面，不通过公开的市场竞争，低价、过量获取土地使用权的情况屡见不鲜，为了防止国家土地收益的流失，应规定具体责任人员的法律责任，对擅自出让或者擅自批准出让土地使用权用于房地产开发的有关责任人员给予行政处分。

条文解读

一、擅自出让或者擅自批准出让土地使用权用于房地产开发行为的认定

需要明确的一点在于，本条的规范对象是国有土地使用权之出让。对本条的具体理解需要注意以下三点：

1. “擅自批准”

本法第十一条对年度出让土地使用权的总量控制进行了规定：“县级以上地方人民政府出让土地使用权用于房地产开发的，须根据省级以上人民政府下达的控制指标拟订

年度出让土地使用权总面积方案，按照国务院规定，报国务院或者省级人民政府批准。”从中可以看出，有权批准出让的机构为县级以上地方人民政府，而其制定的年度出让方案需经国务院或者省级人民政府批准。由此可知，本条规定的“擅自批准”，是指县级以上地方人民政府未经国务院或者省级人民政府批准，擅自作出批准决定，将所辖范围内国有土地使用权出让，用于房地产开发。

2. “擅自出让”

本法第十二条对土地使用权的出让程序进行了规定：“土地使用权出让，由市、县人民政府有计划、有步骤地进行。出让的每幅地块、用途、年限和其他条件，由市、县人民政府土地管理部门会同城市规划、建设、房产管理部门共同拟定方案，按照国务院规定，报经有批准权的人民政府批准后，由市、县人民政府土地管理部门实施。直辖市的县人民政府及其有关部门行使前款规定的权限，由直辖市人民政府规定。”本条规定的“擅自出让”，是指不符合此程序的土地使用权出让，即指市、县人民政府的土地管理部门未会同城市规划、建设、房产管理部门共同拟定方案并报经有批准权的人民政府批准，就实施了出让土地使用权的具体工作。

3. “有关责任人员”

本法对“有关责任人员”未作明确规定，但根据本法对于土地使用权出让程序的规定可知，本条的规范主体仅为国家机关公务人员。而具体人员的认定可参照《中国共产党纪律处分条例》第三十七条，将有关责任人员分为三种：第一，主要领导责任人，是指在其职责范围内，对直接主管的工作不履行或者不正确履行职责，对造成的损失或者后果负直接领导责任的领导干部；第二，重要领导责任人，是指在其职责范围内，对应管的工作或者参与决定的工作不履行或者不正确履行职责，对造成的损失或者后果负次要领导责任的党员领导干部；第三，直接责任人，是指在其职责范围内，不履行或者不正确履行自己的职责，对造成的损失或者后果起决定性作用的国家公务人员。

二、擅自出让或者擅自批准出让土地使用权用于房地产开发行为的法律责任

根据本条规定，相关责任人员擅自出让或者擅自批准出让土地使用权用于房地产开发的，由上级机关或者所在单位给予行政处分。其中，“上级机关或者所在单位”即指有任免权的机关，根据《行政机关公务员处分条例》（国务院令第495号）第三十四条至第三十八条的规定，具体为以下四类：（1）对国务院组成人员的处分，由国务院决定；（2）对各级政府正副职领导人员的处分，由上一级政府决定；（3）对地方各级政府部门正职领导人员的处分，由本级政府决定，拟给予撤职、开除处分的，由本级政府向同级人大常委会提出免职建议；（4）对其他公务员的处分，可由县级以上人民政府和部门决定。本法虽未规定，但依据《中华人民共和国监察法》的规定，对公务员的处分，均可由监察机关决定。

行政处分是指国家行政机关基于行政隶属关系给予有违法失职行为的国家机关公务人员的一种制裁性行政处理行为，包括警告、记过、记大过、降级、撤职、开除共六种方式，违纪违法行为情节轻微，经批评教育后改正的，可以免予处分。依据《中华人民共和国公务员法》和《行政机关公务员处分条例》（国务院令第 495 号）的相关规定，对此六项行政处分的理解如下：

1. 警告

国家行政机关对其所属的有违法违纪行为的人员提出告诫，促使被告诫人注意并改正错误，防止再发生违法违纪行为。受处分期间为六个月。

2. 记过

国家行政机关对其所属的有违法违纪行为的人员给予记载过错，以示惩处的处分。受处分期间为十二个月。

3. 记大过

国家行政机关对其所属的有违法违纪行为的人员给予记载大的过错，以示严肃惩处的处分。受处分期间为十八个月。

4. 降级

国家行政机关对其所属的有违法违纪行为，致使国家、集体和个人利益遭受一定损失的人员，依法给予降低工资级别的处分。受处分期间为二十四个月。

5. 撤职

国家行政机关对与其存在隶属关系的有严重违法违纪行为，造成国家、集体和人民利益的重大损失，在干部和群众中造成严重不良影响，不宜继续担任职务的人员，依法给予撤销现任职务的处分。受处分期间为二十四个月，同时降低级别和职务工资。

6. 开除

公务员严重违反纪律、丧失作为公务员的基本资格，可以给予其开除处分。公务员因违反政纪受到开除处分意味着所在机关强制其退出公职系统，自然终止其公职关系。

其中，受行政处分期间，不得晋升职务和级别；除警告处分外，亦不得晋升工资档次；受撤职处分的，同时按照规定降低级别。受开除以外的处分，在受处分期间有悔改表现，并且没有再发生违纪违法行为的，处分期满后自动解除；解除降级、撤职处分的，不视为恢复原级别、原职务。

需要特别指出的是，即使是受上级指令作出的职务行为，若此决定或命令明显违法，公务员仍应当依法承担相应的责任。此外，本条的法律责任作为一种行政处分，其基本特征在于以下三点：

1. 这种法律责任属于对轻微违法失职、尚不构成刑事犯罪的行为的行政制裁，追究违法行为人行政法律责任的目的是惩罚违法人，教育其他人。

2. 由违法行为人所属的单位、上级机关或监察机关依法对违反本法的国家公务人员进行处罚。因此，这种法律关系主体之间的地位是不平等的，一方为管理者、领导者、监督者，另一方为被管理者、被领导者、被监督者。

3. 作为一种制裁措施，若国家公务人员对涉及本人的行政处分决定不服，可以自知道该人事处理之日起三十日内向原处理机关申请复核；对复核结果不服的，可以自接到复核决定之日起十五日内，向上一级机关或者同级公务员主管部门提出申诉；也可以不经复核，自知道该人事处理之日起三十日内直接向上一级机关或者同级公务员主管部门提出申诉。

相关规定

《中国共产党纪律处分条例》第 37 条；《中华人民共和国公务员法》第 59 ~ 65 条；《行政机关公务员处分条例》(国务院令第 495 号)；《中华人民共和国监察法》。

第六十五条 **违反本法第三十条的规定，未取得营业执照擅自从事房地产开发业务的，由县级以上人民政府工商行政管理部门责令停止房地产开发业务活动，没收违法所得，可以并处罚款。**

条文主旨

本条是关于擅自从事房地产开发的法律责任的规定。

立法背景

房地产开发企业作为城市房地产开发和交易的主体，对我国房地产业的影响十分重大。由于我国房价的持续上涨，一些不具备从事房地产开发资格、开发能力的公司擅自从事房地产开发业务，扰乱了市场的正常秩序，也给一些投机者非法谋取暴利提供了机会。为了规范房地产市场，本条规定了擅自从事房地产开发的单位和个人的法律责任。

条文解读

一、擅自从事房地产开发的认定

本条规范的构成要件有二：一是企业实施了房地产开发行为，即在依据本法取得国有土地使用权的土地上进行基础设施、房屋建设的行为；二是企业没有相关营业执照，基于文义解释，“擅自从事房地产开发业务”的认定只在于是否“未取得营业执照”。

本法第三十条对房地产开发企业营业执照的获取作出了规定，从中可以看出，登记并取得营业执照是成立房地产开发企业的必备要件，而“未取得营业执照”存在两种情况：第一，申请设立登记房地产开发企业，但登记机关认为其不具备相关条件，不予登记和颁发营业执照；第二，企业未向登记机关申请设立登记，直接从事房地产开发业务。

二、擅自从事房地产开发的法律责任

本条规定的是企业擅自从事房地产开发的行政责任，其规范的行为主体是擅自从事房地产开发的企业，享有本条规定行政处罚权的是县级以上人民政府的工商行政管理部门，但2018年实行国家机构改革后，工商行政管理部门、质量监督部门、食品药品安全监督部门被统一整合为市场监督管理部门，仍享原有职权，因此享有此行政处罚权的应为县级以上人民政府的市场监督管理部门，即市场监督管理总局与各级市场监督管理局。

责令停止房地产开发业务活动、没收违法所得、罚款均为行政处罚的一种。行政处罚，是指行政主体为达到对违法者予以惩戒，促使其以后不再犯，有效实施行政管理，维护公共利益和社会秩序，保护公民、法人或者其他组织的合法权益的目的，依法对行政相对人违反行政法律规范但尚未构成犯罪的行为，给予其人身的、财产的、名誉或其他形式的法律制裁的行政行为，分为警告，罚款，没收违法所得、没收非法财物，责令停产停业，暂扣或者吊销许可证、暂扣或者吊销执照，行政拘留等类型。具体到本条的三种处罚，其具体内涵如下：

1. 责令停止房地产开发业务活动

责令停止房地产开发业务活动，即为责令停产停业，是指县级以上市场监督管理部门在进行工商管理和监督检查的过程中，发现并经确认是违法经营房地产开发业务的，向违法经营房地产开发业务的企业发出处罚通知，责令违法经营房地产业务的企业停止正在进行的房地产开发业务活动。责令停产停业虽然自身不直接涉及行为人的财产权，但会间接导致行为人财产上的重大损失，是一种较为严厉的处罚。为了防止行政机关的恣意性，行政处罚法对这种处罚规定了听证程序，以保护被处罚人的合法权益。

2. 没收违法所得

没收违法所得，是指由县级以上市场监督管理部门作出的，对违法经营房地产开发业务的企业在违法经营中所获得的全部收入收归国有的处罚。

3. 罚款

罚款，是指县级以上市场监督管理部门依法强制违法经营房地产业务的企业在一定期限内向国家缴纳一定数额金钱的处罚方式。根据本条和2019年修正的《城市房地产开发经营管理条例》（国务院令第248号）第三十三条的规定，这种罚款是一种并罚的行政处罚措施，即它在本条中不能单独使用，而是由市场监督管理部门根据违法行为的性质、情节和造成的后果等具体情况，在作出责令停止房地产开发业务活动或者没收违法所得处罚的同时，决定是否给予罚款的处罚；市场监督管理部门“可以”对房地产开发企业处以罚款，亦可以选择不处罚款。

此罚款不得超过违法所得的5倍，执行处罚的机关应当将没收的违法所得和罚款全部上缴国库。并且，作出罚款决定的性质机关应当与收缴罚款的机构分离；除法定当场收缴的情形外，作出行政处罚的机关及其执法人员不得自行收缴罚款；依法当场收缴的，必须出具统一收据，否则当事人有权拒绝缴纳罚款。

相关规定

《城市房地产开发经营管理条例》（国务院令第248号）第33条；《中华人民共和国行政处罚法》；《市场监督管理行政处罚程序暂行规定》（国家市场监督管理总局令第2号）。

第六十六条　违反本法第三十九条第一款的规定转让土地使用权的，由县级以上人民政府土地管理部门没收违法所得，可以并处罚款。

条文主旨

本条是关于违法转让以出让方式取得土地使用权的法律责任的规定。

立法背景

土地是进行房地产开发、交易的基础，处于供不应求的状态，且升值速度较快。为了防止通过炒卖地皮获取暴利的行为，规范城市房地产的开发，要规范土地使用权的流转。

条文解读

一、违法转让土地使用权的认定

土地使用权的取得，有“出让”与“划拨”两种方式，而本条所涉及之“转让”，仅指通过出让方式获取的土地使用权之流转。

本法第三十九条第一款对土地使用权的出让条件作出了规定：“以出让方式取得土地使用权的，转让房地产时，应当符合下列条件：（一）按照出让合同约定已经支付全部土地使用权出让金，并取得土地使用权证书；（二）按照出让合同约定进行投资开发，属于房屋建设工程的，完成开发投资总额的百分之二十五以上，属于成片开发土地的，形成工业用地或者其他建设用地条件。”不符合此款规定的，即为“违法转让”。具体可表现为以下两种形式：

1. 未全部支付土地使用权出让金以及未取得土地使用权证书

《中华人民共和国城镇国有土地使用权出让和转让暂行条例》（国务院令第55号）第十六条规定：“土地使用者在支付全部土地使用权出让金后，应当依照规定办理登记，领取土地使用权证，取得土地使用权。”从中可知，土地使用者只有在支付全部土地使用权出让金后，方可办理登记，取得土地使用权。支付全部土地使用权出让金为取得土地使用权的必要条件，且土地使用权的转让，以登记为生效要件。

2. 未按照出让合同约定进行投资开发或者投资开发程度不足

此类违法行为构成的条件可划分为三种：一是未按照合同约定进行投资开发而转让的；二是用于房屋建设工程的，开发投资不足投资总额的25%而转让的；三是成片开发土地，未形成工业用地或者其他建设用地条件而转让的。为了防止土地投机者倒卖土地，破坏房地产市场，才对此有所限制。

二、违法转让土地使用权的法律责任

依据本条规定，对于违法转让土地使用权的，由县级以上人民政府土地管理部门依法追究行政责任。在2018年实行国家机构改革后，土地管理部门为自然资源部及各级自然资源管理部门，它们依照本条可享有相应的行政处罚权，其他任何部门和单位均无权实施本条规定的行政处罚。相关的行政处罚有没收违法所得与罚款两类，具体内容可参照对本法第六十五条的解释。

相关规定

《中华人民共和国城镇国有土地使用权出让和转让暂行

条例》（国务院令第55号）第14～16条；《中华人民共和国行政处罚法》。

第六十七条　违反本法第四十条第一款的规定转让房地产的，由县级以上人民政府土地管理部门责令缴纳土地使用权出让金，没收违法所得，可以并处罚款。

条文主旨

本条是关于违法转让以划拨方式取得土地使用权的房地产的法律责任的规定。

立法背景

以划拨方式取得的土地使用权往往是低价或者无偿的，因此一些土地使用者会把划拨的土地使用权有偿转让，从中谋取暴利，导致房地产市场秩序的混乱和国家收入的严重流失，需要有规定加以禁止。

条文解读

一、违法转让划拨土地使用权的房地产的认定

本法第四十条第一款规定："以划拨方式取得土地使用权的，转让房地产时，应当按照国务院规定，报有批准权的人民政府审批。有批准权的人民政府准予转让的，应当由受让方办理土地使用权出让手续，并依照国家有关规定缴纳土地使用权出让金。”从中可以看出本条是关于转让以划拨方式取得土地使用权的房地产的程序规定。如果不符合本条规定，则为违法转让。具体而言，其构成要件有三：

1. 以行政划拨的方式取得土地使用权

土地使用权的取得，有“出让”与“划拨”两种方式，本条仅涉及以划拨方式取得土地使用权的情况。

2. 房地产权利人转让划拨土地上的土地使用权或房产所有权

房地产权利人通过买卖、赠与等合法方式转让其名下通过划拨方式取得的土地使用权或房产所有权。

3. 此转让违反本法第四十条第一款规定

根据本法第四十条第一款的规定，违法转让行为属于以下三种情形之一：一是未报有批准权的人民政府审批而转让的；二是报请有批准权的人民政府审批，但审批未能通过却转让的；三是经有批准权的人民政府审批通过后，未依法办理土地使用权出让手续并缴纳土地使用权出让金，即转让的。

二、违法转让划拨土地使用权的房地产的法律责任

依据本条规定，对于违法转让划拨土地使用权或房产所有权的，由县级以上人民政府土地管理部门，即自然资源部与各级自然资源管理部门依法追究行为人的行政责任，其他任何部门和单位均无权实施本条规定的权力。

县级以上人民政府管理部门在执法过程中根据违法行

为的轻重和造成后果的大小等实际情况，依法可作出责令缴纳土地使用权出让金、没收违法所得、罚款三种决定。其中，后两者性质为行政处罚，具体内容可参照本法第六十五条的解释。

行政机关责令房地产企业缴纳土地使用权出让金的性质。鉴于行政处罚种类的法定性特征，一般将其认定为行政征收行为，即行政主体凭借国家行政权，根据国家和社会公共利益的需要，依法向行政相对人强制地、无偿地征收税、费或者实物的行政行为。其具有以下三个特征：

1. 强制性。行政征收机关实施行政征收行为，实质上是履行国家赋予的征收权，这种权力具有强制他人服从的效力。因此，实施行政征收行为，不需要征求相对人的同意；征收的对象、数额、程序等，也完全由行政机关依法确定，无需与相对人协商。

2. 无偿性。行政相对人的财产一经国家征收，所有权就转移给国家，由国家负责分配和使用。这种征收是无偿的，是财产的单向流转，无需向被征收主体支付任何报酬。

3. 法定性。行政征收的强制性和无偿性决定了其对相对人权益具有较大的影响，因此必须慎重使用。将行政征收的整个过程纳入法律调整的范围，使具体的行政征收行为受相对稳定的法律支配，使行政征收机关、相对人、项目、金额、程序都有法律上的明确依据，是现代侵益行政行为所必须遵守的原则。

相关规定

《中华人民共和国行政处罚法》。

第六十八条　违反本法第四十五条第一款的规定预售商品房的，由县级以上人民政府房产管理部门责令停止预售活动，没收违法所得，可以并处罚款。

条文主旨

本条是关于违法预售商品房的法律责任的规定。

立法背景

我国房地产业中有些单位和个人利用商品房的预售进行炒卖地皮和炒卖“楼花”的活动，对一些正在建设过程中的民用住宅层层加价，把负担转嫁给消费者，严重扰乱房地产市场的正常秩序，需要给予行政处罚。

条文解读

一、违法预售商品房的认定

本法第四十五条第一款对商品房的预售作出了规定：“商品房预售，应当符合下列条件：（一）已交付全部土地使用权出让金，取得土地使用权证书；（二）持有建设工程规划许可证；（三）按提供预售的商品房计算，投入开发建设的资金达到工程建设总投资的百分之二十五以上，并已经确定施工进度和竣工交付日期；（四）向县级以上人民政府房产管理部门办理预售登记，取得商品房预售许可证明。”以上四个条件，任何一个不符，均构成非法预售商品房。

二、违法预售商品房的法律责任

本条规定的是企业违法预售商品房的行政责任，其规范的对象是违法预售商品房的企业，享有本条规定行政处罚权的是县级以上人民政府的房产管理部门，其他任何部门和单位均无权实施本条规定的行政处罚。县级以上人民政府的房产管理部门根据违法行为的性质、严重程度等可作出责令停止预售活动、没收违法所得、罚款三种行政处罚，具体内容在本法第六十五条已经进行阐述，区别在于以下两点：

1. 责令停止预售活动，作为责令停产停业的一个具体类型，是指县级以上房产管理部门向非法预售商品房的企业发出处罚通知，责令违法经营房地产业务的企业停止正在进行的商品房预售活动。

2. 对于罚款数额，根据2019年修改的《城市房地产开发经营管理条例》（国务院令第284号）第三十六条之规定，擅自预售商品房的，可以并处已收取的预付款1%以下的罚款。

相关规定

《城市房地产开发经营管理条例》（国务院令第284号）第36条；《商品房销售管理办法》（建设部令第88号）。

第六十九条　违反本法第五十八条的规定，未取得营业执照擅自从事房地产中介服务业务的，由县级以上人民政府工商行政管理部门责令停止房地产中介服务业务活动，没收违法所得，可以并处罚款。

条文主旨

本条是关于擅自从事房地产中介服务业务的法律责任的规定。

立法背景

房地产中介服务机构包括房地产咨询机构、房地产价格评估机构、房地产经纪机构等，是房地产开发和交易中必不可少的中介服务主体。在我国的房地产市场发展过程中，部分不具备房地产中介服务资格的机构擅自从事房地产中介服务，严重扰乱了房地产市场秩序，因此需要对其进行处罚。

条文解读

一、擅自从事房地产中介服务业务的认定

本条规范的构成要件有二：一是企业实施了房地产中介服务业务行为，包括房地产业务咨询、房地产价格评估、房地产经纪业务等。二是企业没有相关营业执照，本条中，对“擅自从事房地产中介服务业务”的认定在于是否“未取得营业执照”。本法第五十八条对营业执照的获取作出了规定，完全具备其中列举的五项条件，方可向工商行政管理部门申请设立登记，因此这五项条件任缺其一，即可导致不能取得营业执照。而“未取得营业执照”存在两种情况：第一，向工商行政管理部门申请设立登记房地产中介服务企业，但工商行政管理部门认为其不具备相关条件，不予登记和颁发营业执照；第二，企业未向工商行政管理部门申请设立登记，直接从事房地产中介服务业务。

二、擅自从事房地产中介服务业务的法律责任

本条规定的是企业擅自从事房地产中介服务业务的行政责任，其规范的对象是擅自从事房地产中介服务业务的企业，享有本条规定行政处罚权的是县级以上人民政府的工商行政管理部门，在2018年实行国家机构改革后，指市场监督管理总局和各级市场监督管理局。该部门依法可作出责令停止房地产中介服务业务活动、没收违法所得、罚款三种行政处罚，具体内容在第六十五条已经进行阐述。

其区别仅在于责令停止房地产中介服务业务活动，作为责令停产停业的一个类型，它指县级以上市场监督管理部门向擅自从事房地产中介服务业务的企业发出处罚通知，责令其停止正在进行的房地产中介服务业务活动。

相关规定

《中华人民共和国行政处罚法》；《中华人民共和国城镇国有土地使用权出让和转让暂行条例》（国务院令第55号）。

第七十条　没有法律、法规的依据，向房地产开发企业收费的，上级机关应当责令退回所收取的钱款；情节严重的，由上级机关或者所在单位给予直接责任人员行政处分。

条文主旨

本条是关于向房地产开发企业非法收费的法律责任的规定。

立法背景

房地产开发企业作为房地产开发和交易的主体，对我国房地产行业的影响很大，因此需要给它们创造合适的发展环境。如果政府部门对房地产企业胡乱收费，不只打击了其积极性，更损害了整个房地产行业的正常秩序，应当承担相应的责任。

条文解读

一、向房地产开发企业非法收费的认定

本条规定的构成要件有二：

1. 国家机关没有法律、法规的依据，向房地产开发企业收费

对本条的理解，主要在于对“法律”“法规”的认定。在我国，法律是由全国人民代表大会和全国人民代表大会常务委员会制定和公布的规范性文件的总称，包括全国人民代表大会及其常务委员会作出的具有规范性的决议、决定等。法规包括行政法规和地方性法规。行政法规是国务院依据宪法和法律制定的有关国家行政管理活动的规范性文件，包括条例、规定、办法、暂行条例或暂行规定。地方性法规一方面指省、自治区、直辖市的人民代表大会及其常务委员会依据宪法、法律和行政法规，结合本辖区具体情况制定和发布的、只在本辖区内有效力的规范文件；另一方面也指设区的市的人民代表大会及其常务委员会根据本市的具体情况和实际需要，在不与宪法、法律、行政法规和本省、自治区的地方性法规相抵触的前提下，对城乡建设与管理、环境保护、历史文化保护等方面的事项制定的规范文件。除此之外，国务院各部门和各省、自治区、

直辖市人民政府制定并颁发的规章都不能作为向房地产开发企业收费的依据。

2. 承担行政法律责任的主体是相关国家机关及其有关的直接责任人员

相关国家机关，即向房地产企业乱收费的国家机关；直接责任人员主要指国家各级行政管理机关中主管、经管或者负责收费工作的国家工作人员。无论是国家机关还是直接责任人员，只要具有违法向房地产开发企业收费的行为，都应承担本条规定的行政法律责任。

二、向房地产开发企业非法收费的法律责任

本条规定的是非法向房地产开发企业收费的行政责任，其规范的对象是相关国家机关及其工作人员，行为主体是上级机关或者所在单位，主要可作出以下两种决定：

1. 责令退回所收取的钱款

责令退回所收取的钱款，是指由违法向房地产开发企业收费的机关的上级机关在对下级机关进行监督检查的过程中发现并经确认是违法收费以后，责令违法机关在一定期限内退回向房地产开发企业所收取的钱款。

2. 给予直接责任人员行政处分

给予直接责任人员的行政处分，由其上级机关或者所在单位执行。处分的具体内容可参见对本法第六十四条的解释。

相关规定

《行政法规制定程序条例》（国务院令第 694 号）第 5 条；《中华人民共和国立法法》。

第七十一条　房产管理部门、土地管理部门工作人员玩忽职守、滥用职权，构成犯罪的，依法追究刑事责任；不构成犯罪的，给予行政处分。

房产管理部门、土地管理部门工作人员利用职务上的便利，索取他人财物，或者非法收受他人财物为他人谋取利益，构成犯罪的，依法追究刑事责任；不构成犯罪的，给予行政处分。

条文主旨

本条是关于管理部门工作人员玩忽职守、滥用职权、索贿、受贿的法律责任的规定。

立法背景

房产管理部门、土地管理部门工作人员作为掌握一定权力的国家机关公务人员，可能出现玩忽职守、滥用职权、索贿、受贿的情形，情节轻微的，可由行政处分解决，情节严重的，应当追究其刑事责任。

条文解读

本条第一款是对房产管理部门、土地管理部门工作人员玩忽职守、滥用职权的规定，第二款是对房产管理部门、土地管理部门工作人员索贿、受贿的规定。对于违法违规情节轻微，尚不构成犯罪的，由对相关人员有任免权的机关或监察机关给予行政处分即可，而构成犯罪的，则要追究其刑事责任。

一、行政处分

对于房产管理部门、土地管理部门工作人员出现玩忽职守、滥用职权、索贿、受贿的情形，不构成犯罪的，给予行政处分。行政处分是指国家行政机关基于行政隶属关系给予有违法失职行为的国家机关公务人员的一种制裁性行政处理行为，包括警告、记过、记大过、降级、撤职、开除六种方式，具体内容已在本法第六十五条进行阐述。

二、滥用职权罪、玩忽职守罪的构成

《中华人民共和国刑法》第三百九十七条规定："国家机关工作人员滥用职权或者玩忽职守，致使公共财产、国家和人民利益遭受重大损失的，处三年以下有期徒刑或者拘役；情节特别严重的，处三年以上七年以下有期徒刑。本法另有规定的，依照规定。国家机关工作人员徇私舞弊，犯前款罪的，处五年以下有期徒刑或者拘役；情节特别严重的，处五年以上十年以下有期徒刑。本法另有规定的，

依照规定。”本款与其衔接，共同作为追究房产管理部门、土地管理部门工作人员玩忽职守、滥用职权的刑事责任的依据。其犯罪构成要件为：

1. 犯罪主体为国家机关工作人员。主要分为三类：一是依照法律、法规规定行使房产管理部门、土地管理部门职权的公务人员；二是受房产管理部门、土地管理部门委托，代表其行使职权、从事公务的人员；三是未列入国家机关人员编制但在该机关从事公务的人员，在代表本机关行使职权时，有渎职行为。

2. 犯罪客体为对房产管理部门、土地管理部门的正常管理活动。

3. 犯罪客观方面是指滥用职权或者玩忽职守，致使公共财产、国家和人民利益遭受重大损失。其中“滥用职权”是不法行使职权行为，“玩忽职守”是严重不负责任，不履行职责或者不正确履行职责的行为。需要注意的是，“致使公共财产、国家和人民利益遭受重大损失”这一犯罪构成已经超出了故意的认识与意志内容，不要求行为人能认识到此损失，但要有认识的可能性。

4. 犯罪主观方面是指滥用职权出于故意，包括直接故意和间接故意，要求行为人认识到自己具有国家机关工作人员的身份、滥用职权的行为等事实内容；玩忽职守是过失犯罪，行为人应当知晓自己国家机关工作人员的身份、玩忽职守的行为及其导致公共财产、国家和人民利益遭受重大损失的后果。

三、索贿、受贿罪的构成

我国刑法第三百八十五条规定："国家工作人员利用职务上的便利，索取他人财物的，或者非法收受他人财物，为他人谋取利益的，是受贿罪。国家工作人员在经济往来中，违反国家规定，收受各种名义的回扣、手续费，归个人所有的，以受贿论处。"本款与其衔接，共同作为追究房产管理部门、土地管理部门工作人员索贿、受贿的刑事责任的依据。其犯罪构成要件为：

1. 犯罪主体为房产管理部门、土地管理部门工作人员，但不包括受委托、管理国有财产的人员。非国家工作人员与国家工作人员相勾结，伙同受贿的，以受贿罪的共犯论处。

2. 犯罪客体是国家机关工作人员职务行为的不可收买性，既包括职务本身的不可收买性，也包含群众对职务不可收买性的信赖。

3. 犯罪客观方面表现为"利用职务上的便利"，为他人谋取利益。即指房产管理部门、土地管理部门工作人员所索取或者收受的财务与其职务行为有关，是国家工作人员职务行为的不正当报酬。需要注意两点：一是担任单位领导职务的国家工作人员通过不属于自己主管的下级部门国家工作人员的职务为他人谋取利益的，属于"利用职务之便"为他人谋取利益；二是国家工作人员在业余时间，利用职务上的便利为他人谋取利益，进而获得报酬的，受贿罪也成立。

4. 犯罪主观方面表现为直接故意，即房产管理部门、土地管理部门工作人员明知其利用职务上的便利，索取他人钱财或非法收受他人财物为他人谋取了不正当利益，仍故意为之。

相关规定

《行政机关公务员处分条例》第34～38条；《中华人民共和国刑法》第385、397条；《中华人民共和国公务员法》第59～65条。

第七章　附　　则

本章共四条，规定了两个方面的内容：一是参照本法适用的情形（第七十二条）；二是本法施行的时间（第七十三条）。

第七十二条　在城市规划区外的国有土地范围内取得房地产开发用地的土地使用权，从事房地产开发、交易活动以及实施房地产管理，参照本法执行。

条文主旨

本条是关于参照本法适用的情形的规定。

条文解读

对于本条的理解，需要明确以下三个概念：

1. 城市规划区

本法第二条第一款规定：“在中华人民共和国城市规划区国有土地（以下简称国有土地）范围内取得房地产开发用地的土地使用权，从事房地产开发、房地产交易，实施房地产管理，应当遵守本法。”其中，“城市”是指国家按行政建制设立的直辖市、市和镇。“城市规划区”，是指城市市区、近郊区以及城市行政区域内因城市建设和发展需要实行规划控制的区域。城市规划区的具体范围，由城市人民政府在编制的城市总体规划中划定。

2. 国有土地

我国实行的是土地的社会主义公有制，即土地分别属于全民所有和劳动群众集体所有。全民所有的土地，又称国有土地。国有土地的范围，包括三个方面：一是城市市区的土地。二是法律规定属于国家所有的农村和城市郊区土地。三是国家依法征用的土地。但从地域上来分，国有土地又可分成两类：一类在城市规划区内；另一类在城市规划区外。

3. 参照适用本法

这意味着，城市规划区外的国有土地，原则上不能直接适用于本法，但是，房地产市场本身并不因为在城市规划区内还是在城市规划区外而具有不同的性质，所以即使在城市规划区外从事房地产的，也要参照本法的规定执行。

第七十三条　本法自 1995 年 1 月 1 日起施行。

条文主旨

本条是关于本法生效时间的规定。

条文解读

本法于1994年7月15日通过并予以公布，施行日期为1995年1月1日，即从该日起发生法律效力。本法没有采取自公布之日起施行的做法，而是规定了一个具体的施行日期。这样做，为本法的实施留出了近半年的准备期。在此期间，有关方面广泛宣传和认真组织学习本法的立法精神和有关内容，为这部法律的有效实施打下了坚实基础。

此外，本法还于2007年8月30日由十届全国人大常委会第二十九次会议作了第一次修正，于2009年8月27日由十一届全国人大常委会第十次会议作了第二次修正，于2019年8月26日由十三届全国人大常委会第十二次会议作了第三次修正。

附录一：

中华人民共和国土地管理法

（1986年6月25日第六届全国人民代表大会常务委员会第十六次会议通过　根据1988年12月29日第七届全国人民代表大会常务委员会第五次会议《关于修改〈中华人民共和国土地管理法〉的决定》第一次修正　1998年8月29日第九届全国人民代表大会常务委员会第四次会议修订　根据2004年8月28日第十届全国人民代表大会常务委员会第十一次会议《关于修改〈中华人民共和国土地管理法〉的决定》第二次修正　根据2019年8月26日第十三届全国人民代表大会常务委员会第十二次会议《关于修改〈中华人民共和国土地管理法〉、〈中华人民共和国城市房地产管理法〉的决定》第三次修正）

目　　录

第一章　总　　则

第一条　为了加强土地管理，维护土地的社会主义公有制，保护、开发土地资源，合理利用土地，切实保护耕地，促进社会经济的可持续发展，根据宪法，制定本法。

第二条　中华人民共和国实行土地的社会主义公有制，即全民所有制和劳动群众集体所有制。

全民所有，即国家所有土地的所有权由国务院代表国家行使。

任何单位和个人不得侵占、买卖或者以其他形式非法转让土地。土地使用权可以依法转让。

国家为了公共利益的需要，可以依法对土地实行征收或者征用并给予补偿。

国家依法实行国有土地有偿使用制度。但是，国家在法律规定的范围内划拨国有土地使用权的除外。

第三条　十分珍惜、合理利用土地和切实保护耕地是我国的基本国策。各级人民政府应当采取措施，全面规划，严格管理，保护、开发土地资源，制止非法占用土地的行为。

第四条　国家实行土地用途管制制度。

国家编制土地利用总体规划，规定土地用途，将土地分为农用地、建设用地和未利用地。严格限制农用地转为建设用地，控制建设用地总量，对耕地实行特殊保护。

前款所称农用地是指直接用于农业生产的土地，包括耕地、林地、草地、农田水利用地、养殖水面等；建设用地是指建造建筑物、构筑物的土地，包括城乡住宅和公共设施用地、工矿用地、交通水利设施用地、旅游用地、军事设施用地等；未利用地是指农用地和建设用地以外的土地。

使用土地的单位和个人必须严格按照土地利用总体规划确定的用途使用土地。

第五条 国务院自然资源主管部门统一负责全国土地的管理和监督工作。

县级以上地方人民政府自然资源主管部门的设置及其职责，由省、自治区、直辖市人民政府根据国务院有关规定确定。

第六条 国务院授权的机构对省、自治区、直辖市人民政府以及国务院确定的城市人民政府土地利用和土地管理情况进行督察。

第七条 任何单位和个人都有遵守土地管理法律、法规的义务，并有权对违反土地管理法律、法规的行为提出检举和控告。

第八条 在保护和开发土地资源、合理利用土地以及进行有关的科学研究等方面成绩显著的单位和个人，由人民政府给予奖励。

第二章 土地的所有权和使用权

第九条 城市市区的土地属于国家所有。

农村和城市郊区的土地，除由法律规定属于国家所有的以外，属于农民集体所有；宅基地和自留地、自留山，属于农民集体所有。

第十条 国有土地和农民集体所有的土地，可以依法确定给单位或者个人使用。使用土地的单位和个人，有保护、管理和合理利用土地的义务。

第十一条 农民集体所有的土地依法属于村农民集体所有的，由村集体经济组织或者村民委员会经营、管理；已经分别属于村内两个以上农村集体经济组织的农民集体所有的，由村内各该农村集体经济组织或者村民小组经营、管理；已经属于乡(镇)农民集体所有的，由乡（镇）农村集体经济组织经营、管理。

第十二条 土地的所有权和使用权的登记，依照有关不动产登记的法律、行政法规执行。

依法登记的土地的所有权和使用权受法律保护，任何单位和个人不得侵犯。

第十三条 农民集体所有和国家所有依法由农民集体使用的耕地、林地、草地，以及其他依法用于农业的土地，采取农村集体经济组织内部的家庭承包方式承包，不宜采取家庭承包方式的荒山、荒沟、荒丘、荒滩等，可以采取招标、拍卖、公开协商等方式承包，从事种植业、林业、畜牧业、渔业生产。家庭承包的耕地的承包期为三十年，草地的承包期为三十年至五十年，林地的承包期为三十年至七十年；耕地承包期届满后再延长三十年，草地、林地承包期届满后依法相应延长。

国家所有依法用于农业的土地可以由单位或者个人承包经营，从事种植业、林业、畜牧业、渔业生产。

发包方和承包方应当依法订立承包合同，约定双方的权利和义务。承包经营土地的单位和个人，有保护和按照承包合同约定的用途合理利用土地的义务。

第十四条 土地所有权和使用权争议，由当事人协商解决；协商不成的，由人民政府处理。

单位之间的争议，由县级以上人民政府处理；个人之间、个人与单位之间的争议，由乡级人民政府或者县级以上人民政府处理。

当事人对有关人民政府的处理决定不服的，可以自接到处理决定通知之日起三十日内，向人民法院起诉。

在土地所有权和使用权争议解决前，任何一方不得改变土地利用现状。

第三章 土地利用总体规划

第十五条 各级人民政府应当依据国民经济和社会发展规划、国土整治和资源环境保护的要求、土地供给能力以及各项建设对土地的需求，组织编制土地利用总体规划。

土地利用总体规划的规划期限由国务院规定。

第十六条 下级土地利用总体规划应当依据上一级土地利用总体规划编制。

地方各级人民政府编制的土地利用总体规划中的建设用地总量不得超过上一级土地利用总体规划确定的控制指标，耕地保有量不得低于上一级土地利用总体规划确定的控制指标。

省、自治区、直辖市人民政府编制的土地利用总体规划，应当确保本行政区域内耕地总量不减少。

第十七条 土地利用总体规划按照下列原则编制：

（一）落实国土空间开发保护要求，严格土地用途管制；

（二）严格保护永久基本农田，严格控制非农业建设占用农用地；

（三）提高土地节约集约利用水平；

（四）统筹安排城乡生产、生活、生态用地，满足乡村产业和基础设施用地合理需求，促进城乡融合发展；

（五）保护和改善生态环境，保障土地的可持续利用；

（六）占用耕地与开发复垦耕地数量平衡、质量相当。

第十八条 国家建立国土空间规划体系。编制国土空间规划应当坚持生态优先，绿色、可持续发展，科学有序统筹安排生态、农业、城镇等功能空间，优化国土空间结构和布局，提升国土空间开发、保护的质量和效率。

经依法批准的国土空间规划是各类开发、保护、建设活动的基本依据。已经编制国土空间规划的，不再编制土地利用总体规划和城乡规划。

第十九条 县级土地利用总体规划应当划分土地利用区，明确土地用途。

乡（镇）土地利用总体规划应当划分土地利用区，根据土地使用条件，确定每一块土地的用途，并予以公告。

第二十条 土地利用总体规划实行分级审批。

省、自治区、直辖市的土地利用总体规划，报国务院批准。

省、自治区人民政府所在地的市、人口在一百万以上的城市以及国务院指定的城市的土地利用总体规划，经省、自治区人民政府审查同意后，报国务院批准。

本条第二款、第三款规定以外的土地利用总体规划，逐级上报省、自治区、直辖市人民政府批准；其中，乡（镇）土地利用总体规划可以由省级人民政府授权的设区的市、自治州人民政府批准。

土地利用总体规划一经批准，必须严格执行。

第二十一条 城市建设用地规模应当符合国家规定的标准，充分利用现有建设用地，不占或者尽量少占农用地。

城市总体规划、村庄和集镇规划，应当与土地利用总体规划相衔接，城市总体规划、村庄和集镇规划中建设用地规模不得超过土地利用总体规划确定的城市和村庄、集镇建设用地规模。

在城市规划区内、村庄和集镇规划区内，城市和村庄、集镇建设用地应当符合城市规划、村庄和集镇规划。

第二十二条 江河、湖泊综合治理和开发利用规划，应当与土地利用总体规划相衔接。在江河、湖泊、水库的管理和保护范围以及蓄洪滞洪区内，土地利用应当符合江河、湖泊综合治理和开发利用规划，符合河道、湖泊行洪、蓄洪和输水的要求。

第二十三条 各级人民政府应当加强土地利用计划管理，实行建设用地总量控制。

土地利用年度计划，根据国民经济和社会发展计划、国家产业政策、土地利用总体规划以及建设用地和土地利用的实际状况编制。土地利用年度计划应当对本法第六十三条规定的集体经营性建设用地作出合理安排。土地利用年度计划的编制审批程序与土地利用总体规划的编制审批程序相同，一经审批下达，必须严格执行。

第二十四条 省、自治区、直辖市人民政府应当将土地利用年度计划的执行情况列为国民经济和社会发展计划执行情况的内容，向同级人民代表大会报告。

第二十五条 经批准的土地利用总体规划的修改，须经原批准机关批准；未经批准，不得改变土地利用总体规划确定的土地用途。

经国务院批准的大型能源、交通、水利等基础设施建设用地，需要改变土地利用总体规划的，根据国务院的批准文件修改土地利用总体规划。

经省、自治区、直辖市人民政府批准的能源、交通、水利等基础设施建设用地，需要改变土地利用总体规划的，属于省级人民政府土地利用总体规划批准权限内的，根据省级人民政府的批准文件修改土地利用总体规划。

第二十六条 国家建立土地调查制度。

县级以上人民政府自然资源主管部门会同同级有关部门进行土地调查。土地所有者或者使用者应当配合调查，并提供有关资料。

第二十七条 县级以上人民政府自然资源主管部门会同同级有关部门根据土地调查成果、规划土地用途和国家制定的统一标准，评定土地等级。

第二十八条 国家建立土地统计制度。

县级以上人民政府统计机构和自然资源主管部门依法进行土地统计调查，定期发布土地统计资料。土地所有者或者使用者应当提供有关资料，不得拒报、迟报，不得提供不真实、不完整的资料。

统计机构和自然资源主管部门共同发布的土地面积统计资料是各级人民政府编制土地利用总体规划的依据。

第二十九条 国家建立全国土地管理信息系统，对土地利用状况进行动态监测。

第四章　耕地保护

第三十条 国家保护耕地，严格控制耕地转为非耕地。

国家实行占用耕地补偿制度。非农业建设经批准占用耕地的，按照“占多少，垦多少”的原则，由占用耕地的单位负责开垦与所占用耕地的数量和质量相当的耕地；没有条件开垦或者开垦的耕地不符合要求的，应当按照省、自治区、直辖市的规定缴纳耕地开垦费，专款用于开垦新的耕地。

省、自治区、直辖市人民政府应当制定开垦耕地计划，监督占用耕地的单位按照计划开垦耕地或者按照计划组织开垦耕地，并进行验收。

第三十一条 县级以上地方人民政府可以要求占用耕地的单位将所占用耕地耕作层的土壤用于新开垦耕地、劣质地或者其他耕地的土壤改良。

第三十二条 省、自治区、直辖市人民政府应当严格执行土地利用总体规划和土地利用年度计划，采取措施，确保本行政区域内耕地总量不减少、质量不降低。耕地总量减少的，由国务院责令在规定期限内组织开垦与所减少耕地的数量与质量相当的耕地；耕地质量降低的，由国务院责令在规定期限内组织整治。新开垦和整治的耕地由国务院自然资源主管部门会同农业农村主管部门验收。

个别省、直辖市确因土地后备资源匮乏，新增建设用地后，新开垦耕地的数量不足以补偿所占用耕地的数量的，必须报经国务院批准减免本行政区域内开垦耕地的数量，易地开垦数量和质量相当的耕地。

第三十三条 国家实行永久基本农田保护制度。下列耕地应当根据土地利用总体规划划为永久基本农田，实行严格保护：

（一）经国务院农业农村主管部门或者县级以上地方人民政府批准确定的粮、棉、油、糖等重要农产品生产基地内的耕地；

（二）有良好的水利与水土保持设施的耕地，正在实施改造计划以及可以改造的中、低产田和已建成的高标准农田；

（三）蔬菜生产基地；

（四）农业科研、教学试验田；

（五）国务院规定应当划为永久基本农田的其他耕地。

各省、自治区、直辖市划定的永久基本农田一般应当占本行政区域内耕地的百分之八十以上，具体比例由国务院根据各省、自治区、直辖市耕地实际情况规定。

第三十四条 永久基本农田划定以乡（镇）为单位进行，由县级人民政府自然资源主管部门会同同级农业农村主管部门组织实施。永久基本农田应当落实到地块，纳入国家永久基本农田数据库严格管理。

乡（镇）人民政府应当将永久基本农田的位置、范围向社会公告，并设立保护标志。

第三十五条 永久基本农田经依法划定后，任何单位和个人不得擅自占用或者改变其用途。国家能源、交通、水利、军事设施等重点建设项目选址确实难以避让永久基本农田，涉及农用地转用或者土地征收的，必须经国务院批准。

禁止通过擅自调整县级土地利用总体规划、乡（镇）土地利用总体规划等方式规避永久基本农田农用地转用或者土地征收的审批。

第三十六条 各级人民政府应当采取措施，引导因地制宜轮作休耕，改良土壤，提高地力，维护排灌工程设施，防止土地荒漠化、盐渍化、水土流失和土壤污染。

第三十七条 非农业建设必须节约使用土地，可以利用荒地的，不得占用耕地；可以利用劣地的，不得占用好地。

禁止占用耕地建窑、建坟或者擅自在耕地上建房、挖砂、采石、采矿、取土等。

禁止占用永久基本农田发展林果业和挖塘养鱼。

第三十八条 禁止任何单位和个人闲置、荒芜耕地。已经办理审批手续的非农业建设占用耕地，一年内不用而又可以耕种并收获的，应当由原耕种该幅耕地的集体或者个人恢复耕种，也可以由用地单位组织耕种；一年以上未动工建设的，应当按照省、自治区、直辖市的规定缴纳闲置费；连续二年未使用的，经原批准机关批准，由县级以上人民政府无偿收回用地单位的土地使用权；该幅土地原为农民集体所有的，应当交由原农村集体经济组织恢复耕种。

在城市规划区范围内，以出让方式取得土地使用权进行房地产开发的闲置土地，依照《中华人民共和国城市房地产管理法》的有关规定办理。

第三十九条 国家鼓励单位和个人按照土地利用总体规划，在保护和改善生态环境、防止水土流失和土地荒漠化的前提下，开发未利用的土地；适宜开发为农用地的，应当优先开发成农用地。

国家依法保护开发者的合法权益。

第四十条 开垦未利用的土地，必须经过科学论证和评估，在土地利用总体规划划定的可开垦的区域内，经依法批准后进行。禁止毁坏森林、草原开垦耕地，禁止围湖造田和侵占江河滩地。

根据土地利用总体规划，对破坏生态环境开垦、围垦的土地，有计划有步骤地退耕还林、还牧、还湖。

第四十一条 开发未确定使用权的国有荒山、荒地、荒滩从事种植业、林业、畜牧业、渔业生产的，经县级以上人民政府依法批准，可以确定给开发单位或者个人长期使用。

第四十二条 国家鼓励土地整理。县、乡（镇）人民政府应当组织农村集体经济组织，按照土地利用总体规划，对田、水、路、林、村综合整治，提高耕地质量，增加有效耕地面积，改善农业生产条件和生态环境。

地方各级人民政府应当采取措施，改造中、低产田，整治闲散地和废弃地。

第四十三条 因挖损、塌陷、压占等造成土地破坏，用地单位和个人应当按照国家有关规定负责复垦；没有条件复垦或者复垦不符合要求的，应当缴纳土地复垦费，专项用于土地复垦。复垦的土地应当优先用于农业。

第五章　建设用地

第四十四条 建设占用土地，涉及农用地转为建设用地的，应当办理农用地转用审批手续。

永久基本农田转为建设用地的，由国务院批准。

在土地利用总体规划确定的城市和村庄、集镇建设用地规模范围内，为实施该规划而将永久基本农田以外的农用地转为建设用地的，按土地利用年度计划分批次按照国务院规定由原批准土地利用总体规划的机关或者其授权的机关批准。在已批准的农用地转用范围内，具体建设项目用地可以由市、县人民政府批准。

在土地利用总体规划确定的城市和村庄、集镇建设用地规模范围外，将永久基本农田以外的农用地转为建设用地的，由国务院或者国务院授权的省、自治区、直辖市人民政府批准。

第四十五条　为了公共利益的需要，有下列情形之一，确需征收农民集体所有的土地的，可以依法实施征收：

（一）军事和外交需要用地的；

（二）由政府组织实施的能源、交通、水利、通信、邮政等基础设施建设需要用地的；

（三）由政府组织实施的科技、教育、文化、卫生、体育、生态环境和资源保护、防灾减灾、文物保护、社区综合服务、社会福利、市政公用、优抚安置、英烈保护等公共事业需要用地的；

（四）由政府组织实施的扶贫搬迁、保障性安居工程建设需要用地的；

（五）在土地利用总体规划确定的城镇建设用地范围内，经省级以上人民政府批准由县级以上地方人民政府组织实施的成片开发建设需要用地的；

（六）法律规定为公共利益需要可以征收农民集体所有的土地的其他情形。

前款规定的建设活动，应当符合国民经济和社会发展规划、土地利用总体规划、城乡规划和专项规划；第（四）项、第（五）项规定的建设活动，还应当纳入国民经济和社会发展年度计划；第（五）项规定的成片开发并应当符合国务院自然资源主管部门规定的标准。

第四十六条　征收下列土地的，由国务院批准：

（一）永久基本农田；

（二）永久基本农田以外的耕地超过三十五公顷的；

（三）其他土地超过七十公顷的。

征收前款规定以外的土地的，由省、自治区、直辖市人民政府批准。

征收农用地的，应当依照本法第四十四条的规定先行办理农用地转用审批。其中，经国务院批准农用地转用的，同时办理征地审批手续，不再另行办理征地审批；经省、自治区、直辖市人民政府在征地批准权限内批准农用地转用的，同时办理征地审批手续，不再另行办理征地审批，超过征地批准权限的，应当依照本条第一款的规定另行办理征地审批。

第四十七条 国家征收土地的，依照法定程序批准后，由县级以上地方人民政府予以公告并组织实施。

县级以上地方人民政府拟申请征收土地的，应当开展拟征收土地现状调查和社会稳定风险评估，并将征收范围、土地现状、征收目的、补偿标准、安置方式和社会保障等在拟征收土地所在的乡（镇）和村、村民小组范围内公告至少三十日，听取被征地的农村集体经济组织及其成员、村民委员会和其他利害关系人的意见。

多数被征地的农村集体经济组织成员认为征地补偿安置方案不符合法律、法规规定的，县级以上地方人民政府应当组织召开听证会，并根据法律、法规的规定和听证会情况修改方案。

拟征收土地的所有权人、使用权人应当在公告规定期限内，持不动产权属证明材料办理补偿登记。县级以上地方人民政府应当组织有关部门测算并落实有关费用，保证足额到位，与拟征收土地的所有权人、使用权人就补偿、安置等签订协议；个别确实难以达成协议的，应当在申请征收土地时如实说明。

相关前期工作完成后，县级以上地方人民政府方可申请征收土地。

第四十八条 征收土地应当给予公平、合理的补偿，保障被征地农民原有生活水平不降低、长远生计有保障。

征收土地应当依法及时足额支付土地补偿费、安置补助费以及农村村民住宅、其他地上附着物和青苗等的补偿费用，并安排被征地农民的社会保障费用。

征收农用地的土地补偿费、安置补助费标准由省、自治区、直辖市通过制定公布区片综合地价确定。制定区片综合地价应当综合考虑土地原用途、土地资源条件、土地产值、土地区位、土地供求关系、人口以及经济社会发展水平等因素，并至少每三年调整或者重新公布一次。

征收农用地以外的其他土地、地上附着物和青苗等的补偿标准，由省、自治区、直辖市制定。对其中的农村村民住宅，应当按照先补偿后搬迁、居住条件有改善的原则，尊重农村村民意愿，采取重新安排宅基地建房、提供安置房或者货币补偿等方式给予公平、合理的补偿，并对因征收造成的搬迁、临时安置等费用予以补偿，保障农村村民居住的权利和合法的住房财产权益。

县级以上地方人民政府应当将被征地农民纳入相应的养老等社会保障体系。被征地农民的社会保障费用主要用于符合条件的被征地农民的养老保险等社会保险缴费补贴。被征地农民社会保障费用的筹集、管理和使用办法，由省、自治区、直辖市制定。

第四十九条 被征地的农村集体经济组织应当将征收土地的补偿费用的收支状况向本集体经济组织的成员公布，接受监督。

禁止侵占、挪用被征收土地单位的征地补偿费用和其他有关费用。

第五十条 地方各级人民政府应当支持被征地的农村集体经济组织和农民从事开发经营，兴办企业。

第五十一条 大中型水利、水电工程建设征收土地的补偿费标准和移民安置办法，由国务院另行规定。

第五十二条 建设项目可行性研究论证时，自然资源主管部门可以根据土地利用总体规划、土地利用年度计划和建设用地标准，对建设用地有关事项进行审查，并提出意见。

第五十三条 经批准的建设项目需要使用国有建设用地的，建设单位应当持法律、行政法规规定的有关文件，向有批准权的县级以上人民政府自然资源主管部门提出建设用地申请，经自然资源主管部门审查，报本级人民政府批准。

第五十四条 建设单位使用国有土地，应当以出让等有偿使用方式取得；但是，下列建设用地，经县级以上人民政府依法批准，可以以划拨方式取得：

（一）国家机关用地和军事用地；

（二）城市基础设施用地和公益事业用地；

（三）国家重点扶持的能源、交通、水利等基础设施用地；

（四）法律、行政法规规定的其他用地。

第五十五条 以出让等有偿使用方式取得国有土地使用权的建设单位，按照国务院规定的标准和办法，缴纳土地使用权出让金等土地有偿使用费和其他费用后，方可使用土地。

自本法施行之日起，新增建设用地的土地有偿使用费，百分之三十上缴中央财政，百分之七十留给有关地方人民政府。具体使用管理办法由国务院财政部门会同有关部门制定，并报国务院批准。

第五十六条 建设单位使用国有土地的，应当按照土地使用权出让等有偿使用合同的约定或者土地使用权划拨批准文件的规定使用土地；确需改变该幅土地建设用途的，应当经有关人民政府自然资源主管部门同意，报原批准用地的人民政府批准。其中，在城市规划区内改变土地用途的，在报批前，应当先经有关城市规划行政主管部门同意。

第五十七条 建设项目施工和地质勘查需要临时使用国有土地或者农民集体所有的土地的，由县级以上人民政府自然资源主管部门批准。其中，在城市规划区内的临时用地，在报批前，应当先经有关城市规划行政主管部门同意。土地使用者应当根据土地权属，与有关自然资源主管部门或者农村集体经济组织、村民委员会签订临时使用土地合同，并按照合同的约定支付临时使用土地补偿费。

临时使用土地的使用者应当按照临时使用土地合同约定的用途使用土地，并不得修建永久性建筑物。

临时使用土地期限一般不超过二年。

第五十八条 有下列情形之一的，由有关人民政府自然资源主管部门报经原批准用地的人民政府或者有批准权的人民政府批准，可以收回国有土地使用权：

（一）为实施城市规划进行旧城区改建以及其他公共利益需要，确需使用土地的；

（二）土地出让等有偿使用合同约定的使用期限届满，土地使用者未申请续期或者申请续期未获批准的；

（三）因单位撤销、迁移等原因，停止使用原划拨的国有土地的；

（四）公路、铁路、机场、矿场等经核准报废的。

依照前款第（一）项的规定收回国有土地使用权的，对土地使用权人应当给予适当补偿。

第五十九条 乡镇企业、乡（镇）村公共设施、公益事业、农村村民住宅等乡（镇）村建设，应当按照村庄和集镇规划，合理布局，综合开发，配套建设；建设用地，应当符合乡（镇）土地利用总体规划和土地利用年度计划，并依照本法第四十四条、第六十条、第六十一条、第六十二条的规定办理审批手续。

第六十条 农村集体经济组织使用乡（镇）土地利用总体规划确定的建设用地兴办企业或者与其他单位、个人以土地使用权入股、联营等形式共同举办企业的，应当持有关批准文件，向县级以上地方人民政府自然资源主管部门提出申请，按照省、自治区、直辖市规定的批准权限，由县级以上地方人民政府批准；其中，涉及占用农用地的，依照本法第四十四条的规定办理审批手续。

按照前款规定兴办企业的建设用地，必须严格控制。省、自治区、直辖市可以按照乡镇企业的不同行业和经营规模，分别规定用地标准。

第六十一条 乡（镇）村公共设施、公益事业建设，需要使用土地的，经乡（镇）人民政府审核，向县级以上地方人民政府自然资源主管部门提出申请，按照省、自治区、直辖市规定的批准权限，由县级以上地方人民政府批准；其中，涉及占用农用地的，依照本法第四十四条的规定办理审批手续。

第六十二条 农村村民一户只能拥有一处宅基地，其宅基地的面积不得超过省、自治区、直辖市规定的标准。

人均土地少、不能保障一户拥有一处宅基地的地区，县级人民政府在充分尊重农村村民意愿的基础上，可以采取措施，按照省、自治区、直辖市规定的标准保障农村村民实现户有所居。

农村村民建住宅，应当符合乡（镇）土地利用总体规划、村庄规划，不得占用永久基本农田，并尽量使用原有的宅基地和村内空闲地。编制乡（镇）土地利用总体规划、村庄规划应当统筹并合理安排宅基地用地，改善农村村民居住环境和条件。

农村村民住宅用地，由乡（镇）人民政府审核批准；其中，涉及占用农用地的，依照本法第四十四条的规定办理审批手续。

农村村民出卖、出租、赠与住宅后，再申请宅基地的，不予批准。

国家允许进城落户的农村村民依法自愿有偿退出宅基地，鼓励农村集体经济组织及其成员盘活利用闲置宅基地和闲置住宅。

国务院农业农村主管部门负责全国农村宅基地改革和管理有关工作。

第六十三条 土地利用总体规划、城乡规划确定为工业、商业等经营性用途，并经依法登记的集体经营性建设用地，土地所有权人可以通过出让、出租等方式交由单位或者个人使用，并应当签订书面合同，载明土地界址、面积、动工期限、使用期限、土地用途、规划条件和双方其他权利义务。

前款规定的集体经营性建设用地出让、出租等，应当经本集体经济组织成员的村民会议三分之二以上成员或者三分之二以上村民代表的同意。

通过出让等方式取得的集体经营性建设用地使用权可以转让、互换、出资、赠与或者抵押，但法律、行政法规另有规定或者土地所有权人、土地使用权人签订的书面合同另有约定的除外。

集体经营性建设用地的出租，集体建设用地使用权的出让及其最高年限、转让、互换、出资、赠与、抵押等，参照同类用途的国有建设用地执行。具体办法由国务院制定。

第六十四条 集体建设用地的使用者应当严格按照土地利用总体规划、城乡规划确定的用途使用土地。

第六十五条 在土地利用总体规划制定前已建的不符合土地利用总体规划确定的用途的建筑物、构筑物，不得重建、扩建。

第六十六条 有下列情形之一的，农村集体经济组织报经原批准用地的人民政府批准，可以收回土地使用权：

（一）为乡（镇）村公共设施和公益事业建设，需要使用土地的；

（二）不按照批准的用途使用土地的；

（三）因撤销、迁移等原因而停止使用土地的。

依照前款第（一）项规定收回农民集体所有的土地的，对土地使用权人应当给予适当补偿。

收回集体经营性建设用地使用权，依照双方签订的书面合同办理，法律、行政法规另有规定的除外。

第六章 监督检查

第六十七条 县级以上人民政府自然资源主管部门对违反土地管理法律、法规的行为进行监督检查。

县级以上人民政府农业农村主管部门对违反农村宅基地管理法律、法规的行为进行监督检查的，适用本法关于自然资源主管部门监督检查的规定。

土地管理监督检查人员应当熟悉土地管理法律、法规，忠于职守、秉公执法。

第六十八条 县级以上人民政府自然资源主管部门履行监督检查职责时，有权采取下列措施：

（一）要求被检查的单位或者个人提供有关土地权利的文件和资料，进行查阅或者予以复制；

（二）要求被检查的单位或者个人就有关土地权利的问题作出说明；

（三）进入被检查单位或者个人非法占用的土地现场进行勘测；

（四）责令非法占用土地的单位或者个人停止违反土地管理法律、法规的行为。

第六十九条 土地管理监督检查人员履行职责，需要进入现场进行勘测、要求有关单位或者个人提供文件、资料和作出说明的，应当出示土地管理监督检查证件。

第七十条 有关单位和个人对县级以上人民政府自然资源主管部门就土地违法行为进行的监督检查应当支持与配合，并提供工作方便，不得拒绝与阻碍土地管理监督检查人员依法执行职务。

第七十一条 县级以上人民政府自然资源主管部门在监督检查工作中发现国家工作人员的违法行为，依法应当给予处分的，应当依法予以处理；自己无权处理的，应当依法移送监察机关或者有关机关处理。

第七十二条 县级以上人民政府自然资源主管部门在监督检查工作中发现土地违法行为构成犯罪的，应当将案件移送有关机关，依法追究刑事责任；尚不构成犯罪的，应当依法给予行政处罚。

第七十三条 依照本法规定应当给予行政处罚，而有关自然资源主管部门不给予行政处罚的，上级人民政府自然资源主管部门有权责令有关自然资源主管部门作出行政处罚决定或者直接给予行政处罚，并给予有关自然资源主管部门的负责人处分。

第七章　法律责任

第七十四条　买卖或者以其他形式非法转让土地的，由县级以上人民政府自然资源主管部门没收违法所得；对违反土地利用总体规划擅自将农用地改为建设用地的，限期拆除在非法转让的土地上新建的建筑物和其他设施，恢复土地原状，对符合土地利用总体规划的，没收在非法转让的土地上新建的建筑物和其他设施；可以并处罚款；对直接负责的主管人员和其他直接责任人员，依法给予处分；构成犯罪的，依法追究刑事责任。

第七十五条　违反本法规定，占用耕地建窑、建坟或者擅自在耕地上建房、挖砂、采石、采矿、取土等，破坏种植条件的，或者因开发土地造成土地荒漠化、盐渍化的，由县级以上人民政府自然资源主管部门、农业农村主管部门等按照职责责令限期改正或者治理，可以并处罚款；构成犯罪的，依法追究刑事责任。

第七十六条　违反本法规定，拒不履行土地复垦义务的，由县级以上人民政府自然资源主管部门责令限期改正；逾期不改正的，责令缴纳复垦费，专项用于土地复垦，可以处以罚款。

第七十七条　未经批准或者采取欺骗手段骗取批准，非法占用土地的，由县级以上人民政府自然资源主管部门责令退还非法占用的土地，对违反土地利用总体规划擅自将农用地改为建设用地的，限期拆除在非法占用的土地上新建的建筑物和其他设施，恢复土地原状，对符合土地利用总体规划的，没收在非法占用的土地上新建的建筑物和其他设施，可以并处罚款；对非法占用土地单位的直接负责的主管人员和其他直接责任人员，依法给予处分；构成犯罪的，依法追究刑事责任。

超过批准的数量占用土地，多占的土地以非法占用土地论处。

第七十八条 农村村民未经批准或者采取欺骗手段骗取批准，非法占用土地建住宅的，由县级以上人民政府农业农村主管部门责令退还非法占用的土地，限期拆除在非法占用的土地上新建的房屋。

超过省、自治区、直辖市规定的标准，多占的土地以非法占用土地论处。

第七十九条 无权批准征收、使用土地的单位或者个人非法批准占用土地的，超越批准权限非法批准占用土地的，不按照土地利用总体规划确定的用途批准用地的，或者违反法律规定的程序批准占用、征收土地的，其批准文件无效，对非法批准征收、使用土地的直接负责的主管人员和其他直接责任人员，依法给予处分；构成犯罪的，依法追究刑事责任。非法批准、使用的土地应当收回，有关当事人拒不归还的，以非法占用土地论处。

非法批准征收、使用土地，对当事人造成损失的，依法应当承担赔偿责任。

第八十条 侵占、挪用被征收土地单位的征地补偿费用和其他有关费用，构成犯罪的，依法追究刑事责任；尚不构成犯罪的，依法给予处分。

第八十一条 依法收回国有土地使用权当事人拒不交出土地的，临时使用土地期满拒不归还的，或者不按照批准的用途使用国有土地的，由县级以上人民政府自然资源主管部门责令交还土地，处以罚款。

第八十二条 擅自将农民集体所有的土地通过出让、转让使用权或者出租等方式用于非农业建设，或者违反本法规定，将集体经营性建设用地通过出让、出租等方式交由单位或者个人使用的，由县级以上人民政府自然资源主管部门责令限期改正，没收违法所得，并处罚款。

第八十三条 依照本法规定，责令限期拆除在非法占用的土地上新建的建筑物和其他设施的，建设单位或者个人必须立即停止施工，自行拆除；对继续施工的，作出处罚决定的机关有权制止。建设单位或者个人对责令限期拆除的行政处罚决定不服的，可以在接到责令限期拆除决定之日起十五日内，向人民法院起诉；期满不起诉又不自行拆除的，由作出处罚决定的机关依法申请人民法院强制执行，费用由违法者承担。

第八十四条 自然资源主管部门、农业农村主管部门的工作人员玩忽职守、滥用职权、徇私舞弊，构成犯罪的，依法追究刑事责任；尚不构成犯罪的，依法给予处分。

第八章 附 则

第八十五条 外商投资企业使用土地的，适用本法；法律另有规定的，从其规定。

第八十六条 在根据本法第十八条的规定编制国土空间规划前，经依法批准的土地利用总体规划和城乡规划继续执行。

第八十七条 本法自1999年1月1日起施行。

中华人民共和国城市房地产管理法

（1994年7月5日第八届全国人民代表大会常务委员会第八次会议通过　根据2007年8月30日第十届全国人民代表大会常务委员会第二十九次会议《关于修改〈中华人民共和国城市房地产管理法〉的决定》第一次修正　根据2009年8月27日第十一届全国人民代表大会常务委员会第十次会议《关于修改部分法律的决定》第二次修正　根据2019年8月26日第十三届全国人民代表大会常务委员会第十二次会议《关于修改〈中华人民共和国土地管理法〉、〈中华人民共和国城市房地产管理法〉的决定》第三次修正）

目　　录

第一章　总　　则

第一条　为了加强对城市房地产的管理，维护房地产市场秩序，保障房地产权利人的合法权益，促进房地产业的健康发展，制定本法。

第二条　在中华人民共和国城市规划区国有土地（以下简称国有土地）范围内取得房地产开发用地的土地使用权，从事房地产开发、房地产交易，实施房地产管理，应当遵守本法。

本法所称房屋，是指土地上的房屋等建筑物及构筑物。

本法所称房地产开发，是指在依据本法取得国有土地使用权的土地上进行基础设施、房屋建设的行为。

本法所称房地产交易，包括房地产转让、房地产抵押和房屋租赁。

第三条　国家依法实行国有土地有偿、有限期使用制度。但是，国家在本法规定的范围内划拨国有土地使用权的除外。

第四条　国家根据社会、经济发展水平，扶持发展居民住宅建设，逐步改善居民的居住条件。

第五条　房地产权利人应当遵守法律和行政法规，依法纳税。房地产权利人的合法权益受法律保护，任何单位和个人不得侵犯。

第六条 为了公共利益的需要，国家可以征收国有土地上单位和个人的房屋，并依法给予拆迁补偿，维护被征收人的合法权益；征收个人住宅的，还应当保障被征收人的居住条件。具体办法由国务院规定。

第七条 国务院建设行政主管部门、土地管理部门依照国务院规定的职权划分，各司其职，密切配合，管理全国房地产工作。

县级以上地方人民政府房产管理、土地管理部门的机构设置及其职权由省、自治区、直辖市人民政府确定。

第二章 房地产开发用地

第一节 土地使用权出让

第八条 土地使用权出让，是指国家将国有土地使用权（以下简称土地使用权）在一定年限内出让给土地使用者，由土地使用者向国家支付土地使用权出让金的行为。

第九条 城市规划区内的集体所有的土地，经依法征收转为国有土地后，该幅国有土地的使用权方可有偿出让，但法律另有规定的除外。

第十条 土地使用权出让，必须符合土地利用总体规划、城市规划和年度建设用地计划。

第十一条 县级以上地方人民政府出让土地使用权用于房地产开发的，须根据省级以上人民政府下达的控制指标拟订年度出让土地使用权总面积方案，按照国务院规定，报国务院或者省级人民政府批准。

第十二条 土地使用权出让，由市、县人民政府有计划、有步骤地进行。出让的每幅地块、用途、年限和其他条件，由市、县人民政府土地管理部门会同城市规划、建设、房产管理部门共同拟定方案，按照国务院规定，报经有批准权的人民政府批准后，由市、县人民政府土地管理部门实施。

直辖市的县人民政府及其有关部门行使前款规定的权限，由直辖市人民政府规定。

第十三条 土地使用权出让，可以采取拍卖、招标或者双方协议的方式。

商业、旅游、娱乐和豪华住宅用地，有条件的，必须采取拍卖、招标方式；没有条件，不能采取拍卖、招标方式的，可以采取双方协议的方式。

采取双方协议方式出让土地使用权的出让金不得低于按国家规定所确定的最低价。

第十四条 土地使用权出让最高年限由国务院规定。

第十五条 土地使用权出让，应当签订书面出让合同。

土地使用权出让合同由市、县人民政府土地管理部门与土地使用者签订。

第十六条 土地使用者必须按照出让合同约定，支付土地使用权出让金；未按照出让合同约定支付土地使用权出让金的，土地管理部门有权解除合同，并可以请求违约赔偿。

第十七条 土地使用者按照出让合同约定支付土地使用权出让金的，市、县人民政府土地管理部门必须按照出让合同约定，提供出让的土地；未按照出让合同约定提供出让的土地的，土地使用者有权解除合同，由土地管理部门返还土地使用权出让金，土地使用者并可以请求违约赔偿。

第十八条 土地使用者需要改变土地使用权出让合同约定的

土地用途的，必须取得出让方和市、县人民政府城市规划行政主管部门的同意，签订土地使用权出让合同变更协议或者重新签订土地使用权出让合同，相应调整土地使用权出让金。

第十九条 土地使用权出让金应当全部上缴财政，列入预算，用于城市基础设施建设和土地开发。土地使用权出让金上缴和使用的具体办法由国务院规定。

第二十条 国家对土地使用者依法取得的土地使用权，在出让合同约定的使用年限届满前不收回；在特殊情况下，根据社会公共利益的需要，可以依照法律程序提前收回，并根据土地使用者使用土地的实际年限和开发土地的实际情况给予相应的补偿。

第二十一条 土地使用权因土地灭失而终止。

第二十二条 土地使用权出让合同约定的使用年限届满，土地使用者需要继续使用土地的，应当至迟于届满前一年申请续期，除根据社会公共利益需要收回该幅土地的，应当予以批准。经批准准予续期的，应当重新签订土地使用权出让合同，依照规定支付土地使用权出让金。

土地使用权出让合同约定的使用年限届满，土地使用者未申请续期或者虽申请续期但依照前款规定未获批准的，土地使用权由国家无偿收回。

第二节 土地使用权划拨

第二十三条 土地使用权划拨，是指县级以上人民政府依法批准，在土地使用者缴纳补偿、安置等费用后将该幅土地交付其使用，或者将土地使用权无偿交付给土地使用者使用的行为。

依照本法规定以划拨方式取得土地使用权的，除法律、行政法规另有规定外，没有使用期限的限制。

第二十四条 下列建设用地的土地使用权，确属必需的，可以由县级以上人民政府依法批准划拨：

（一）国家机关用地和军事用地；

（二）城市基础设施用地和公益事业用地；

（三）国家重点扶持的能源、交通、水利等项目用地；

（四）法律、行政法规规定的其他用地。

第三章 房地产开发

第二十五条 房地产开发必须严格执行城市规划，按照经济效益、社会效益、环境效益相统一的原则，实行全面规划、合理布局、综合开发、配套建设。

第二十六条 以出让方式取得土地使用权进行房地产开发的，必须按照土地使用权出让合同约定的土地用途、动工开发期限开发土地。超过出让合同约定的动工开发日期满一年未动工开发的，可以征收相当于土地使用权出让金百分之二十以下的土地闲置费；满二年未动工开发的，可以无偿收回土地使用权；但是，因不可抗力或者政府、政府有关部门的行为或者动工开发必需的前期工作造成动工开发迟延的除外。

第二十七条 房地产开发项目的设计、施工，必须符合国家的有关标准和规范。

房地产开发项目竣工，经验收合格后，方可交付使用。

第二十八条 依法取得的土地使用权，可以依照本法和有关法律、行政法规的规定，作价入股，合资、合作开发经营房地产。

第二十九条 国家采取税收等方面的优惠措施鼓励和扶持房地产开发企业开发建设居民住宅。

第三十条 房地产开发企业是以营利为目的，从事房地产开发和经营的企业。设立房地产开发企业，应当具备下列条件：

（一）有自己的名称和组织机构；

（二）有固定的经营场所；

（三）有符合国务院规定的注册资本；

（四）有足够的专业技术人员；

（五）法律、行政法规规定的其他条件。

设立房地产开发企业，应当向工商行政管理部门申请设立登记。工商行政管理部门对符合本法规定条件的，应当予以登记，发给营业执照；对不符合本法规定条件的，不予登记。

设立有限责任公司、股份有限公司，从事房地产开发经营的，还应当执行公司法的有关规定。

房地产开发企业在领取营业执照后的一个月内，应当到登记机关所在地的县级以上地方人民政府规定的部门备案。

第三十一条 房地产开发企业的注册资本与投资总额的比例应当符合国家有关规定。

房地产开发企业分期开发房地产的，分期投资额应当与项目规模相适应，并按照土地使用权出让合同的约定，按期投入资金，用于项目建设。

第四章 房地产交易

第一节 一般规定

第三十二条 房地产转让、抵押时，房屋的所有权和该房屋占用范围内的土地使用权同时转让、抵押。

第三十三条 基准地价、标定地价和各类房屋的重置价格应当定期确定并公布。具体办法由国务院规定。

第三十四条 国家实行房地产价格评估制度。

房地产价格评估，应当遵循公正、公平、公开的原则，按照国家规定的技术标准和评估程序，以基准地价、标定地价和各类房屋的重置价格为基础，参照当地的市场价格进行评估。

第三十五条 国家实行房地产成交价格申报制度。

房地产权利人转让房地产，应当向县级以上地方人民政府规定的部门如实申报成交价，不得瞒报或者作不实的申报。

第三十六条 房地产转让、抵押，当事人应当依照本法第五章的规定办理权属登记。

第二节 房地产转让

第三十七条 房地产转让，是指房地产权利人通过买卖、赠与或者其他合法方式将其房地产转移给他人的行为。

第三十八条 下列房地产，不得转让：

（一）以出让方式取得土地使用权的，不符合本法第三十九条规定的条件的；

（二）司法机关和行政机关依法裁定、决定查封或者以其他形式限制房地产权利的；

（三）依法收回土地使用权的；

（四）共有房地产，未经其他共有人书面同意的；

（五）权属有争议的；

（六）未依法登记领取权属证书的；

（七）法律、行政法规规定禁止转让的其他情形。

第三十九条 以出让方式取得土地使用权的，转让房地产时，应当符合下列条件：

（一）按照出让合同约定已经支付全部土地使用权出让金，并取得土地使用权证书；

（二）按照出让合同约定进行投资开发，属于房屋建设工程的，完成开发投资总额的百分之二十五以上，属于成片开发土地的，形成工业用地或者其他建设用地条件。

转让房地产时房屋已经建成的，还应当持有房屋所有权证书。

第四十条 以划拨方式取得土地使用权的，转让房地产时，应当按照国务院规定，报有批准权的人民政府审批。有批准权的人民政府准予转让的，应当由受让方办理土地使用权出让手续，并依照国家有关规定缴纳土地使用权出让金。

以划拨方式取得土地使用权的，转让房地产报批时，有批准权的人民政府按照国务院规定决定可以不办理土地使用权出让手续的，转让方应当按照国务院规定将转让房地产所获收益中的土地收益上缴国家或者作其他处理。

第四十一条 房地产转让，应当签订书面转让合同，合同中应当载明土地使用权取得的方式。

第四十二条 房地产转让时，土地使用权出让合同载明的权利、义务随之转移。

第四十三条 以出让方式取得土地使用权的，转让房地产后，其土地使用权的使用年限为原土地使用权出让合同约定的使用年限减去原土地使用者已经使用年限后的剩余年限。

第四十四条 以出让方式取得土地使用权的，转让房地产后，受让人改变原土地使用权出让合同约定的土地用途的，必须取得原出让方和市、县人民政府城市规划行政主管部门的同意，签订土地使用权出让合同变更协议或者重新签订土地使用权出让合同，相应调整土地使用权出让金。

第四十五条 商品房预售，应当符合下列条件：

（一）已交付全部土地使用权出让金，取得土地使用权证书；

（二）持有建设工程规划许可证；

（三）按提供预售的商品房计算，投入开发建设的资金达到工程建设总投资的百分之二十五以上，并已经确定施工进度和竣工交付日期；

（四）向县级以上人民政府房产管理部门办理预售登记，取得商品房预售许可证明。

商品房预售人应当按照国家有关规定将预售合同报县级以上人民政府房产管理部门和土地管理部门登记备案。

商品房预售所得款项，必须用于有关的工程建设。

第四十六条 商品房预售的，商品房预购人将购买的未竣工的预售商品房再行转让的问题，由国务院规定。

第三节 房地产抵押

第四十七条 房地产抵押，是指抵押人以其合法的房地产以不转移占有的方式向抵押权人提供债务履行担保的行为。债务人不履行债务时，抵押权人有权依法以抵押的房地产拍卖所得的价款优先受偿。

第四十八条 依法取得的房屋所有权连同该房屋占用范围内的土地使用权，可以设定抵押权。

以出让方式取得的土地使用权，可以设定抵押权。

第四十九条 房地产抵押，应当凭土地使用权证书、房屋所有权证书办理。

第五十条 房地产抵押，抵押人和抵押权人应当签订书面抵押合同。

第五十一条 设定房地产抵押权的土地使用权是以划拨方式取得的，依法拍卖该房地产后，应当从拍卖所得的价款中缴纳相当于应缴纳的土地使用权出让金的款额后，抵押权人方可优先受偿。

第五十二条 房地产抵押合同签订后，土地上新增的房屋不属于抵押财产。需要拍卖该抵押的房地产时，可以依法将土地上新增的房屋与抵押财产一同拍卖，但对拍卖新增房屋所得，抵押权人无权优先受偿。

第四节　房 屋 租 赁

第五十三条 房屋租赁，是指房屋所有权人作为出租人将其房屋出租给承租人使用，由承租人向出租人支付租金的行为。

第五十四条 房屋租赁，出租人和承租人应当签订书面租赁合同，约定租赁期限、租赁用途、租赁价格、修缮责任等条款，以及双方的其他权利和义务，并向房产管理部门登记备案。

第五十五条 住宅用房的租赁，应当执行国家和房屋所在城市人民政府规定的租赁政策。租用房屋从事生产、经营活动的，由租赁双方协商议定租金和其他租赁条款。

第五十六条 以营利为目的，房屋所有权人将以划拨方式取得使用权的国有土地上建成的房屋出租的，应当将租金中所含土地收益上缴国家。具体办法由国务院规定。

第五节　中介服务机构

第五十七条 房地产中介服务机构包括房地产咨询机构、房地产价格评估机构、房地产经纪机构等。

第五十八条 房地产中介服务机构应当具备下列条件：

（一）有自己的名称和组织机构；

（二）有固定的服务场所；

（三）有必要的财产和经费；

（四）有足够数量的专业人员；

（五）法律、行政法规规定的其他条件。

设立房地产中介服务机构，应当向工商行政管理部门申请设立登记，领取营业执照后，方可开业。

第五十九条 国家实行房地产价格评估人员资格认证制度。

第五章 房地产权属登记管理

第六十条 国家实行土地使用权和房屋所有权登记发证制度。

第六十一条 以出让或者划拨方式取得土地使用权，应当向县级以上地方人民政府土地管理部门申请登记，经县级以上地方人民政府土地管理部门核实，由同级人民政府颁发土地使用权证书。

在依法取得的房地产开发用地上建成房屋的，应当凭土地使用权证书向县级以上地方人民政府房产管理部门申请登记，由县级以上地方人民政府房产管理部门核实并颁发房屋所有权证书。

房地产转让或者变更时，应当向县级以上地方人民政府房产管理部门申请房产变更登记，并凭变更后的房屋所有权证书向同级人民政府土地管理部门申请土地使用权变更登记，经同级人民政府土地管理部门核实，由同级人民政府更换或者更改土地使用权证书。

法律另有规定的，依照有关法律的规定办理。

第六十二条 房地产抵押时，应当向县级以上地方人民政府规定的部门办理抵押登记。

因处分抵押房地产而取得土地使用权和房屋所有权的，应当依照本章规定办理过户登记。

第六十三条 经省、自治区、直辖市人民政府确定，县级以上地方人民政府由一个部门统一负责房产管理和土地管理工作的，可以制作、颁发统一的房地产权证书，依照本法第六十一条的规定，将房屋的所有权和该房屋占用范围内的土地使用权的确认和变更，分别载入房地产权证书。

第六章 法律责任

第六十四条 违反本法第十一条、第十二条的规定，擅自批准出让或者擅自出让土地使用权用于房地产开发的，由上级机关或者所在单位给予有关责任人员行政处分。

第六十五条 违反本法第三十条的规定，未取得营业执照擅自从事房地产开发业务的，由县级以上人民政府工商行政管理部门责令停止房地产开发业务活动，没收违法所得，可以并处罚款。

第六十六条 违反本法第三十九条第一款的规定转让土地使用权的，由县级以上人民政府土地管理部门没收违法所得，可以并处罚款。

第六十七条 违反本法第四十条第一款的规定转让房地产的，由县级以上人民政府土地管理部门责令缴纳土地使用权出让金，没收违法所得，可以并处罚款。

第六十八条 违反本法第四十五条第一款的规定预售商品房的，由县级以上人民政府房产管理部门责令停止预售活动，没收违法所得，可以并处罚款。

第六十九条 违反本法第五十八条的规定，未取得营业执照擅自从事房地产中介服务业务的，由县级以上人民政府工商行政管理部门责令停止房地产中介服务业务活动，没收违法所得，可以并处罚款。

第七十条 没有法律、法规的依据，向房地产开发企业收费的，上级机关应当责令退回所收取的钱款；情节严重的，由上级机关或者所在单位给予直接责任人员行政处分。

第七十一条 房产管理部门、土地管理部门工作人员玩忽职守、滥用职权，构成犯罪的，依法追究刑事责任；不构成犯罪的，给予行政处分。

房产管理部门、土地管理部门工作人员利用职务上的便利，索取他人财物，或者非法收受他人财物为他人谋取利益，构成犯罪的，依法追究刑事责任；不构成犯罪的，给予行政处分。

第七章 附 则

第七十二条 在城市规划区外的国有土地范围内取得房地产开发用地的土地使用权，从事房地产开发、交易活动以及实施房地产管理，参照本法执行。

第七十三条 本法自 1995 年 1 月 1 日起施行。

附录二：

中华人民共和国城镇国有土地使用权出让和转让暂行条例

（1990 年 5 月 19 日中华人民共和国国务院令第 55 号发布　自发布之日起施行）

第一章　总　　则

第一条　为了改革城镇国有土地使用制度，合理开发、利用、经营土地，加强土地管理，促进城市建设和经济发展，制定本条例。

第二条　国家按照所有权与使用权分离的原则，实行城镇国有土地使用权出让、转让制度，但地下资源、埋藏物和市政公用设施除外。

前款所称城镇国有土地是指市、县城、建制镇、工矿区范围内属于全民所有的土地（以下简称土地）。

第三条　中华人民共和国境内外的公司、企业、其他组织和个人，除法律另有规定者外，均可依照本条例的规定取得土地使用权，进行土地开发、利用、经营。

第四条　依照本条例的规定取得土地使用权的土地使用者，其使用权在使用年限内可以转让、出租、抵押或者用于其他经济活动，合法权益受国家法律保护。

第五条 土地使用者开发、利用、经营土地的活动，应当遵守国家法律、法规的规定，并不得损害社会公共利益。

第六条 县级以上人民政府土地管理部门依法对土地使用权的出让、转让、出租、抵押、终止进行监督检查。

第七条 土地使用权出让、转让、出租、抵押、终止及有关的地上建筑物、其他附着物的登记，由政府土地管理部门、房产管理部门依照法律和国务院的有关规定办理。

登记文件可以公开查阅。

第二章 土地使用权出让

第八条 土地使用权出让是指国家以土地所有者的身份将土地使用权在一定年限内让与土地使用者，并由土地使用者向国家支付土地使用权出让金的行为。

土地使用权出让应当签订出让合同。

第九条 土地使用权的出让，由市、县人民政府负责，有计划、有步骤地进行。

第十条 土地使用权出让的地块、用途、年限和其他条件，由市、县人民政府土地管理部门会同城市规划和建设管理部门、房产管理部门共同拟定方案，按照国务院规定的批准权限报经批准后，由土地管理部门实施。

第十一条 土地使用权出让合同应当按照平等、自愿、有偿的原则，由市、县人民政府土地管理部门（以下简称出让方）与土地使用者签订。

第十二条 土地使用权出让最高年限按下列用途确定：

（一）居住用地70年；

（二）工业用地50年；

（三）教育、科技、文化、卫生、体育用地50年；

（四）商业、旅游、娱乐用地40年；

（五）综合或者其他用地50年。

第十三条 土地使用权出让可以采取下列方式：

（一）协议；

（二）招标；

（三）拍卖。

依照前款规定方式出让土地使用权的具体程序和步骤，由省、自治区、直辖市人民政府规定。

第十四条 土地使用者应当在签订土地使用权出让合同后60日内，支付全部土地使用权出让金。逾期未全部支付的，出让方有权解除合同，并可请求违约赔偿。

第十五条 出让方应当按照合同规定，提供出让的土地使用权。未按合同规定提供土地使用权的，土地使用者有权解除合同，并可请求违约赔偿。

第十六条 土地使用者在支付全部土地使用权出让金后，应当依照规定办理登记，领取土地使用证，取得土地使用权。

第十七条 土地使用者应当按照土地使用权出让合同的规定和城市规划的要求，开发、利用、经营土地。

未按合同规定的期限和条件开发、利用土地的，市、县人民政府土地管理部门应当予以纠正，并根据情节可以给予警告、罚款直至无偿收回土地使用权的处罚。

第十八条 土地使用者需要改变土地使用权出让合同规定的土地用途的，应当征得出让方同意并经土地管理部门和城市规划部门批准，依照本章的有关规定重新签订土地使用权出让合同，调整土地使用权出让金，并办理登记。

第三章　土地使用权转让

第十九条　土地使用权转让是指土地使用者将土地使用权再转移的行为，包括出售、交换和赠与。

未按土地使用权出让合同规定的期限和条件投资开发、利用土地的，土地使用权不得转让。

第二十条　土地使用权转让应当签订转让合同。

第二十一条　土地使用权转让时，土地使用权出让合同和登记文件中所载明的权利、义务随之转移。

第二十二条　土地使用者通过转让方式取得的土地使用权，其使用年限为土地使用权出让合同规定的使用年限减去原土地使用者已使用年限后的剩余年限。

第二十三条　土地使用权转让时，其地上建筑物、其他附着物所有权随之转让。

第二十四条　地上建筑物、其他附着物的所有人或者共有人，享有该建筑物、附着物使用范围内的土地使用权。

土地使用者转让地上建筑物、其他附着物所有权时，其使用范围内的土地使用权随之转让，但地上建筑物、其他附着物作为动产转让的除外。

第二十五条　土地使用权和地上建筑物、其他附着物所有权转让，应当依照规定办理过户登记。

土地使用权和地上建筑物、其他附着物所有权分割转让的，应当经市、县人民政府土地管理部门和房产管理部门批准，并依照规定办理过户登记。

第二十六条 土地使用权转让价格明显低于市场价格的，市、县人民政府有优先购买权。

土地使用权转让的市场价格不合理上涨时，市、县人民政府可以采取必要的措施。

第二十七条 土地使用权转让后，需要改变土地使用权出让合同规定的土地用途的，依照本条例第十八条的规定办理。

第四章 土地使用权出租

第二十八条 土地使用权出租是指土地使用者作为出租人将土地使用权随同地上建筑物、其他附着物租赁给承租人使用，由承租人向出租人支付租金的行为。

未按土地使用权出让合同规定的期限和条件投资开发、利用土地的，土地使用权不得出租。

第二十九条 土地使用权出租，出租人与承租人应当签订租赁合同。

租赁合同不得违背国家法律、法规和土地使用权出让合同的规定。

第三十条 土地使用权出租后，出租人必须继续履行土地使用权出让合同。

第三十一条 土地使用权和地上建筑物、其他附着物出租，出租人应当依照规定办理登记。

第五章 土地使用权抵押

第三十二条 土地使用权可以抵押。

第三十三条 土地使用权抵押时，其地上建筑物、其他附着物随之抵押。

地上建筑物、其他附着物抵押时，其使用范围内的土地使用权随之抵押。

第三十四条 土地使用权抵押，抵押人与抵押权人应当签订抵押合同。

抵押合同不得违背国家法律、法规和土地使用权出让合同的规定。

第三十五条 土地使用权和地上建筑物、其他附着物抵押，应当依照规定办理抵押登记。

第三十六条 抵押人到期未能履行债务或者在抵押合同期间宣告解散、破产的，抵押权人有权依照国家法律、法规和抵押合同的规定处分抵押财产。

因处分抵押财产而取得土地使用权和地上建筑物、其他附着物所有权的，应当依照规定办理过户登记。

第三十七条 处分抵押财产所得，抵押权人有优先受偿权。

第三十八条 抵押权因债务清偿或者其他原因而消灭的，应当依照规定办理注销抵押登记。

第六章　土地使用权终止

第三十九条 土地使用权因土地使用权出让合同规定的使用年限届满、提前收回及土地灭失等原因而终止。

第四十条 土地使用权期满，土地使用权及其地上建筑物、其他附着物所有权由国家无偿取得。土地使用者应当交还土地使用证，并依照规定办理注销登记。

第四十一条 土地使用权期满，土地使用者可以申请续期。需要续期的，应当依照本条例第二章的规定重新签订合同，支付土地使用权出让金，并办理登记。

第四十二条 国家对土地使用者依法取得的土地使用权不提前收回。在特殊情况下，根据社会公共利益的需要，国家可以依照法律程序提前收回，并根据土地使用者已使用的年限和开发、利用土地的实际情况给予相应的补偿。

第七章 划拨土地使用权

第四十三条 划拨土地使用权是指土地使用者通过各种方式依法无偿取得的土地使用权。

前款土地使用者应当依照《中华人民共和国城镇土地使用税暂行条例》的规定缴纳土地使用税。

第四十四条 划拨土地使用权，除本条例第四十五条规定的情况外，不得转让、出租、抵押。

第四十五条 符合下列条件的，经市、县人民政府土地管理部门和房产管理部门批准，其划拨土地使用权和地上建筑物、其他附着物所有权可以转让、出租、抵押：

（一）土地使用者为公司、企业、其他经济组织和个人；

（二）领有国有土地使用证；

（三）具有地上建筑物、其他附着物合法的产权证明；

（四）依照本条例第二章的规定签订土地使用权出让合同，向当地市、县人民政府补交土地使用权出让金或者以转让、出租、抵押所获收益抵交土地使用权出让金。

转让、出租、抵押前款划拨土地使用权的，分别依照本条例

第三章、第四章和第五章的规定办理。

第四十六条　对未经批准擅自转让、出租、抵押划拨土地使用权的单位和个人，市、县人民政府土地管理部门应当没收其非法收入，并根据情节处以罚款。

第四十七条　无偿取得划拨土地使用权的土地使用者，因迁移、解散、撤销、破产或者其他原因而停止使用土地的，市、县人民政府应当无偿收回其划拨土地使用权，并可依照本条例的规定予以出让。

对划拨土地使用权，市、县人民政府根据城市建设发展需要和城市规划的要求，可以无偿收回，并可依照本条例的规定予以出让。

无偿收回划拨土地使用权时，对其地上建筑物、其他附着物，市、县人民政府应当根据实际情况给予适当补偿。

第八章　附　　则

第四十八条　依照本条例的规定取得土地使用权的个人，其土地使用权可以继承。

第四十九条　土地使用者应当依照国家税收法规的规定纳税。

第五十条　依照本条例收取的土地使用权出让金列入财政预算，作为专项基金管理，主要用于城市建设和土地开发。具体使用管理办法，由财政部另行制定。

第五十一条　各省、自治区、直辖市人民政府应当根据本条例的规定和当地的实际情况选择部分条件比较成熟的城镇先行试点。

第五十二条 外商投资从事开发经营成片土地的，其土地使用权的管理依照国务院的有关规定执行。

第五十三条 本条例由国家土地管理局负责解释；实施办法由省、自治区、直辖市人民政府制定。

第五十四条 本条例自发布之日起施行。

国有土地上房屋征收与补偿条例

（2011年1月19日国务院第141次常务会议通过 2011年1月21日中华人民共和国国务院令第590号公布 自公布之日起施行）

第一章 总 则

第一条 为了规范国有土地上房屋征收与补偿活动，维护公共利益，保障被征收房屋所有权人的合法权益，制定本条例。

第二条 为了公共利益的需要，征收国有土地上单位、个人的房屋，应当对被征收房屋所有权人（以下称被征收人）给予公平补偿。

第三条 房屋征收与补偿应当遵循决策民主、程序正当、结果公开的原则。

第四条 市、县级人民政府负责本行政区域的房屋征收与补偿工作。

市、县级人民政府确定的房屋征收部门（以下称房屋征收部门）组织实施本行政区域的房屋征收与补偿工作。

市、县级人民政府有关部门应当依照本条例的规定和本级人民政府规定的职责分工，互相配合，保障房屋征收与补偿工作的顺利进行。

第五条 房屋征收部门可以委托房屋征收实施单位，承担房屋征收与补偿的具体工作。房屋征收实施单位不得以营利为目的。

房屋征收部门对房屋征收实施单位在委托范围内实施的房屋征收与补偿行为负责监督，并对其行为后果承担法律责任。

第六条 上级人民政府应当加强对下级人民政府房屋征收与补偿工作的监督。

国务院住房城乡建设主管部门和省、自治区、直辖市人民政府住房城乡建设主管部门应当会同同级财政、国土资源、发展改革等有关部门，加强对房屋征收与补偿实施工作的指导。

第七条 任何组织和个人对违反本条例规定的行为，都有权向有关人民政府、房屋征收部门和其他有关部门举报。接到举报的有关人民政府、房屋征收部门和其他有关部门对举报应当及时核实、处理。

监察机关应当加强对参与房屋征收与补偿工作的政府和有关部门或者单位及其工作人员的监察。

第二章 征收决定

第八条 为了保障国家安全、促进国民经济和社会发展等公共利益的需要，有下列情形之一，确需征收房屋的，由市、县级人民政府作出房屋征收决定：

（一）国防和外交的需要；

（二）由政府组织实施的能源、交通、水利等基础设施建设的需要；

（三）由政府组织实施的科技、教育、文化、卫生、体育、环境和资源保护、防灾减灾、文物保护、社会福利、市政公用等公共事业的需要；

（四）由政府组织实施的保障性安居工程建设的需要；

（五）由政府依照城乡规划法有关规定组织实施的对危房集中、基础设施落后等地段进行旧城区改建的需要；

（六）法律、行政法规规定的其他公共利益的需要。

第九条 依照本条例第八条规定，确需征收房屋的各项建设活动，应当符合国民经济和社会发展规划、土地利用总体规划、城乡规划和专项规划。保障性安居工程建设、旧城区改建，应当纳入市、县级国民经济和社会发展年度计划。

制定国民经济和社会发展规划、土地利用总体规划、城乡规划和专项规划，应当广泛征求社会公众意见，经过科学论证。

第十条 房屋征收部门拟定征收补偿方案，报市、县级人民政府。

市、县级人民政府应当组织有关部门对征收补偿方案进行论证并予以公布，征求公众意见。征求意见期限不得少于30日。

第十一条 市、县级人民政府应当将征求意见情况和根据公众意见修改的情况及时公布。

因旧城区改建需要征收房屋，多数被征收人认为征收补偿方案不符合本条例规定的，市、县级人民政府应当组织由被征收人和公众代表参加的听证会，并根据听证会情况修改方案。

第十二条 市、县级人民政府作出房屋征收决定前，应当按照有关规定进行社会稳定风险评估；房屋征收决定涉及被征收人数量较多的，应当经政府常务会议讨论决定。

作出房屋征收决定前，征收补偿费用应当足额到位、专户存储、专款专用。

第十三条 市、县级人民政府作出房屋征收决定后应当及时公告。公告应当载明征收补偿方案和行政复议、行政诉讼权利等事项。

市、县级人民政府及房屋征收部门应当做好房屋征收与补偿的宣传、解释工作。

房屋被依法征收的，国有土地使用权同时收回。

第十四条 被征收人对市、县级人民政府作出的房屋征收决定不服的，可以依法申请行政复议，也可以依法提起行政诉讼。

第十五条 房屋征收部门应当对房屋征收范围内房屋的权属、区位、用途、建筑面积等情况组织调查登记，被征收人应当予以配合。调查结果应当在房屋征收范围内向被征收人公布。

第十六条 房屋征收范围确定后，不得在房屋征收范围内实施新建、扩建、改建房屋和改变房屋用途等不当增加补偿费用的行为；违反规定实施的，不予补偿。

房屋征收部门应当将前款所列事项书面通知有关部门暂停办理相关手续。暂停办理相关手续的书面通知应当载明暂停期限。暂停期限最长不得超过1年。

第三章 补　　偿

第十七条 作出房屋征收决定的市、县级人民政府对被征收人给予的补偿包括：

（一）被征收房屋价值的补偿；

（二）因征收房屋造成的搬迁、临时安置的补偿；

（三）因征收房屋造成的停产停业损失的补偿。

市、县级人民政府应当制定补助和奖励办法，对被征收人给予补助和奖励。

第十八条 征收个人住宅，被征收人符合住房保障条件的，作出房屋征收决定的市、县级人民政府应当优先给予住房保障。具体办法由省、自治区、直辖市制定。

第十九条 对被征收房屋价值的补偿，不得低于房屋征收决定公告之日被征收房屋类似房地产的市场价格。被征收房屋的价值，由具有相应资质的房地产价格评估机构按照房屋征收评估办法评估确定。

对评估确定的被征收房屋价值有异议的，可以向房地产价格评估机构申请复核评估。对复核结果有异议的，可以向房地产价格评估专家委员会申请鉴定。

房屋征收评估办法由国务院住房城乡建设主管部门制定，制定过程中，应当向社会公开征求意见。

第二十条 房地产价格评估机构由被征收人协商选定；协商不成的，通过多数决定、随机选定等方式确定，具体办法由省、自治区、直辖市制定。

房地产价格评估机构应当独立、客观、公正地开展房屋征收评估工作，任何单位和个人不得干预。

第二十一条 被征收人可以选择货币补偿，也可以选择房屋产权调换。

被征收人选择房屋产权调换的，市、县级人民政府应当提供用于产权调换的房屋，并与被征收人计算、结清被征收房屋价值与用于产权调换房屋价值的差价。

因旧城区改建征收个人住宅，被征收人选择在改建地段进行房屋产权调换的，作出房屋征收决定的市、县级人民政府应当提供改建地段或者就近地段的房屋。

第二十二条 因征收房屋造成搬迁的，房屋征收部门应当向被征收人支付搬迁费；选择房屋产权调换的，产权调换房屋交付前，房屋征收部门应当向被征收人支付临时安置费或者提供周转用房。

第二十三条 对因征收房屋造成停产停业损失的补偿，根据房屋被征收前的效益、停产停业期限等因素确定。具体办法由省、自治区、直辖市制定。

第二十四条 市、县级人民政府及其有关部门应当依法加强对建设活动的监督管理，对违反城乡规划进行建设的，依法予以处理。

市、县级人民政府作出房屋征收决定前，应当组织有关部门依法对征收范围内未经登记的建筑进行调查、认定和处理。对认定为合法建筑和未超过批准期限的临时建筑的，应当给予补偿；对认定为违法建筑和超过批准期限的临时建筑的，不予补偿。

第二十五条 房屋征收部门与被征收人依照本条例的规定，就补偿方式、补偿金额和支付期限、用于产权调换房屋的地点和面积、搬迁费、临时安置费或者周转用房、停产停业损失、搬迁期限、过渡方式和过渡期限等事项，订立补偿协议。

补偿协议订立后，一方当事人不履行补偿协议约定的义务的，另一方当事人可以依法提起诉讼。

第二十六条 房屋征收部门与被征收人在征收补偿方案确定的签约期限内达不成补偿协议，或者被征收房屋所有权人不明确的，由房屋征收部门报请作出房屋征收决定的市、县级人民政府依照本条例的规定，按照征收补偿方案作出补偿决定，并在房屋征收范围内予以公告。

补偿决定应当公平，包括本条例第二十五条第一款规定的有关补偿协议的事项。

被征收人对补偿决定不服的，可以依法申请行政复议，也可以依法提起行政诉讼。

第二十七条 实施房屋征收应当先补偿、后搬迁。

作出房屋征收决定的市、县级人民政府对被征收人给予补偿后，被征收人应当在补偿协议约定或者补偿决定确定的搬迁期限内完成搬迁。

任何单位和个人不得采取暴力、威胁或者违反规定中断供水、供热、供气、供电和道路通行等非法方式迫使被征收人搬迁。禁止建设单位参与搬迁活动。

第二十八条 被征收人在法定期限内不申请行政复议或者不提起行政诉讼，在补偿决定规定的期限内又不搬迁的，由作出房屋征收决定的市、县级人民政府依法申请人民法院强制执行。

强制执行申请书应当附具补偿金额和专户存储账号、产权调换房屋和周转用房的地点和面积等材料。

第二十九条 房屋征收部门应当依法建立房屋征收补偿档案，并将分户补偿情况在房屋征收范围内向被征收人公布。

审计机关应当加强对征收补偿费用管理和使用情况的监督，并公布审计结果。

第四章 法律责任

第三十条 市、县级人民政府及房屋征收部门的工作人员在房屋征收与补偿工作中不履行本条例规定的职责，或者滥用职权、玩忽职守、徇私舞弊的，由上级人民政府或者本级人民政府责令改正，通报批评；造成损失的，依法承担赔偿责任；对直接负责的主管人员和其他直接责任人员，依法给予处分；构成犯罪的，依法追究刑事责任。

第三十一条 采取暴力、威胁或者违反规定中断供水、供热、供气、供电和道路通行等非法方式迫使被征收人搬迁，造成损失的，依法承担赔偿责任；对直接负责的主管人员和其他直接责任人员，构成犯罪的，依法追究刑事责任；尚不构成犯罪的，依法给予处分；构成违反治安管理行为的，依法给予治安管理处罚。

第三十二条 采取暴力、威胁等方法阻碍依法进行的房屋征收与补偿工作，构成犯罪的，依法追究刑事责任；构成违反治安管理行为的，依法给予治安管理处罚。

第三十三条 贪污、挪用、私分、截留、拖欠征收补偿费用的，责令改正，追回有关款项，限期退还违法所得，对有关责任单位通报批评、给予警告；造成损失的，依法承担赔偿责任；对直接负责的主管人员和其他直接责任人员，构成犯罪的，依法追究刑事责任；尚不构成犯罪的，依法给予处分。

第三十四条 房地产价格评估机构或者房地产估价师出具虚假或者有重大差错的评估报告的，由发证机关责令限期改正，给予警告，对房地产价格评估机构并处 5 万元以上 20 万元以下罚款，对房地产估价师并处 1 万元以上 3 万元以下罚款，并记入信用档案；情节严重的，吊销资质证书、注册证书；造成损失的，依法承担赔偿责任；构成犯罪的，依法追究刑事责任。

第五章　附　　则

第三十五条　本条例自公布之日起施行。2001 年 6 月 13 日国务院公布的《城市房屋拆迁管理条例》同时废止。本条例施行前已依法取得房屋拆迁许可证的项目，继续沿用原有的规定办理，但政府不得责成有关部门强制拆迁。

最高人民法院关于审理涉及国有土地使用权合同纠纷案件适用法律问题的解释

（2004 年 11 月 23 日最高人民法院审判委员会第 1334 次会议通过　2005 年 6 月 18 日最高人民法院公告公布　自 2005 年 8 月 1 日起施行　法释〔2005〕5 号）

根据《中华人民共和国民法通则》、《中华人民共和国合同法》、《中华人民共和国土地管理法》、《中华人民共和国城市房地产管理法》等法律规定，结合民事审判实践，就审理涉及国有土地使用权合同纠纷案件适用法律的问题，制定本解释。

一、土地使用权出让合同纠纷

第一条　本解释所称的土地使用权出让合同，是指市、县人民政府土地管理部门作为出让方将国有土地使用权在一定年限内让与受让方，受让方支付土地使用权出让金的协议。

第二条 开发区管理委员会作为出让方与受让方订立的土地使用权出让合同，应当认定无效。

本解释实施前，开发区管理委员会作为出让方与受让方订立的土地使用权出让合同，起诉前经市、县人民政府土地管理部门追认的，可以认定合同有效。

第三条 经市、县人民政府批准同意以协议方式出让的土地使用权，土地使用权出让金低于订立合同时当地政府按照国家规定确定的最低价的，应当认定土地使用权出让合同约定的价格条款无效。

当事人请求按照订立合同时的市场评估价格交纳土地使用权出让金的，应予支持；受让方不同意按照市场评估价格补足，请求解除合同的，应予支持。因此造成的损失，由当事人按照过错承担责任。

第四条 土地使用权出让合同的出让方因未办理土地使用权出让批准手续而不能交付土地，受让方请求解除合同的，应予支持。

第五条 受让方经出让方和市、县人民政府城市规划行政主管部门同意，改变土地使用权出让合同约定的土地用途，当事人请求按照起诉时同种用途的土地出让金标准调整土地出让金的，应予支持。

第六条 受让方擅自改变土地使用权出让合同约定的土地用途，出让方请求解除合同的，应予支持。

二、土地使用权转让合同纠纷

第七条 本解释所称的土地使用权转让合同，是指土地使用权人作为转让方将出让土地使用权转让于受让方，受让方支付价款的协议。

第八条 土地使用权人作为转让方与受让方订立土地使用权转让合同后，当事人一方以双方之间未办理土地使用权变更登记手续为由，请求确认合同无效的，不予支持。

第九条 转让方未取得出让土地使用权证书与受让方订立合同转让土地使用权，起诉前转让方已经取得出让土地使用权证书或者有批准权的人民政府同意转让的，应当认定合同有效。

第十条 土地使用权人作为转让方就同一出让土地使用权订立数个转让合同，在转让合同有效的情况下，受让方均要求履行合同的，按照以下情形分别处理：

（一）已经办理土地使用权变更登记手续的受让方，请求转让方履行交付土地等合同义务的，应予支持；

（二）均未办理土地使用权变更登记手续，已先行合法占有投资开发土地的受让方请求转让方履行土地使用权变更登记等合同义务的，应予支持；

（三）均未办理土地使用权变更登记手续，又未合法占有投资开发土地，先行支付土地转让款的受让方请求转让方履行交付土地和办理土地使用权变更登记等合同义务的，应予支持；

（四）合同均未履行，依法成立在先的合同受让方请求履行合同的，应予支持。

未能取得土地使用权的受让方请求解除合同、赔偿损失的，按照《中华人民共和国合同法》的有关规定处理。

第十一条 土地使用权人未经有批准权的人民政府批准，与受让方订立合同转让划拨土地使用权的，应当认定合同无效。但起诉前经有批准权的人民政府批准办理土地使用权出让手续的，应当认定合同有效。

第十二条 土地使用权人与受让方订立合同转让划拨土地使用权，起诉前经有批准权的人民政府同意转让，并由受让方办理土地使用权出让手续的，土地使用权人与受让方订立的合同可以按照补偿性质的合同处理。

第十三条 土地使用权人与受让方订立合同转让划拨土地使用权，起诉前经有批准权的人民政府决定不办理土地使用权出让手续，并将该划拨土地使用权直接划拨给受让方使用的，土地使用权人与受让方订立的合同可以按照补偿性质的合同处理。

三、合作开发房地产合同纠纷

第十四条 本解释所称的合作开发房地产合同，是指当事人订立的以提供出让土地使用权、资金等作为共同投资，共享利润、共担风险合作开发房地产为基本内容的协议。

第十五条 合作开发房地产合同的当事人一方具备房地产开发经营资质的，应当认定合同有效。

当事人双方均不具备房地产开发经营资质的，应当认定合同无效。但起诉前当事人一方已经取得房地产开发经营资质或者已依法合作成立具有房地产开发经营资质的房地产开发企业的，应当认定合同有效。

第十六条 土地使用权人未经有批准权的人民政府批准，以划拨土地使用权作为投资与他人订立合同合作开发房地产的，应当认定合同无效。但起诉前已经办理批准手续的，应当认定合同有效。

第十七条 投资数额超出合作开发房地产合同的约定，对增加的投资数额的承担比例，当事人协商不成的，按照当事人的过错确定；因不可归责于当事人的事由或者当事人的过错无法确定的，按照约定的投资比例确定；没有约定投资比例的，按照约定的利润分配比例确定。

第十八条 房屋实际建筑面积少于合作开发房地产合同的约定，对房屋实际建筑面积的分配比例，当事人协商不成的，按照当事人的过错确定；因不可归责于当事人的事由或者当事人过错无法确定的，按照约定的利润分配比例确定。

第十九条 在下列情形下，合作开发房地产合同的当事人请求分配房地产项目利益的，不予受理；已经受理的，驳回起诉：

（一）依法需经批准的房地产建设项目未经有批准权的人民政府主管部门批准；

（二）房地产建设项目未取得建设工程规划许可证；

（三）擅自变更建设工程规划。

因当事人隐瞒建设工程规划变更的事实所造成的损失，由当事人按照过错承担。

第二十条 房屋实际建筑面积超出规划建筑面积，经有批准权的人民政府主管部门批准后，当事人对超出部分的房屋分配比例协商不成的，按照约定的利润分配比例确定。对增加的投资数额的承担比例，当事人协商不成的，按照约定的投资比例确定；没有约定投资比例的，按照约定的利润分配比例确定。

第二十一条 当事人违反规划开发建设的房屋，被有批准权的人民政府主管部门认定为违法建筑责令拆除，当事人对损失承担协商不成的，按照当事人过错确定责任；过错无法确定的，按照约定的投资比例确定责任；没有约定投资比例的，按照约定的利润分配比例确定责任。

第二十二条 合作开发房地产合同约定仅以投资数额确定利润分配比例，当事人未足额交纳出资的，按照当事人的实际投资比例分配利润。

第二十三条 合作开发房地产合同的当事人要求将房屋预售款充抵投资参与利润分配的，不予支持。

第二十四条 合作开发房地产合同约定提供土地使用权的当事人不承担经营风险，只收取固定利益的，应当认定为土地使用权转让合同。

第二十五条 合作开发房地产合同约定提供资金的当事人不承担经营风险，只分配固定数量房屋的，应当认定为房屋买卖合同。

第二十六条 合作开发房地产合同约定提供资金的当事人不承担经营风险，只收取固定数额货币的，应当认定为借款合同。

第二十七条 合作开发房地产合同约定提供资金的当事人不承担经营风险，只以租赁或者其他形式使用房屋的，应当认定为房屋租赁合同。

四、其　　他

第二十八条 本解释自 2005 年 8 月 1 日起施行；施行后受理的第一审案件适用本解释。

本解释施行前最高人民法院发布的司法解释与本解释不一致的，以本解释为准。

最高人民法院关于审理商品房买卖合同纠纷案件适用法律若干问题的解释

（2003年3月24日最高人民法院审判委员会第1267次会议通过　2003年4月28日最高人民法院公告公布　自2003年6月1日起施行　法释〔2003〕7号）

为正确、及时审理商品房买卖合同纠纷案件，根据《中华人民共和国民法通则》、《中华人民共和国合同法》、《中华人民共和国城市房地产管理法》、《中华人民共和国担保法》等相关法律，结合民事审判实践，制定本解释。

第一条　本解释所称的商品房买卖合同，是指房地产开发企业（以下统称为出卖人）将尚未建成或者已竣工的房屋向社会销售并转移房屋所有权于买受人，买受人支付价款的合同。

第二条　出卖人未取得商品房预售许可证明，与买受人订立的商品房预售合同，应当认定无效，但是在起诉前取得商品房预售许可证明的，可以认定有效。

第三条　商品房的销售广告和宣传资料为要约邀请，但是出卖人就商品房开发规划范围内的房屋及相关设施所作的说明和允诺具体确定，并对商品房买卖合同的订立以及房屋价格的确定有重大影响的，应当视为要约。该说明和允诺即使未载入商品房买卖合同，亦应当视为合同内容，当事人违反的，应当承担违约责任。

第四条　出卖人通过认购、订购、预订等方式向买受人收受定金作为订立商品房买卖合同担保的，如果因当事人一方原因未能订立商品房买卖合同，应当按照法律关于定金的规定处理；因不可归责于当事人双方的事由，导致商品房买卖合同未能订立的，出卖人应当将定金返还买受人。

第五条 商品房的认购、订购、预订等协议具备《商品房销售管理办法》第十六条规定的商品房买卖合同的主要内容，并且出卖人已经按照约定收受购房款的，该协议应当认定为商品房买卖合同。

第六条 当事人以商品房预售合同未按照法律、行政法规规定办理登记备案手续为由，请求确认合同无效的，不予支持。

当事人约定以办理登记备案手续为商品房预售合同生效条件的，从其约定，但当事人一方已经履行主要义务，对方接受的除外。

第七条 拆迁人与被拆迁人按照所有权调换形式订立拆迁补偿安置协议，明确约定拆迁人以位置、用途特定的房屋对被拆迁人予以补偿安置，如果拆迁人将该补偿安置房屋另行出卖给第三人，被拆迁人请求优先取得补偿安置房屋的，应予支持。

被拆迁人请求解除拆迁补偿安置协议的，按照本解释第八条的规定处理。

第八条 具有下列情形之一，导致商品房买卖合同目的不能实现的，无法取得房屋的买受人可以请求解除合同、返还已付购房款及利息、赔偿损失，并可以请求出卖人承担不超过已付购房款一倍的赔偿责任：

（一）商品房买卖合同订立后，出卖人未告知买受人又将该房屋抵押给第三人；

（二）商品房买卖合同订立后，出卖人又将该房屋出卖给第三人。

第九条 出卖人订立商品房买卖合同时，具有下列情形之一，导致合同无效或者被撤销、解除的，买受人可以请求返还已付购房款及利息、赔偿损失，并可以请求出卖人承担不超过已付购房款一倍的赔偿责任：

（一）故意隐瞒没有取得商品房预售许可证明的事实或者提供虚假商品房预售许可证明；

（二）故意隐瞒所售房屋已经抵押的事实；

（三）故意隐瞒所售房屋已经出卖给第三人或者为拆迁补偿安置房屋的事实。

第十条 买受人以出卖人与第三人恶意串通，另行订立商品房买卖合同并将房屋交付使用，导致其无法取得房屋为由，请求确认出卖人与第三人订立的商品房买卖合同无效的，应予支持。

第十一条 对房屋的转移占有，视为房屋的交付使用，但当事人另有约定的除外。

房屋毁损、灭失的风险，在交付使用前由出卖人承担，交付使用后由买受人承担；买受人接到出卖人的书面交房通知，无正当理由拒绝接收的，房屋毁损、灭失的风险自书面交房通知确定的交付使用之日起由买受人承担，但法律另有规定或者当事人另有约定的除外。

第十二条 因房屋主体结构质量不合格不能交付使用，或者房屋交付使用后，房屋主体结构质量经核验确属不合格，买受人请求解除合同和赔偿损失的，应予支持。

第十三条 因房屋质量问题严重影响正常居住使用，买受人请求解除合同和赔偿损失的，应予支持。

交付使用的房屋存在质量问题，在保修期内，出卖人应当承担修复责任；出卖人拒绝修复或者在合理期限内拖延修复的，买受人可以自行或者委托他人修复。修复费用及修复期间造成的其他损失由出卖人承担。

第十四条 出卖人交付使用的房屋套内建筑面积或者建筑面积与商品房买卖合同约定面积不符，合同有约定的，按照约定处理；合同没有约定或者约定不明确的，按照以下原则处理：

（一）面积误差比绝对值在3%以内（含3%），按照合同约定的价格据实结算，买受人请求解除合同的，不予支持；

（二）面积误差比绝对值超出3%，买受人请求解除合同、返还已付购房款及利息的，应予支持。买受人同意继续履行合同，房屋实际面积大于合同约定面积的，面积误差比在3%以内（含3%）部分的房价款由买受人按照约定的价格补足，面积误差比超出3%部分的房价款由出卖人承担，所有权归买受人；房屋实际面积小于合同约定面积的，面积误差比在3%以内（含3%）部分的房价款及利息由出卖人返还买受人，面积误差比超过3%部分的房价款由出卖人双倍返还买受人。

第十五条 根据《合同法》第九十四条的规定，出卖人迟延交付房屋或者买受人迟延支付购房款，经催告后在三个月的合理期限内仍未履行，当事人一方请求解除合同的，应予支持，但当事人另有约定的除外。

法律没有规定或者当事人没有约定，经对方当事人催告后，解除权行使的合理期限为三个月。对方当事人没有催告的，解除权应当在解除权发生之日起一年内行使；逾期不行使的，解除权消灭。

第十六条 当事人以约定的违约金过高为由请求减少的，应当以违约金超过造成的损失30%为标准适当减少；当事人以约定的违约金低于造成的损失为由请求增加的，应当以违约造成的损失确定违约金数额。

第十七条 商品房买卖合同没有约定违约金数额或者损失赔偿额计算方法，违约金数额或者损失赔偿额可以参照以下标准确定：

逾期付款的，按照未付购房款总额，参照中国人民银行规定的金融机构计收逾期贷款利息的标准计算。

逾期交付使用房屋的，按照逾期交付使用房屋期间有关主管部门公布或者有资格的房地产评估机构评定的同地段同类房屋租金标准确定。

第十八条 由于出卖人的原因，买受人在下列期限届满未能取得房屋权属证书的，除当事人有特殊约定外，出卖人应当承担违约责任：

（一）商品房买卖合同约定的办理房屋所有权登记的期限；

（二）商品房买卖合同的标的物为尚未建成房屋的，自房屋交付使用之日起90日；

（三）商品房买卖合同的标的物为已竣工房屋的，自合同订立之日起90日。

合同没有约定违约金或者损失数额难以确定的，可以按照已付购房款总额，参照中国人民银行规定的金融机构计收逾期贷款利息的标准计算。

第十九条 商品房买卖合同约定或者《城市房地产开发经营管理条例》第三十三条规定的办理房屋所有权登记的期限届满后超过一年，由于出卖人的原因，导致买受人无法办理房屋所有权登记，买受人请求解除合同和赔偿损失的，应予支持。

第二十条 出卖人与包销人订立商品房包销合同，约定出卖人将其开发建设的房屋交由包销人以出卖人的名义销售的，包销期满未销售的房屋，由包销人按照合同约定的包销价格购买，但当事人另有约定的除外。

第二十一条 出卖人自行销售已经约定由包销人包销的房屋，包销人请求出卖人赔偿损失的，应予支持，但当事人另有约定的除外。

第二十二条 对于买受人因商品房买卖合同与出卖人发生的纠纷，人民法院应当通知包销人参加诉讼；出卖人、包销人和买受人对各自的权利义务有明确约定的，按照约定的内容确定各方的诉讼地位。

第二十三条 商品房买卖合同约定，买受人以担保贷款方式付款，因当事人一方原因未能订立商品房担保贷款合同并导致商品房买卖合同不能继续履行的，对方当事人可以请求解除合同和赔偿损失。因不可归责于当事人双方的事由未能订立商品房担保贷款合同并导致商品房买卖合同不能继续履行的，当事人可以请求解除合同，出卖人应当将收受的购房款本金及其利息或者定金返还买受人。

第二十四条 因商品房买卖合同被确认无效或者被撤销、解除，致使商品房担保贷款合同的目的无法实现，当事人请求解除商品房担保贷款合同的，应予支持。

第二十五条 以担保贷款为付款方式的商品房买卖合同的当事人一方请求确认商品房买卖合同无效或者撤销、解除合同的，如果担保权人作为有独立请求权第三人提出诉讼请求，应当与商品房担保贷款合同纠纷合并审理；未提出诉讼请求的，仅处理商品房买卖合同纠纷。担保权人就商品房担保贷款合同纠纷另行起诉的，可以与商品房买卖合同纠纷合并审理。

商品房买卖合同被确认无效或者被撤销、解除后，商品房担保贷款合同也被解除的，出卖人应当将收受的购房贷款和购房款的本金及利息分别返还担保权人和买受人。

第二十六条 买受人未按照商品房担保贷款合同的约定偿还贷款，亦未与担保权人办理商品房抵押登记手续，担保权人起诉买受人，请求处分商品房买卖合同项下买受人合同权利的，应当通知出卖人参加诉讼；担保权人同时起诉出卖人时，如果出卖人为商品房担保贷款合同提供保证的，应当列为共同被告。

第二十七条 买受人未按照商品房担保贷款合同的约定偿还贷款，但是已经取得房屋权属证书并与担保权人办理了商品房抵押登记手续，抵押权人请求买受人偿还贷款或者就抵押的房屋优先受偿的，不应当追加出卖人为当事人，但出卖人提供保证的除外。

第二十八条 本解释自 2003 年 6 月 1 日起施行。

《中华人民共和国城市房地产管理法》施行后订立的商品房买卖合同发生的纠纷案件，本解释公布施行后尚在一审、二审阶段的，适用本解释。

《中华人民共和国城市房地产管理法》施行后订立的商品房买卖合同发生的纠纷案件，在本解释公布施行前已经终审，当事人申请再审或者按照审判监督程序决定再审的，不适用本解释。

《中华人民共和国城市房地产管理法》施行前发生的商品房买卖行为，适用当时的法律、法规和《最高人民法院〈关于审理房地产管理法施行前房地产开发经营案件若干问题的解答〉》。

最高人民法院关于审理城镇房屋租赁合同纠纷案件具体应用法律若干问题的解释

（2009年6月22日最高人民法院审判委员会第1469次会议通过　2009年7月30日最高人民法院公告公布自2009年9月1日起施行　法释〔2009〕11号）

为正确审理城镇房屋租赁合同纠纷案件，依法保护当事人的合法权益，根据《中华人民共和国民法通则》、《中华人民共和国物权法》、《中华人民共和国合同法》等法律规定，结合民事审判实践，制定本解释。

第一条　本解释所称城镇房屋，是指城市、镇规划区内的房屋。

乡、村庄规划区内的房屋租赁合同纠纷案件，可以参照本解释处理。但法律另有规定的，适用其规定。

当事人依照国家福利政策租赁公有住房、廉租住房、经济适用住房产生的纠纷案件，不适用本解释。

第二条　出租人就未取得建设工程规划许可证或者未按照建设工程规划许可证的规定建设的房屋，与承租人订立的租赁合同无效。但在一审法庭辩论终结前取得建设工程规划许可证或者经主管部门批准建设的，人民法院应当认定有效。

第三条　出租人就未经批准或者未按照批准内容建设的临时建筑，与承租人订立的租赁合同无效。但在一审法庭辩论终结前经主管部门批准建设的，人民法院应当认定有效。

租赁期限超过临时建筑的使用期限，超过部分无效。但在一审法庭辩论终结前经主管部门批准延长使用期限的，人民法院应当认定延长使用期限内的租赁期间有效。

第四条 当事人以房屋租赁合同未按照法律、行政法规规定办理登记备案手续为由，请求确认合同无效的，人民法院不予支持。

当事人约定以办理登记备案手续为房屋租赁合同生效条件的，从其约定。但当事人一方已经履行主要义务，对方接受的除外。

第五条 房屋租赁合同无效，当事人请求参照合同约定的租金标准支付房屋占有使用费的，人民法院一般应予支持。

当事人请求赔偿因合同无效受到的损失，人民法院依照合同法的有关规定和本司法解释第九条、第十三条、第十四条的规定处理。

第六条 出租人就同一房屋订立数份租赁合同，在合同均有效的情况下，承租人均主张履行合同的，人民法院按照下列顺序确定履行合同的承租人：

（一）已经合法占有租赁房屋的；

（二）已经办理登记备案手续的；

（三）合同成立在先的。

不能取得租赁房屋的承租人请求解除合同、赔偿损失的，依照合同法的有关规定处理。

第七条 承租人擅自变动房屋建筑主体和承重结构或者扩建，在出租人要求的合理期限内仍不予恢复原状，出租人请求解除合同并要求赔偿损失的，人民法院依照合同法第二百一十九条的规定处理。

第八条 因下列情形之一，导致租赁房屋无法使用，承租人请求解除合同的，人民法院应予支持：

（一）租赁房屋被司法机关或者行政机关依法查封的；

（二）租赁房屋权属有争议的；

（三）租赁房屋具有违反法律、行政法规关于房屋使用条件强制性规定情况的。

第九条 承租人经出租人同意装饰装修，租赁合同无效时，未形成附合的装饰装修物，出租人同意利用的，可折价归出租人所有；不同意利用的，可由承租人拆除。因拆除造成房屋毁损的，承租人应当恢复原状。

已形成附合的装饰装修物，出租人同意利用的，可折价归出租人所有；不同意利用的，由双方各自按照导致合同无效的过错分担现值损失。

第十条 承租人经出租人同意装饰装修，租赁期间届满或者合同解除时，除当事人另有约定外，未形成附合的装饰装修物，可由承租人拆除。因拆除造成房屋毁损的，承租人应当恢复原状。

第十一条 承租人经出租人同意装饰装修，合同解除时，双方对已形成附合的装饰装修物的处理没有约定的，人民法院按照下列情形分别处理：

（一）因出租人违约导致合同解除，承租人请求出租人赔偿剩余租赁期内装饰装修残值损失的，应予支持；

（二）因承租人违约导致合同解除，承租人请求出租人赔偿剩余租赁期内装饰装修残值损失的，不予支持。但出租人同意利用的，应在利用价值范围内予以适当补偿；

（三）因双方违约导致合同解除，剩余租赁期内的装饰装修残值损失，由双方根据各自的过错承担相应的责任；

（四）因不可归责于双方的事由导致合同解除的，剩余租赁期内的装饰装修残值损失，由双方按照公平原则分担。法律另有规定的，适用其规定。

第十二条 承租人经出租人同意装饰装修，租赁期间届满时，承租人请求出租人补偿附合装饰装修费用的，不予支持。但当事人另有约定的除外。

第十三条 承租人未经出租人同意装饰装修或者扩建发生的费用，由承租人负担。出租人请求承租人恢复原状或者赔偿损失的，人民法院应予支持。

第十四条 承租人经出租人同意扩建，但双方对扩建费用的处理没有约定的，人民法院按照下列情形分别处理：

（一）办理合法建设手续的，扩建造价费用由出租人负担；

（二）未办理合法建设手续的，扩建造价费用由双方按照过错分担。

第十五条 承租人经出租人同意将租赁房屋转租给第三人时，转租期限超过承租人剩余租赁期限的，人民法院应当认定超过部分的约定无效。但出租人与承租人另有约定的除外。

第十六条 出租人知道或者应当知道承租人转租，但在六个月内未提出异议，其以承租人未经同意为由请求解除合同或者认定转租合同无效的，人民法院不予支持。

因租赁合同产生的纠纷案件，人民法院可以通知次承租人作为第三人参加诉讼。

第十七条 因承租人拖欠租金，出租人请求解除合同时，次承租人请求代承租人支付欠付的租金和违约金以抗辩出租人合同解除权的，人民法院应予支持。但转租合同无效的除外。

次承租人代为支付的租金和违约金超出其应付的租金数额，可以折抵租金或者向承租人追偿。

第十八条 房屋租赁合同无效、履行期限届满或者解除，出租人请求负有腾房义务的次承租人支付逾期腾房占有使用费的，人民法院应予支持。

第十九条 承租人租赁房屋用于以个体工商户或者个人合伙方式从事经营活动，承租人在租赁期间死亡、宣告失踪或者宣告死亡，其共同经营人或者其他合伙人请求按照原租赁合同租赁该房屋的，人民法院应予支持。

第二十条 租赁房屋在租赁期间发生所有权变动，承租人请求房屋受让人继续履行原租赁合同的，人民法院应予支持。但租赁房屋具有下列情形或者当事人另有约定的除外：

（一）房屋在出租前已设立抵押权，因抵押权人实现抵押权发生所有权变动的；

（二）房屋在出租前已被人民法院依法查封的。

第二十一条 出租人出卖租赁房屋未在合理期限内通知承租人或者存在其他侵害承租人优先购买权情形，承租人请求出租人承担赔偿责任的，人民法院应予支持。但请求确认出租人与第三人签订的房屋买卖合同无效的，人民法院不予支持。

第二十二条 出租人与抵押权人协议折价、变卖租赁房屋偿还债务，应当在合理期限内通知承租人。承租人请求以同等条件优先购买房屋的，人民法院应予支持。

第二十三条 出租人委托拍卖人拍卖租赁房屋，应当在拍卖5日前通知承租人。承租人未参加拍卖的，人民法院应当认定承租人放弃优先购买权。

第二十四条 具有下列情形之一，承租人主张优先购买房屋的，人民法院不予支持：

（一）房屋共有人行使优先购买权的；

（二）出租人将房屋出卖给近亲属，包括配偶、父母、子女、兄弟姐妹、祖父母、外祖父母、孙子女、外孙子女的；

（三）出租人履行通知义务后，承租人在十五日内未明确表示购买的；

（四）第三人善意购买租赁房屋并已经办理登记手续的。

第二十五条 本解释施行前已经终审，本解释施行后当事人申请再审或者按照审判监督程序决定再审的案件，不适用本解释。

最高人民法院关于能否将国有土地使用权折价抵偿给抵押权人问题的批复

（1998年9月1日最高人民法院审判委员会第1019次会议通过 1998年9月3日最高人民法院公告公布 自1998年9月9日起施行 法释〔1998〕25号）

四川省高级人民法院：

你院川高法〔1998〕19号《关于能否将国有土地使用权以国土部门认定的价格抵偿给抵押权人的请示》收悉。经研究，答复如下：

在依法以国有土地使用权作抵押的担保纠纷案件中，债务履行期届满抵押权人未受清偿的，可以通过拍卖的方式将土地使用权变现。如果无法变现，债务人又没有其他可供清偿的财产时，应当对国有土地使用权依法评估。人民法院可以参考政府土地管理部门确认的地价评估结果将土地使用权折价，经抵押权人同意，将折价后的土地使用权抵偿给抵押权人，土地使用权由抵押权人享有。

此复。

最高人民法院办公厅关于商品房预售款项目可否用于偿还公司股东个人债务有关问题意见的函

（2016年11月22日　法办函〔2016〕712号）

住房城乡建设部办公厅：

你办《关于请协商研究商品房预售款项目可否用于偿还公司股东个人债务有关问题的函》（建办法函［2016］618号）收悉，经研究，现将有关问题答复如下：

一、商品房预售资金属房地产开发企业所有，但不能用于偿还房地产开发企业股东个人债务。公司与其股东为不同民事主体，公司作为企业法人享有法人财产权，与股东个人财产相互独立。股东的责任财产包括对公司享有的股权，但不能以公司财产偿还股东个人债务。

二、对商品房预售资金施行监管是商品房预售制度的重要组成部分，应当确保预售资金用于商品房工程建设。对于商品房预售资金能否以及如何查封、扣押和冻结等，涉及到商品房预售资金的监管方式、监管效果，法院审判权、执行权行使，当事人诉权保护等诸多方面，比较复杂，需进一步加强调研，甄别不同情况后妥善处理。

联系人：最高人民法院民事审判第一庭　王丹

电话：67556766

图书在版编目（CIP）数据

中华人民共和国城市房地产管理法解读与适用／邵兴全，傅勇，施春风主编．—北京：中国法制出版社，2020.5

ISBN 978-7-5216-0937-0

Ⅰ．①中… Ⅱ．①邵…②傅…③施… Ⅲ．①房地产法-法律解释-中国②房地产法-法律适用-中国 Ⅳ．①D922.385

中国版本图书馆CIP数据核字（2020）第037197号

策划编辑：谢雯　　责任编辑：谢雯　赵律玮　　封面设计：李宁

中华人民共和国城市房地产管理法解读与适用

ZHONGHUA RENMIN GONGHEGUO CHENGSHI FANGDICHAN GUANLI FA JIEDU YU SHIYONG

主编/邵兴全，傅勇，施春风

经销/新华书店

印刷/三河市紫恒印装有限公司

开本/880毫米×1230毫米　32开　　印张／14　字数／236千

版次/2020年5月第1版　　2020年5月第1次印刷

中国法制出版社出版

书号ISBN 978-7-5216-0937-0　　定价：56.00元

北京西单横二条2号

邮政编码100031　　传真：010-66031119

网址：http：//www.zgfzs.com　　编辑部电话：010-66010493

市场营销部电话：010-66033393　　邮购部电话：010-66033288